大学生创新创业
基础与实践

廖景榕　汤锐华　主　编
叶志鹏　杨红梅　副主编

中国青年出版社

图书在版编目（CIP）数据

大学生创新创业基础与实践 / 廖景榕，汤锐华主编；叶志鹏，杨红梅副主编 . —北京：中国青年出版社，2024.6（2025.8重印）

ISBN 978-7-5153-6985-3

Ⅰ.①大… Ⅱ.①廖… ②汤… ③叶… ④杨… Ⅲ.①大学生—创业 Ⅳ.① G647.38

中国国家版本馆 CIP 数据核字（2023）第 113353 号

责任编辑：彭岩
出版发行：中国青年出版社
社　　址：北京市东城区东四十二条 21 号
网　　址：www.cyp.com.cn
编辑中心：010 - 57350407
营销中心：010 - 57350370
经　　销：新华书店
印　　刷：中煤（北京）印务有限公司
规　　格：787mm×1092mm　1/16
印　　张：19
字　　数：330 千字
版　　次：2024 年 6 月北京第 1 版
印　　次：2025 年 8 月北京第 2 次印刷
定　　价：45.00 元

如有印装质量问题，请凭购书发票与质检部联系调换
联系电话：010 - 57350337

前　言

党的二十大报告明确指出：青年强，则国家强。在当代中国，青年生逢其时，拥有无比广阔的施展才干舞台，实现梦想的前景无比光明。伴随创新创业教育的持续深入推进，大学生创新创业作为"稳就业""保就业"以及"扩大就业"的重要途径与方式，已然成为大家的共识。青年学生富有想象力与创造力，是就业、创业的生力军。此外，数字经济的发展拓展了互联网平台，降低了创业门槛，打破了技术壁垒，改变了工作形式，为就业、创业带来更多机遇与可能。

习近平总书记强调："发展新质生产力是推动高质量发展的内在要求和重要着力点。"发展新质生产力需要持续推进创新，中国式现代化进程呼唤更多善于主动创新的人才。高校开展创新创业教育，应当对学生的创新精神、创业意识、创新创业能力等予以培养，应在人才培养的整个过程中，将创新创业教育与思想政治教育、专业教育、体育教育、美育教育、劳动教育等各方面紧密相结合，要从更高层次、更多角度、更重要的环节上，对创新创业教育进行深入改革，打造出新时代创新创业教育的升级版，高质量地培养出德智体美劳全面发展的社会主义建设者和接班人。

这是一本关于创新创业的基础课程教材，教材聚焦以创新为引擎的创业行为，为高校实现高质量培养应用型人才探索新路径。它将立德树人视作课程的首要任务，把素质教育的思想深度融入到课程内容的设计与组织之内，把培育学生的创新精神、创业意识以及创新创业能力设定为核心目的，使学生在获取知识、掌控技能之际，逐步形成创新创业基本素养。这种素养是一种能让学生自发地运用创新创业思想，从创新视角去挖掘、思索、剖析、解决问题的优良基础。这会深化学生对创新创业的概念及案例的认知，并在提升他们民族自信的同时，还能激发他们的创新创业精神，推动他们踊跃地投身于就业创业实践活动当中，进而增强他们的就业创业能力。

本书从实用角度出发，系统讲述了创新与创业的相关知识。全书共八章，内容主要包括创新创业的认知、创新精神的培养、创意设计的实现、创业团队的塑造、创业机会的挖掘、创业项目的策划、创业项目的展示、走进创新创业大赛。每章均配有实操任务与思考练习,旨在全面培养与提升大学生的创新创业素质。本书对标中国国际大学生创新大赛,促使双创基础课程切实发挥出学校创新创业教育体系基石作用,点燃学生创新创业激情的火苗。

本书是福建省"十四五"普通高等教育本科规划教材立项项目,由廖景榕、汤锐华担任主编,确定编写大纲、编写思想及统稿定稿,叶志鹏、杨红梅担任副主编,负责拟定编写大纲、组织并参与撰写和审稿,张建青、林清香参与编写。具体分工如下:廖景榕(第一章)、杨红梅(第二章、第三章、第七章第一节)、汤锐华(第四章)、叶志鹏(第五章、第六章)、林清香(第七章第二节)、张建青(第八章)。在编写过程中,我们参考了许多专家、学者的研究成果,援引、选用了有关教材、著作及网络资料,并尽可能地对一些引用材料的出处予以注明,在本书的最后列出了相关的参考文献,在此对原作者表示由衷的感谢!

由于水平有限,时间仓促,书中难免存在不足之处,敬请广大读者与专家批评指正。

编者

2023年4月

目　录

第一章
创新创业的认知

▶ **本章导读**

就业是民生之本，创业乃就业之源，创新是引领发展的第一动力。创业从来不是一件容易的事，创新也并非信手拈来。你是否产生过创业的念头？是否做好了创业的准备？身边是否有创业成功或者创业失败的人，他们的经历又给了你怎样的启示呢？

本章重点介绍了大学生创新创业教育的发展现状及其与职业生涯规划的关系，阐述了创新、创业的基本知识，要求大学生了解我国创新创业教育的发展历程，掌握创新创业的内涵、类型、特征，通过实际训练，培育创新创业精神，树立理性的创新创业价值观。

▶ **知识结构**

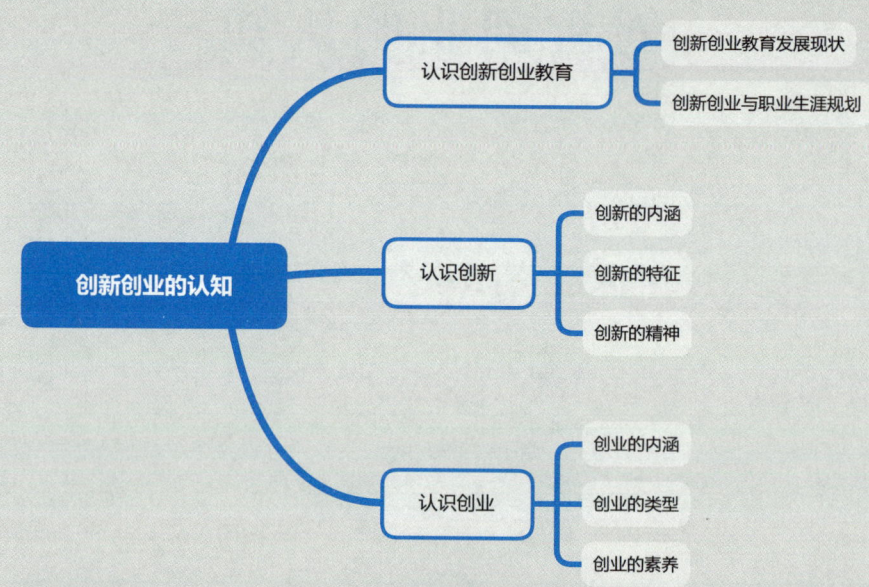

▶ **学习重点**

1. 创新创业教育发展现状；

2. 创新创业与职业生涯规划关系；

3. 创新的内涵、特征；

4. 创业的内涵、类型。

▶ **学习指南**

1. 通过资料阅读、慕课学习等方式掌握创新创业的基本知识；

2. 通过模拟训练、案例分析、项目实战等方式认识大学生创新创业教育现状，树立理性的创业价值观。

第一节 认识创新创业教育

▶ 导入

21世纪是"创新创业的时代",高等院校作为我国人才培养的重要基地和创新发展的驱动力之一,其创新创业教育的发展水平显得尤为重要。2015年5月,国务院正式颁发了《关于深化高等学校创新创业教育改革的实施意见》,强调高等院校应当进一步优化和完善创新创业教育体制,建立完整的创新创业教育课程体系。[①]之后,政府又颁布了一系列政策促进高校创新创业教育的发展,把创新创业教育提到国家创新发展的战略层面。2017年7月,国务院常务会议通过的有关文件提出"把创新创业推向更大范围、更高层次、更深程度",再次强调了创新创业教育改革的方向和重点。随着时代发展,2019年教育部启动"六卓越一拔尖"计划,提出多学科交叉融合,打造顺应时代发展新学科的要求。2021年,国务院办公厅印发的《关于进一步支持大学生创新创业的指导意见》指出要将创新创业教育贯穿人才培养全过程。2022年,党的二十大报告中强调,必须坚持科技是第一生产力、人才是第一资源、创新是第一动力,深入实施科教兴国战略、人才强国战略、创新驱动发展战略。这为新时代大力发展创新创业教育指明了方向。

请思考以下问题:

1. 为什么国家要大力推行创新创业教育?

2. 创新创业教育是为了培养大学生成为创业者吗?

一、创新创业教育发展现状

(一)创新创业教育概念

创新创业教育是创新教育、创业教育的总称,是创新与创业教育的融合,以提高人的创新能力、培养人的创新意识为目的。创业教育是一种旨在培养学生综合能力、实践能

---

① 康晓玲,李朝阳,刘京,张霞.高校创新创业教育政策扩散的影响因素研究——以中国"双一流"A类高校为例[J].软科学,2021,35(10):37-43.

力的教育模式,即以让学生参与具体的项目案例为依托,将课堂上单纯的理论知识应用到实践中去的教育形式。创新创业教育是一种实践性教育,它不仅注重大学生创新创业能力的培养,更聚焦全社会乃至全人类创新创业教育的提升,为那些有创业想法、实施创业计划的同学提供相应培训和指导①。

(二) 创新创业教育的理念

2015年5月,国务院办公厅印发的《关于深化高等学校创新创业教育改革的实施意见》中明确强调了"面向全体、分类施教、结合专业、强化实践"的基本原则,确立了"普及创新创业教育"的总体目标。贯彻这一基本原则就是要将创新创业教育纳入教学主渠道,贯穿高校人才培养全过程,着眼于创新创业教育的广泛性和普及性,使之惠及每一名学生。为实现"普及创新创业教育"的总体目标,树立全新的"大创业教育观"是必由之路。

1. 树立"以用户为中心精准指导"的教育理念

随着信息技术在我国的迅速发展,当代大学生对教师的期待更多体现了粉丝心理。他们对于教师的要求不仅仅局限于知识与技能的获取,还包括了形象、人格魅力期待、社交分享、情感诉求等各方面。这就要求高校创新创业工作者不能"满堂灌",将庞大的知识体系与技能体系用较为复杂的方式传递给学生。应该深入研究当代学生的粉丝思维、焦点思维、第一思维、碎片化思维和快一步思维,了解如何帮助崇尚简约化与娱乐化形式的大学生,在故事中获取知识,在简约中收获感悟。因此,高校创新创业工作者要深入思考如何让"互联网+"与创新创业教育产生良好的"化学反应"。在工作中既要用互联网与移动互联网思维武装自己,又要从当代大学生群体的需求出发,用娱乐化方式引领当代大学生在创业技能与素养上的双重提升。

2. 探索"面向全体学生"的具体教育方式

创新创业教育不是单纯地教学生如何创办企业,它的核心是全面提高学生的创新创业素质。以这一思想为指导,要求人们在实践中探索"面向全体学生"的具体教育方式,彻底改变"精英教育"的运行模式,既不是只针对商学院的学生,也不能只针对想要创办企业或是参与创业计划的部分学生,而是要面向全体学生。要做到这一点,最为关键的是破除创新创业教育的观念性障碍,对"创办企业""培养老板"等"窄化"的创新创业教

---

① 李姣姣,杨玫,游赵晗,郭凯. 高等院校创新创业教育发展现状与路径优化研究[J]. 河南科技,2021,40(30):142-145.

育内涵、严重滞后于创新创业教育发展现状的教育教学目标进行观念澄清，探究创业型大学在体制机制和队伍建设等方面的具体做法。探索构建与"大众创业、万众创新"相匹配、面向全体学生广泛开展创新创业教育的本土化教育体系。

3. 确定"结合专业教育"的主要途径

高校创新创业教育在于广泛地"种下创新创业的种子"，为高校毕业生设定"创业遗传代码"。这就客观要求创新创业教育不是面向工程、艺术、科技等少数专业的"精英教育"，而是普遍培养和提高所有专业大学生创新意识和创新能力的"广谱式"教育。以这一思想为指导，要求人们在实践中确定"结合专业教育"的主要途径。创新创业教育必须与专业教育相结合，这一观念已经在学术界达成了共识。但关键是如何找到合适的途径，克服结合过程中的障碍。为从根本上破解这一难题，必须将深化高校创新创业教育改革与推进高等教育综合改革紧密联系，从厘清创新创业教育目标要求和人才培养定位入手，挖掘和充实各类专业课程的创新创业教育资源，在专业教育教学中渗透创新创业教育的理念和内容，在传授专业知识过程中加强创新创业教育。

4. 丰富"融入人才培养全过程"的科学载体

创业教育要实现深层次的发展，必须跨越"表层教育"这一初级阶段，全方位推进高校教育教学改革，构建起创新创业教育的体制与机制。以这一理念作为指引，需要人们在实践过程中充实"融入人才培养全过程"的科学载体。创新创业教育需在纵向上贯穿学生于校内学习的整个过程，在横向上打通学校教育、家庭教育以及社会教育的各个环节。不但要立足于高校自身，更要立足于经济发展方式转变的实际需求；不但要基于创新创业教育本身，还需达成"课内课外相互衔接，教育实践一体化"，致力于推动全体学生创新创业素质的训练与提升。在此进程中，要促进高校、政府与企业之间的沟通和联系，探寻构建校校、校企、校地、校所以及国际合作的协同育人新机制，建立并完善知识资本化、创新商业化的科学路径，积极推动并努力塑造大学在新经济中的核心地位，形成大学—企业—政府的"三螺旋"关系，积极吸引社会资源和国外优质教育资源投入创新创业人才培养之中，全方位推动高校创新创业教育的深入改革。

（三）创新创业教育的意义

党的二十大的成功召开，为创新创业教育指明了方向，体现了创新创业教育的重要性。创新创业教育要为科教兴国战略提供服务，要与创新驱动发展相融合，要为现代化产业体系提供支撑，要增进民生福祉，要切实提升战略性全局意识，重点培育创新创业型的出色人才。

1. 大学生创新创业教育助力实现中华民族伟大复兴

近代以来，在世界大国追逐强国梦的历史进程之中，科技革命发挥出了极为重要的作用。中国虽然错过了第一次、第二次工业革命以及科技革命的高潮期，致使与西方发达国家之间存在一定差距。但中国的发展把握住了第三次工业革命和科技革命的尾部机遇，竭力促使我国信息技术和信息产业的发展水平能够步入世界先进行列。历史昭示我们，科技革命推动经济发展，乃是一个民族崛起、一个国家梦想成真的关键先导性力量。党的党的二十大报告明确指出："教育、科技、人才是全面建设社会主义现代化国家的基础性、战略性支撑。"创新创业教育必须坚定地将科技视为第一生产力、将人才当作第一资源、将创新作为第一动力，持续不断地塑造发展的新动能与新优势。作为第一生产力的科技创新，是实现国家富强、民族振兴以及人民幸福的决定性要素。因此，创新是推动中华民族伟大复兴的决定性基础力量之一。

众所周知，以大学生为代表的青年人乃是科技创新的生力军，倘若离开了大学生的创新，一个国家的高科技产业将会茫然不知所措。高校开展创新创业教育，不单单是为了解决大学毕业生就业问题，它亦是深化高等教育改革的重要途径，更是为各行各业输送具备创新精神和创业品质的优秀人才的关键渠道。故而，从某种意义来讲，大学生创新创业教育是助力实现中华民族伟大复兴的决定性基础力量之一。

◀ ▶ 案例分享 ◀ ▶

让家乡因鸟致富

2019年10月，"紫云·鸟生态"创业项目代表三明学院在第五届中国"互联网+"大学生创新创业大赛中取得了银奖。该创业团队一步一步打开了"观鸟兴村"的致富路，伴着"鸟生态"的梦想，不断奋力展翅飞翔。

"紫云·鸟生态"的创始人杨水清与饶玉敏两兄妹，是土生土长的三明人，并且都是三明学院的毕业生。他们的家乡明溪县紫云村坐落于君子峰自然保护区，这是一个森林覆盖率达83%、处于全球三大鸟类迁徙路线之中的东亚—澳大利亚路线中的村落，已记录到的鸟类多达316种，占全国总数量的24%。

良好的生态环境，成为众多鸟儿的迁徙通道。生态保护的另一面是乡亲们现实生活的窘境。作为建档立卡的贫困村，村民们赖以生存的山林被划入保护，失去了大部分收入，因此被迫外出打工谋生。"绿水青山怎么变成金山银山"这个问题不断在杨水清的脑海萦绕。

尽管紫云村具备良好的生态资源，然而要想吸引人们前来，首先必须突破交通、推广、市场等瓶颈限制。顺理成章地，杨水清就想到了当地丰富的鸟类资源。观鸟行业在国外已然有着200多年的历史，在美国更是已经成了年产值达数百亿美元的产业。观鸟产业带动了旅游、文创、摄影等多个领域一同发展，已经演变成带动和促进部分观鸟地区经济发展的一项新兴产业。

2014—2016年，杨水清先后赴台湾、海南等地，系统学习主题农场、文创民宿、社区营造、自然导览、"互联网＋生态品牌农业"等相关领域知识，不断扩宽自己在乡村振兴和农村生态经济发展中的知识面和技能点。2017年开始，在杨水清的影响和带动下，饶玉敏邀上志同道合的同学一起返乡创业，从紫云村发起，致力于实现"富鸟村"真正"因鸟致富"。

2. 大学生创新创业教育能促进人才培育与产业发展

"21世纪是知识经济占据国际经济主导地位的世纪"。创新乃是知识经济发展的强大动力，创新人才成了各国竞争获胜的关键要点。创新、创业与中国的发展紧密相连，创业教育在缓解社会就业压力等方面的推动作用越发凸显。党的二十大报告指出："建设现代化产业体系，坚持把发展经济的着力点放置在实体经济上，推进新型工业化，加快建设制造强国、质量强国、航天强国、交通强国、网络强国、数字中国。"创新创业教育可以培育创业人才，推动高新技术产业化，带动国民经济快速增长，促进知识产业化，为发展知识经济提供服务。因此，强化创新创业教育能够培育出在乡村振兴、农业农村发展、绿色低碳产业中发挥推动作用的创新创业人才。

二、创新创业与职业生涯规划

(一) 职业生涯规划和创新创业教育的关系

职业生涯规划是指通过对个人兴趣、能力水平、个性特征、价值观、环境、机遇等因素进行全面的分析与研究，从而确立自己的职业发展方向，选择适合自己的事业发展路径，并制定出合理的实施方案和计划。

创新创业教育是一种带有探索属性的教育实践活动类型，它能够运用科学的教育方法来培育学生的创新精神、创新意识以及动手能力，进而为学生的未来拓展更为广阔的空间，为他们的发展缔造更多的机遇。从总体而言，不管是在职业生涯规划的进程里，还是在创新创业教育中，均是以解决大学生"就业"这一问题作为切入点，在内容、结构以及教育等方面既存在相同点,也具有各自的特性。大学生的职业生涯规划能够引导他们正确地选择自己未来的职业与工作,而创新创业教育能够提升他们的创造力与专业素养。通过将职业生涯规划和创新创业教育模式予以高度融合,可以增强大学生的各项能力,为其在短时间内适应社会筑牢坚实的基础。

(二)创新创业教育对职业生涯规划的作用

1.为职业生涯规划提供科学参考

创业是大学生职业生涯规划的选择之一。在创新创业教育中,大学生通过参与大学生创新创业训练计划项目、创新创业大赛、模拟创业等各种活动,能够多维度探索个人的职业生涯道路,为自己的创业发展选择更加合适的规划目标。在创新训练中,学生不断提升自我,推陈出新,优化创新意识,锻炼创业实践能力。在创业训练中,学生反复在创业中评估与分析自己的优势及劣势,审视自身是否具备创新创业者的综合素质,这些都有利于大学生制定出更为清晰的职业生涯规划。

2.为职业生涯规划提供实践力量

创新是民族振兴的基础,是国家繁荣的必要条件。随着新时代市场的变化与人才供需的影响,社会主义市场经济的发展、城乡产业结构的转变以及供给侧改革等经济基础也不断随之调整变化,资源的优化配置进一步促使劳动力迁移和职业岗位大幅整改。社会发展的变动性不仅要求大学生与时俱进,将校内专业课知识与迎合时代的创新意识相结合,学习钻研新技术,研究开发新产品,还要求潜在劳动者精于专业技术,博于创新创业才能。社会经济的发展进步与大学生的创新创业能力是相辅相成的,同时,创新型人才也是国家社会发展的主力和后备军。具有创新能力和创业精神和高素质的人才,才是推动国家发展的动力源泉。因此,培养和提高大学生创新创业能力,深入全面发掘大学生创新创业的潜力,是职业生涯规划中不可或缺的部分。国务院关于推动创新创业高质量发展打造"双创"升级版的意见(国发〔2018〕32号)中指出,要强化大学生创新创业教育培训,包括全面推广创业导师制,把创新创业教育和实践课程纳入高校必修课体系,允许大学生用创业成果申请学位论文答辩。这样一来,一方面创业导师不仅可以在创业项目上对学生予以指导,而且还会于潜移默化间将创业的理念植入学生内心;另一方面创业成果可以作为论文答辩的素材。将创业与专业学习紧密地关联起来,激发学生学以致用的热忱,让创业不再是一个孤立的概念,而是具体的、能够给专业学习带来深化、提升效果的成果。

通过积极参与创新创业教育、实践、实战,大学生的交流与协调能力、分析与评估能力、创意创新思维以及实践动手能力等素养得到全方位提升。这些能力素养将成为大学生职业生涯规划中不可或缺的核心竞争力。

第二节　认识创新

▶ 导入

　　我国创新环境进一步优化,创新投入力度持续加大,创新产出持续提升,创新成效稳步增强,创新能力向高质量发展要求稳步迈进,但是创新成果转化能力仍不足。世界知识产权组织发布的《2021年全球创新指数报告》显示,2021年中国创新指数排名第12位,较2020年上升2位。中国创新指数排名自2013年起连续9年稳步上升,位居中等收入经济体首位,超过日本、以色列、加拿大等发达经济体。中国在专利申请、商标申请、工业设计、高新技术出口、创意产品出口和国内市场规模等9项指标中排名第一。高校专利数量质量实现双提升。2012年到2021年,高校专利申请量从10.6万项增加到36.7万项,增幅达到246.2%,专利授权量增幅达到346.4%,高校专利所有权转让及许可增长了5.5倍,专利转让金额增幅接近十倍,不仅实现了量的增长,也实现了质的提升。然而,创新成果转化仍是我国的短板,特别是高校的技术成果转化能力仍较为薄弱。2019年高等学校作为卖方在技术市场签订技术合同10.2万项,仅占全国技术合同成交量的21.1%;技术合同成交金额为592.9亿元,仅占全国技术合同成交金额的2.6%。

　　请思考以下问题:

　　1. 以上资料说明我国创新现状存在什么特征?

　　2. 创新成果转化能力如何提升?

一、创新的内涵

(一) 创新的概念

　　创新理论重要的开拓者熊彼特在《经济发展理论——对利润、资本、信贷、利息和经济周期的考察》中,从经济学视角对创新进行了定义,他将创新视为新的生产函数建立的过程,即在企业现有的生产体系中引入新的生产要素、生产条件等,从而形成新的组合。包括引入新产品、新技术或者生产方法、新的组织结构、新市场、新的资源供应五个方面。同时,熊彼特认为创新具有内生性和非连续的特性,并且创新带来的结果是"创造性毁灭"。

管理学大师德鲁克对创新的定义更为宽泛,他认为所有可以使已有资源获得创造财富能力的行为都属于创新。根据创新的载体不同,他将创新分成技术创新和社会创新。技术创新是为已有的自然物找到新的应用场景,创造新的经济价值,主要发生在自然界。社会创新是指创造出新的管理机制与手段等,通过资源配置的优化获得更高的社会价值,主要发生在经济与社会中。

(二)　创新的分类

1. 按照性质分类

按照性质分类,创新可分为激进式创新、渐进式创新、结构式创新和模块式创新。激进式创新也称为突破式创新或不连续创新,是一种革命性的创新,对现有的资源、系统产生较大冲击;渐进式创新是在相当长的时间里缓慢发生的改变,以调整和改善为主,创新的过程相对稳定;结构式创新主要改变系统内部件之间的联系;模块式创新只针对系统中某个部件进行变革,对系统整体的结构影响不大。

2. 按照内容分类

按照内容分类,创新可分为产品创新、技术创新、组织和机制创新、管理创新、营销创新、文化创新、制度创新、供应链创新和战略创新。产品创新的载体是企业生产的产品或者提供的服务;技术创新包括生产的工艺、流程优化与革新;组织和机制创新主要是针对企业内部组织结构进行调整,最大限度发挥员工的主观能动性;管理创新包括管理方法、管理信息系统等方面的创新;营销创新包括营销方法、营销渠道等创新;文化创新则是对企业价值观、员工行为规范、企业行为进行创新;战略创新主要集中在企业战略的制定、执行与评估过程。

此外,根据创新对象不同,可以分为产品创新和过程创新,分别针对产品和生产过程的优化与创新;根据创新发生的时间可以分为率先创新和模仿创新;根据企业创新的动

【微课】
创新的内容分类

力不同可以分为需求拉动型创新、技术推动型创新和两者综合创新；根据创新主体不同，可以分为自主创新、合作创新。

二、创新的特征

如何才能被称为"创新"，我们可以从以下特征进行识别。

（一）价值性

创新活动都是基于一定目的的活动，从创新点的发现到创新行为，再到创新产品的整个过程，都有一定的方向规划和目标。这个目的可以是提高生产效率，可以是方便生活，可以是节能减排，也可以纯粹是提供欣赏价值。创新可以是为了获得经济效益，也可以是为了体现公益价值，但是无论是哪一种创新，都是其价值目的所在，没有价值的创新是无意义的。

（二）变革性

创新具备变革性。所谓变革性，即指在现有基础之上进行革新。创新的变革性主要体现在两个层面：其一，创新的事物属于一种别具一格的全新事物，然而这种"新"带有方向性，是顺应时代潮流的，而非逆势变革；其二，创新并非无本之木、无源之水，是对过时的部分予以革除，同时保留契合时代发展的部分，并增添新元素。创新同样需要现实基础条件，尽管创新的产品是前所未有的，但却是依靠已然存在的工具、知识理论以及经验技能。变革性不但体现在变革本身，还体现在变革的基础与条件。

（三）超前性

创新作为一种首创行为，相较于社会现有认知，具有超前性。这种超前乃是顺应时代潮流的一种超前，是看到了未来的一角，并且将这未来的可能性转化为一种现实。然而，并非所有的超前都会获得人们的认可，一方面是人们对新事物的认知需要时间来缓冲；另一方面则是因为创新作为一个新兴事物刚出现时并不完备，也不够成熟，需要时间去成长。

（四）动态性

创新具有动态性。创新活动不是一劳永逸的，而是需要不断地、持续地创新。从大方面来说，因为社会不断变化发展，人们的需求也不断变化发展，所以创新事物无法总是保持超前性，需要不断变革，以适应社会需要。具体来说，创新是有生命周期的，也是需要不断发展完善的。创新产品的发展过程，由量变到质变，再形成一个全新的创新产品。一成不变的创新是不存在的，创新之所以能"新"，就是因为其动态性。

（五）人类独享性

创新行为乃是人类所独有的行为。其他生物只能够被动地适应环境，被动地进化，然而人类却能够依据自身需要对现有事物进行变革，创造新事物以提升自身的适应能力。创新创造亦是人类与其他生物的根本区别之一，尽管蜜蜂能够建造出让人类惊叹不已的蜂窝，但是所有的蜂窝结构却大致相同，而人类能够根据不同的需求建造出不同类型的建筑。

三、创新的精神

（一）创新精神的内涵①

2019年，中共中央办公厅、国务院办公厅印发了《关于进一步弘扬科学家精神加强作风和学风建设的意见》，明确要求大力弘扬勇攀高峰、敢为人先的创新精神。可以讲，"勇攀高峰、敢为人先"乃是新时代创新精神的核心要义所在。学术界从诸多角度对创新精神进行了阐释，普遍认为创新精神是伴随创造性活动而展开的思维活动，是一个人从事创新活动、产生创新成果、成为创新之人所应具备的综合素养，通常由学习精神、求实精神、创造精神、拼搏精神等共同构成，体现为具备能够综合运用已有知识、信息、技能和方法提出新问题、新观点的思维能力，以及进行发明创造、改革革新的意志、信心、勇气和智慧。

对于新时代大学生创新精神，我们可以如此理解：在新的历史时期，大学生这一特殊群体，于学习生活过程中所展现出来的一种勇于创新、勇攀高峰、敢为人先的积极思维模式和精神状态，其通常内化为探新求索的驱动力，外化为提出新问题、新观点、新方法的

【拓展阅读】
协作凝聚合力

---

① 陈小波，周国桥. 新时代大学生创新精神的生成及其培育[J]. 学校党建与思想教育，2022(4):69-71.

行动力，是推动大学生投身创新创业实践的内在驱动力，是创新思维、创新能力和创新人格等相互叠加的一个综合体。

(二) 创新精神的特征

1. 普遍性

新时代大学生创新精神具备有广义创新精神所呈现出的普遍特征，如具有开创性的思维、敏锐的洞察力、发自内心的自信、勇于挑战的精神、丰富的综合知识、善于解决各类问题的能力等。

2. 特殊性

大学生作为创新主体，是处于新时代且与社会存在各种复杂关系的现实的人。特殊性一方面是指大学生正处于人生的黄金时期。从生理方面来看，大学生群体充满朝气，受教育和文化程度较高，容易接纳新知识，也敢于质疑和挑战；从心理角度而言，大学生正处于世界观、人生观、价值观形成的关键阶段，对未来怀有美好憧憬，对新鲜事物具有强烈的好奇心，但又极容易受到外界的影响。另一方面则是指新时代大学生创新精神及其培育的特殊性。新时代大学生创新精神的培育与单一学科的学习教育不同，体现在对人才综合素质的培养上，包含着中国特色的价值意蕴。

3. 复杂性

一方面，创新精神作为大学生各种素质的一个综合体，其构成要素和内容具备多样性与复杂性；另一方面，大学生创新精神的生成和培养会受到多种环境因素的综合作用，如原生家庭环境、教育环境、社会环境等。

4. 时代性

中国特色社会主义进入新时代，一方面创新驱动发展已然成为国家战略，需要社会各界人士普遍具备创新精神；另一方面，创新精神的时代性体现在其并非一成不变或是保持静态的结构，而是一个会随着时代变化而不断更新的动态理念。

5. 可塑性

在创新精神的普遍性基础之上，不同层次和类型的高校，以及不同的大学生个体，创新精神的具体内容和培养路径是可以结合不同的实际情况来进行精细塑造的：大学生创新精神是一种心理状态，不同的个体对于这种心理状态的回应并不相同，故而具有可塑性。

袁隆平：勇破传统论断的农业创新者

1960年，天灾人祸带来了全国性的大饥荒，袁隆平和他的学生们也面临着饥饿的威胁。一天，袁隆平走出校门，看到路边横躺着两具骨瘦如柴的尸体，这让他意识到只有水稻才是农民的救命粮。

当时，米丘林、李森科的"无性杂交"学说——"无性杂交可以改良品种，创造新品种"的传统论断垄断着科学界。袁隆平继续做了许多试验，依然没有任何头绪。他开始怀疑"无性杂交"的一贯正确性，决定改变方向，沿着当时被批判的孟德尔、摩尔根遗传基因和染色体学说进行探索，研究水稻杂交。而在当时，作为自花授粉的水稻被认为根本没有杂交优势。

袁隆平不顾他人的质疑和嘲笑，坚定地选择了杂交水稻这道科研课题。经过多年的努力和实践，他终于成功地培育出了高产的杂交水稻，为解决全球粮食问题做出了巨大贡献。

袁隆平的故事告诉我们，挑战权威需要有勇气和决心，同时也需要有扎实的科学知识和实践经验。在创新的道路上，我们不能盲目迷信权威，要有自己的思考和判断，敢于提出质疑和挑战。

第三节　认识创业

▶ 导入

焦阳阳大学毕业后顺利进入一家大型企业工作，但每天朝九晚五的生活让他逐渐感到迷茫。在对未来的生活逐渐失去热情之际，焦阳阳想到了回到家乡创业。他回忆起在比利时出差时看到的众多家庭农场，这些农场都采用了自动化程度很高的机械设备进行运作。农场主依靠技术，生活轻松而快乐，这与家乡人的劳作情形形成了鲜明对比。焦阳阳的梦想是开办一家比利时式的农场。

然而，创业之路并非一帆风顺。第一道难题便是大片农田病虫害的防治——如果沿用传统治虫方法，根本无法及时应对，而且人工喷药也不安全。

因此，焦阳阳引入了无人机喷药系统，并运用自己所学的专业知识对无人机喷药控制系统进行升级改造，优化了农药喷洒系统，喷药时间大幅缩短。这与人工在田间来回走动喷药防治的方式相比，不仅大幅节省了时间，还避免了伤害庄稼。

焦阳阳还经常回母校，向农学专业教授请教关于农业种植和农业机械方面的技术知识。2016年，焦阳阳与广州一家科技有限公司深度合作，通过代理的形式对外销售、租赁植保无人机，让更多的农户享受到自主飞行的智能植保无人机精准喷洒和高效作业带来的实惠。与此同时，焦阳阳在当地县农委支持下，拓展"互联网+农业"创新发展模式，投入30万元注册成立了一家电子商务有限公司。这家公司在网上销售稻谷，全年销售额130万元，年利润达30万元，并吸纳当地40人就业。

如今，焦阳阳的创业已经走上正轨。在提高产量的同时，他正在谋划提高粮食质量，种植黑色大米、优质香米，从事粮食加工，由过去卖稻谷变成卖优质生态米。焦阳阳还申请注册了农业植保专业合作社，利用无人智能飞机为全国各地农民种田提供防病治虫服务，将更多的种田人从繁重的劳作中解放出来。

请思考以下问题：

1. 结合案例分析焦阳阳创业成功的关键是什么。

2. 焦阳阳的创业故事对大学生创业有什么启示？

一、创业的内涵

(一) 创业的概念

"创业"作为创立新的更高更好基业的思想、意识和精神,在我国具有悠久的文化历史传统。帝王将相等政治家群体追求的是"君子创业垂统"。知识分子群体追求的是"为天地立心,为生民立命,为往圣继绝学,为万世开太平"和立德、立功、立言"三不朽"的创业品格,商业家群体追求的是"智以灵变,勇以决断,仁以取予,强以攻守"的经商品质,中国平民社会也是讲究"成家立业""不吃老本"的人生价值标准。近代西方工业革命的兴起,"创业"融入科技因素之后,现代"创业"文化具有了西方话语主体的特征。创业有广义和狭义之分:

广义的创业指人类的创举活动,或指有开拓、创新并有积极意义的社会活动,涉及政治、经济、军事、文化、科学、教育等各方面。只要是人们以前没做过的,对社会产生积极影响的事业,都可说成是创业。如毛泽东领导中国人民推翻了压在中国人民身上的三座大山,建立了社会主义新中国,开创了中国的革命事业。

狭义创业,不同学者给出了不同定义,各抒己见,普遍认为创业存在于各种组织和个人活动中,它不拘泥于当前资源条件的限制,是一个发现和捕获机会并由此创造出新颖的产品、服务或实现其潜在价值的过程。

实际上,任何创业都是从思维活动起步的。只有产生了创业的意愿和发现了机会之后,作为一种行为过程的创业活动才会开启。因此,狭义上的创业是指:个人或团队自主创业,即创业者个人或团队通过寻觅和把握各种商业机会,以资源所有者的身份,借助已有的知识、技能和社会资本,调动并配置相关资源,通过自筹资金、技术入股、寻求合作等方式,为消费者提供产品或服务,这是一种具有创新性或创造性、以增加财富为目的的活动过程。

综上所述,本书认为大学生创业的内涵更偏向于狭义的创业,可概括为:大学生结合当前经济社会建设现状,根据国家有关大学生就业创业政策要求,借助所学的理论和技能,依靠自身学识智慧、科技发明、专利成果等资源,发现和捕捉市场商机,通过独立或与他人合作开办公司等形式开创自己的事业。

(二) 创业的要素

人们研究创业活动的一个基本方法就是分析创业要素,即进行创业活动的必备条件。迄今为止,人们对创业要素的认识和分析中,最为典型和公认的创业要素模型为"蒂蒙斯模型"。该模型提炼了创业的三大关键要素,即创业机会、创始人及其创业团队、创业资源。

这三个核心要素是创业活动中不可或缺的。

1. 创业机会：创业过程中的核心驱动力，如果没有机会，创业活动就成了盲动，难以创造真正的价值。

2. 创始人及其创业团队：创业过程的主导者和核心，如果没有他们的主观努力，创业活动是不可能发生的。

3. 创业资源：创业成功的必要保证，创始人及其创业团队把握住合适的机会后，还须要有相应的资金和设备等资源，如果没有必要的资源，机会也就难以被开发和实现。

创业过程实际上是三个要素之间相互作用，由不平衡趋向平衡的过程。

（三）创新与创业的关系

尽管创业和创新是两个不同的概念，但两者之间在本质上却存在着契合，在内涵上也相互包容，并且在实践过程中相互促进、共同发展。

1. 创新是创业的基础，而创业推动着创新

总体而言，科学技术和思想观念的创新，推动了人们物质生产和生活方式的变革，引发了新的生产、生活方式，进而为整个社会不断提供新的消费需求，这是创业活动源源不断的根本动力；此外，创业在本质上是人们的一种创新性实践活动。无论是何种性质、类型的创业活动，都有一个共同的特点，那就是创业是主体的一种能动的、开创性的实践活动，是一种高度自主的行为，在创业实践过程中，主体的主观能动性将得到充分发挥，而这正体现了创业的创新性特征。

2. 创新是创业的本质与源泉

创业者只有在创业进程中拥有持续不断的创新思维和强烈的创新意识，才能够萌生出全新且富有创意的想法和方案，才能够不断探寻新的模式、新的思路，最终收获创业的成功。

3. 创新的价值在于创业

从一定程度上讲，创新的价值就在于将潜在的知识、技术和市场机会转变为现实生

【测一测】
你是否适合创业

产力，实现社会财富增长，造福于人类社会，而实现这种转化的根本途径就是创业。

4. 创业推动并深化着创新

创业能够催生出新发明、新产品或新服务，创造出新的市场需求，进而推动和深化各个领域的创新，从而提升了企业乃至整个国家的创新能力，推动了经济的发展。

二、创业的类型

按照不同的标准，创业可分为不同的类型。

(一) 基于创业动机的分类

基于创业动机的不同，可以将创业分为生存型创业和机会型创业。

1. 生存型创业：其目的在于谋生，创业者为了生存而自觉或被迫走上创业之路。这类创业多属于尾随型和模仿型，规模较小，技术壁垒低、成本低、门槛低、风险低，对技能要求不高。由于创业动机只是为了谋生，所以往往小富即安，很难做大做强。

2. 机会型创业：创业者出于实现自我价值的强烈愿望，在发现或创造新的市场机会时进行的创业活动。它以新市场、大市场为目标，能够创造出新的需求或满足潜在的需求。

(二) 按照价值创造分类

按照价值创造分类，可以分为复制型创业、模仿型创业、安定型创业、冒险型创业。

1. 复制型创业：复制原有公司的经营模式，创新的成分很低。例如某人原本在餐厅里担任厨师，后来离职自行创立一家与原服务餐厅类似的新餐厅。新创公司中属于复制型创业的比率虽然很高，但由于这类型创业的创新度过低，缺乏创业精神的内涵，不是创业管理主要研究的对象。这种类型的创业基本上只能称为"如何开办新公司"。

2. 模仿型创业：这种形式的创业，对于市场虽然也无法带来新价值的创造，创新的成分也很低，但与复制型创业的不同之处在于，创业过程对于创业者而言还是具有很大的冒险成分。例如某一纺织公司的经理辞掉工作，开设一家当下流行的网络咖啡店。这种

【拓展阅读】
鲁班造锯

形式的创业具有较高的不确定性,学习过程长,犯错机会多,代价也较高昂。

3. 安定型创业:这种形式的创业,虽然为市场创造了新的价值,但对创业者而言,本身并没有面临太大的改变,做的也是比较熟悉的工作。这种创业类型强调的是创业精神的实现,也就是创新的活动,而不是新组织的创造,企业内部创业即属于这一类型。例如,研发单位的某小组在开发完成一项新产品后,继续在该企业部门开发另一项新品。

4. 冒险型创业:这种类型的创业,除了会给创业者自身带来巨大改变,个人前途的不确定性也很高;对于新企业的产品创新活动来说,也将面临很高的失败风险。冒险型创业是一种难度极高的创业类型,失败率较高,但成功所获得的回报也非常丰厚。这种类型的创业若想取得成功,必须在创业者能力、创业时机、创业精神发挥、创业策略研究拟定、经营模式设计、创业过程管理等各个方面,都有良好的搭配。

(三) 按照创业主体分类

按照创业主体分类,可以分为个人创业和团队创业。

1. 个人创业:创业者独立创办自己的企业。个人创业产权明晰、独立,利润归创业者所有,创业者可以按照自己的思路来经营和发展企业。然而,个人创业需要独自承担风险,创业资金筹备较为困难,财务压力较大,且受个人才能限制。

2. 团体创业:创业者与他人共同创办企业。团队创业可以共担风险,有利于优势互补,易形成团队优势。但是,团队创业容易出现利益冲突,可能会有中途退场者,或者对企业发展目标产生分歧等问题。

三、创业的素养

创业者须要具备的3大基本素养,包括心理素质、身体素质、能力素质。

(一) 创业者应具备的心理素质

1. 强烈的创业意识

即便具备了创业的必备知识,也不代表创业就一定能够成功,创业成功受到很多因素影响,其中一个重要因素就是要有强烈的创业意识。俗话说得好,一切都得靠自己。这就要求创业者深度挖掘自己大脑的潜力,对创业萌生出强烈的欲望,进而形成强烈的思维定式,营造出浓郁的创业氛围,并积极地为创业创造条件。

2. 自信心

自信心是一个人对自身能力信任的一种心理状态，它关系着一个人的成功与否，没有自信心是很难走向成功的。创业者应该认真学习"潜能教育理论"和"成功教育理论"，来培养和强化自己创业的自信心，最大限度地挖掘和发挥自身的潜能，进而成就自我，畅享人生。

3. 竞争意识

天地万物皆生存在竞争之中，正是生存的竞争推动了生物的进化，正是残酷的发展竞争孕育了现代社会的文明。人类恰是在生存竞争之中学会了制造和使用工具，不断丰富并发展了自己的大脑。没有竞争就没有发展，没有竞争就没有进步，没有竞争就没有优胜劣汰。

4. 强烈的责任意识

没有责任感的员工不是优秀的员工。创业者要将责任根植于内心，让它成为脑海中一种强烈的意识，在日常行为和工作中，这种责任意识会使创业者表现得更加卓越。责任感是由许多小事构成的，但是最基本的是做事成熟，无论多小的事，都能比以往任何人做得更好。创业者要立下决心，勇于承担责任。

（二）创业者应具备的身体素质

身体乃是完成一切任务的根基，唯有具备良好的身体素质，才能够让人拥有宽广的心胸以及一往无前的魄力。倘若想要创业，那就必须拥有一个健康的身体。在日常生活中要注重锻炼身体，锻炼的方式有很多，要以对身体锻炼有效的项目作为主要方式，以其他项目作为辅助，并且要有坚定的意志和志向。一个人能够达到怎样的高度，不要去问双手，而要问意志；一个人能够走多远，不要去问双脚，而要问志向。有志攀山顶，无志站山脚。

（三）创业者应具备的能力素质

1. 专业技术能力

专业技术能力是创业者掌握和运用专业知识进行专业生产的能力。专业技术能力的

【微课】
创业者的能力素质

形成有多条途径：一是在学校里从书本上学到的理论知识；二是请创业成功者做专题报告；三是利用项目教学法进行专业技术培训；四是利用现代信息技术收集有关创业专业技术的知识。平时注意积累分类做好记录，如商业计划书的撰写、融资、如何选定行业、如何研发产品等。

2.社会交往能力

社会交往能力即能够妥善地处理与公众的关系，以及能够协调下属各部门成员间关系的能力。每个人的社会交往能力各异，但只要在职业实践中刻苦努力，社会交往能力不仅能够获得发展与提高，还有可能挖掘出潜能。社会交往能力是通过参与诸如各项活动、游戏、联欢会、演讲比赛等形式而逐步培养起来的。与同事和谐共处、相互帮助，善于将一切可以团结的人都团结起来，这样便会使自己的交往能力逐步获得提高。

3.决策能力

决策能力是创业者根据主客观条件，正确地确定创业发展方向、目标、战略以及具体选择实施方案的能力。决策是一个人综合能力的表现，一个创业者首先要成为一个决策者。创业者要考察众多行业及产品，对创业行业及产品进行分析、判断，去粗取精，去伪存真，由此及彼，由表及里，能从错综复杂的现象中发现事物的本质，找出存在的问题，分析原因，从而正确解决问题。这就要求创业者具有良好分析能力，同时还要有判断能力。判断是分析的目的，良好的决策能力是分析能力和判断能力的优秀组合。通过分析判断，筛选出具有发展前景和发展潜力的行业，决定创业的行业和产品。

4.经营管理能力

经营管理能力涉及人员的选择、使用、组合和优化，也涉及资金聚集、核算、分配、使用、流动。经营管理能力是一种较高层次的综合能力，是运筹性能力。经营管理能力的形成要从学会经营、学会管理、学会用人、学会理财几个方面去努力。

◀▶ 小贴士 ◀▶

创业者要具备的基本素质

1. 倾听能力。要注意倾听员工和客户的意见和建议，你会从中发现推动公司发展的好主意。

2. 肯定员工。员工希望领导者可以认可他们的想法和工作。

3. 坦诚相待。在这个充斥着花言巧语和虚伪笑容的时代，你要对员工坦诚相待。这种难得且独特的坦诚会让员工觉得他们了解你，也因此希望能帮助你取得成功。

4. 沟通能力。明确的沟通可以避免公司运营过程中的诸多问题和障碍。如果缺乏有效的沟通，员工会对公司的很多事情全然不知，而且用不了多久，员工对公司的运营情况也就"事不关己，高高挂起"。

5. 坚持长期战略。避免公司战略"一日游"的情况。慎重地选择公司的业务发展方向，然后坚定执行下去。

6. 控制焦虑情绪。不要总是处于焦虑状态。创业者应当将懊悔、恐惧、忧伤等负面情绪转化成良师益友，帮助塑造自己的人格。

7. 服务精神。很多创业者会有些以自我为中心，而忘记他们处在一个领导者的位置上，应该考虑的是如何更好地为客户、股东和员工服务，将关注点放在他人身上。

8. 承担责任。明确任务目标，如果因为自己的过失而未能达成既定目标，领导者要坦率承认。

9. 利用情感因素。随着员工结构的变化，各种工作场所中出现越来越多的女性身影，所以要确定你的沟通方式和领导风格适合现有的员工队伍。

10. 分享公司愿景。如果员工不了解公司的整体目标，那么他们就很难合理地解决工作中的问题。创业者也会因此花费更多的精力处理每个细枝末节，而无法通过指导让员工完成分派的工作。

11. 保持冷静。现在已经不再适用对员工高声呵斥的领导风格了，如果员工总是担心老板今天情绪的好坏，那么他们的工作效率就会非常低下。

12. 像新人一样思考问题。当到达一个新地方时，你常常会以新奇的目光审视当地的商业经营情况。所以，创业者要以独特的视角去发现其他人错过的商业机会。

5. 创新能力

创新能力是人们运用发明成果来开展变革活动的能力，这里所说的变革活动指的是涵盖从产生新思想，到产生新事物，再到将新事物推向社会，从而使社会受益的一系列变革活动。创新是一个民族进步的灵魂，是一个国家兴旺发达、永不枯竭的动力，也是一个政党始终保持生机的源泉。创新既是一种企业行为，也是一种个人行为。对于创业者来说，创新能力的培育与提升，首先需要打破习惯。也就是说，自己要鼓足勇气，挣脱原有的思维习惯、行为习惯以及消极的文化氛围的羁绊，始终以全新的思维、积极的行为来面对生活。其次要进行社会实践锻炼，要具体去剖析企业内部的组织、技术、产品以及经济等因素的构成与效能，在努力施行解决问题的方案与措施的过程中提升创新能力。

实操任务

▶ **任务1　创新创业知多少**

【实操任务】

围绕"创新创业"进行小组讨论，辨析创新与创业的内涵。

【实操目的】

通过小组共同讨论，更进一步了解创新创业的内涵，理解创新创业与大学生职业生涯规划的关系。

【实操步骤】

步骤1：破冰阶段。通过破冰游戏，将班级同学分成若干组，5～10人/组，每组选择一名组长。

步骤2：小组讨论。组长组织组员针对以下三个问题进行讨论，并形成结论。

(1)创新和创业有什么区别和联系？

(2)创业要具备哪些关键要素？各要素之间的关系是什么？

(3)大学生该如何处理职业生涯规划与创业的关系？

步骤3：课堂汇报。选出代表汇报小组讨论的结果。

【实操评价】

1. 评价内容

(1)学生参与度

(2)讨论结果的合理性、丰富性

(3)汇报的总体效果

2. 评价方式

学生成绩由学生自评(20%)、互评(30%)、师评(50%)综合评定，评价表具体如下所示。

小组名称：＿＿＿＿＿＿＿＿　　　　　　　　　　　　　　　第＿＿＿＿次实操

学号	姓名	自评(20分)	互评(30分)	师评(50分)	总成绩

▶ **任务2　大学生创新创业现状及需求**

【实操任务】

通过设计大学生创新创业现状及需求问卷,实施调研,了解当前大学生创新创业的现状及需求。

【实操目的】

通过问卷调研,让大学生了解大学生创新创业现状。

【实操步骤】

步骤1:设计大学生创新创业现状及需求调研问卷

在中国知网、百度等引擎上查找已有文章和问卷,作为问卷设计的参考。从大学生创新创业的创业认识、创业动机、创业困惑等方面设计5~10道调查题目。

步骤2:实施调研

使用问卷星、问卷网在线收集和实地发放问卷。

步骤3:分析并汇报调研结果

与小组同学讨论分析大学生创新创业现状和学习需求的调查结果,从"是什么、怎么样、怎么看、怎么办"四个步骤形成汇报提纲和演讲稿,选派代表汇报。

【实操评价】

1. 评价内容

(1)学生参与度

(2)回收问卷有效数量

(3)汇报演讲效果

2. 评价方式

学生成绩由学生自评(20%)、互评(30%)、师评(50%)综合评定,评价表具体如下所示。

小组名称:_____　　　　　　　　　　　　　第_____次实操

学号	姓名	自评(20分)	互评(30分)	师评(50分)	总成绩

思考与练习

一、单选题

1. 创新创业教育是一种(　　)教育。

   A. 实操性　　　　　　　　　　B. 实践性

   C. 动手性　　　　　　　　　　D. 操作性

2. 以下不属于创新特征的是(　　)。

   A. 价值性　　　　　　　　　　B. 动态性

   C. 变革性　　　　　　　　　　D. 时代性

3. 创业者基于实现自我价值的强烈愿望,在发现或创造新的市场机会下进行的创业

   活动属于(　　)。

   A. 机会型创业　　　　　　　　B. 个人创业

   C. 自主创业　　　　　　　　　D. 复制型企业

4. 以下不属于创新分类是(　　)。

   A. 客体　　　　　　　　　　　B. 性质

   C. 内容　　　　　　　　　　　D. 对象

5. 自信、自强、自主、自立的创业精神属于创业者应具备的(　　)。

   A. 生理素质　　　　　　　　　B. 身体素质

   C. 心理素质　　　　　　　　　D. 能力素质

二、多选题

1. 创业教育旨在培养学生(　　)。

   A. 综合能力　　　　　　　　　B. 实践能力

   C. 动手能力　　　　　　　　　D. 操作能力

2. 创业要素包括(　　)。

   A. 创业机会　　　　　　　　　B. 创业资金

   C. 创始人及其创业团队　　　　D. 创业资源

3. 以下属于创新精神的特征的是(　　)。

   A. 普遍性　　　　　　　　　　B. 特殊性

   C. 简单性　　　　　　　　　　D. 时代性

   E. 可靠性

4. 一个优秀的成功创业者应该具有( )素养。

    A. 焦虑情绪   B. 责任意识

    C. 倾听能力   D. 沟通能力

5. 按照创业的动机,可以将创业分为( )。

    A. 复制型创业   B. 模仿型企业

    C. 生存型创业   D. 机会型创业

三、名词解释

1. 创新

2. 创业

四、简答题

1. 请简述创业的类型。

2. 请简述创新与创业的关系。

五、分析题

美图公司成立于2008年10月,是一家以"美"为内核、以人工智能为驱动的科技公司,通过影像产品和颜值管理服务帮助用户全方位变美,通过SaaS服务助力美丽产业数字化升级。它旗下面向个人用户推出了几款比较成功的App。

美图秀秀是广受欢迎的修图修视频宝藏神器,全球累计超10亿用户! 据Quest Mobile数据显示,美图秀秀自2008年上线以来在图片美化赛道长期保持用户规模第一。

美颜相机面向年轻用户推出的潮流个性相机App,以人像为核心,为用户提供强大而简单的变美功能! 据Quest Mobile数据显示,美颜相机用户规模及月活跃量均位列行业第一。

美妆相机是一款虚拟试妆App,以逼真的妆效体验,为用户解决日常上妆的痛点。通过高级美妆功能,搭配出超过万亿种妆容效果,用户能实时体验不同风格,选择最适合的妆容。

WINK App 让你的视频每一帧每一秒都绝美如画。传承美图秀秀美颜基因,像P照片一样P视频。高清视频人像精修,智能祛皱美白,打造精致上镜脸。全新独创的单场景服务,链路短,快捷好用,主要服务剪辑基础刚起步的年轻小白用户,让他们小成本实现视频一键出片。

Chic潮流期刊相机是美图公司推出的一款影像App,有"霓虹闪""漏光胶囊""3D

凝时"等多款主题,带给你如拆盲盒般的惊喜体验,随时记录你的质感生活!更有导入功能,一键获取您相册页的"废片",生成潮流大片、艺术感Plog!

蛋啵App是美图秀秀出品的首款拍娃、晒娃神器!潮爸潮妈们可一键套用宝宝专属照片模板、快速制作萌娃表情包、拍出宝宝天生奶油肌,还能邀请亲友一起记录宝宝成长,在专属空间中分享互动,尽情晒娃吸娃。

除此之外,美图公司还推出了面向行业用户的产品。例如美图秀秀电脑版、美图宜肤、美图云修、美得得、美图证件照、美图AI开放平台、广告流量联盟、Meitu ADX 等。

1. 从美图公司的产品系分析其创业成功的原因是什么?

2. 美图公司创业的要素表现在哪些方面?

资料来源:美图官网 数据截止于2023年12月

第二章
创新精神的培养

▶ **本章导读**

　　党的二十大会议明确提出要"坚持创新在我国现代化建设全局中的核心地位"。创新是驱动力,只有创新才会有未来。在信息化、知识化以及全球化的当今世界,知识快速折旧,经验逐步失效,变化愈加剧烈,人们当下的紧迫任务是:提升对环境的适应能力。而这种能力的核心即为学习能力与创新能力。创新即创造新的事物,是在前人的基础之上,以新思维、新发明以及新描述为显著特征的一种概念化过程,其包含了更新、改变以及创造。提出思想、产生技术、创新产品等这类行为活动均属于创新。

　　本章主要介绍了培养创新精神应掌握的创新方法、须训练的创新思维,要求大学生掌握创新方法、创新思维的基本原理,通过实际训练,培养创新意识,提高创新能力,从而为创新成果的产出打下基础。

▶ **知识结构**

```
                                                    头脑风暴法

                                                    奥斯本检核表法

                                   掌握创新方法      和田十二法

                                                    黄金圆环

                                                    5Why 分析法

          创新精神的培养

                                                    联想思维

                                                    发散思维

                                                    聚合思维
                                   训练创新思维
                                                    灵感思维

                                                    直觉思维

                                                    逻辑思维
```

▶ **学习重点**

1. 头脑风暴法、奥斯本检核表法及和田十二法的原理和操作步骤；

2. 联想思维、发散思维、聚合思维、逻辑思维的内涵和训练方法。

▶ **学习指南**

1. 通过资料阅读、慕课学习等方式掌握创新方法、创新思维的基本原理；

2. 通过模拟训练、案例分析、项目实战等方式训练创新方法，锻炼创新思维。

第一节　掌握创新方法

　　奥斯本检核表法的发明人奥斯本,从未上过大学,在1938年其21岁时遭遇失业。然而,他一直心怀成为新闻记者的梦想。为达成梦想,他鼓足勇气前往一家小报社应聘。当时主编询问:"你有多少年写作经验?"奥斯本回答:"只有三个月,不过请您先看看我的文章吧!"主编接过他的文章看了后,摇着头说:"年轻人,你这篇文章水准欠佳,你既没有写作经验,又欠缺写作技巧,文笔也不够通顺;但是你这篇文章亦有独特之处,在内容上有独到见解,这个独特的东西便是创新。这极其可贵,凭这一点,我愿意试用你三个月。"

　　由此,奥斯本深切领悟到"创新性"的珍贵,他决心成为一个具备创新能力的人。他反复研究主编给他的一大摞报纸,又买回其他各类报纸进行比较。在第一天上班后,奥斯本迫不及待地冲进主编办公室,大声说道:"主编先生,我有一个想法。"主编瞪大双眼看着这个毛头小伙子。他不顾主编的表情,只顾顺着自己的思路继续说下去:"广告是报纸的生命财源,我们无法与各大报纸竞争大型广告,而小工厂、小商店也无力承担大型广告,他们又急于将自己的产品或商品告知更多的人,我们何不来创造条头广告,以低廉的收费来满足这一层次工商者的需求呢?"主编说道:"好啊,真是个了不起的构想!"这便是如今在报刊上被广泛运用的一条一条的分类广告。奥斯本坚持每日提出一条创新性建议,两年后,这家小报发展成为一个实力雄厚的报业——托拉斯,奥斯本也荣任报业集团拥有巨额股份的副董事长。

　　请思考以下问题:

　　1. 创新方法对工作、生活有什么样的意义?

　　2. 奥斯本检核表法是什么样的创新方法?

一、头脑风暴法

(一) 定义

　　头脑风暴法也被称作脑力激荡法、自由思考法,由美国的创造学家奥斯本发明。头脑风暴法是借助小型会议的组织形式，让与会者在自由愉快、畅所欲言的氛围里自由地交换想法，以此来激发其创意以及灵感，使各种设想在相互碰撞中激起脑海里的创造性风暴，进而产生出解决问题的办法。正所谓，众人拾柴火焰高。

（二）作用

头脑风暴法主要有三个方面作用：

1. 引起入会者的联想反应，刺激新观念的产生；

2. 它能够激发人的热情，促进与会者突破旧观念的束缚，最大限度地发挥创新思维；

3. 它能够促使入会者产生竞争意识，力求提出独到的见解，最后它能够让入会者自由的欲望得到满足以产生更多的想法。

头脑风暴法特别适用于解决那些需要创新且有大量构思需求的问题。例如，在研究产品名称、广告口号、销售方法以及产品的多样化等方面，以及像广告等那些需要大量创意和构思的行业。

◆ 小贴士 ◆

　　诺贝尔文学奖获得者萧伯纳曾经说过：倘若你有一个苹果我也有一个苹果，我们彼此交换，你和我仍然只有一个苹果。但是倘若你有一种思想我也有一种思想，而我们进行交换，我们每个人将各有两种思想。

　　启示：

　　以上名言是对头脑风暴法作用很好的诠释。传统会议因为受到多数人意见或者一致意见的压力、老板和领导权威的影响，有时候发言人会因别人随意批评和部分入会者沉默或不够积极，导致不愿意发言。头脑风暴法就很好地解决了这个问题。

【微课】
头脑风暴法的定义、作用、分类

(三) 分类

按照结构化的不同，头脑风暴法可分为非结构化的头脑风暴法和结构化的头脑风暴法。

非结构化的头脑风暴法为团队成员提供了能够自由提出见解和意见的契机，这种方式鼓励成员尽情地贡献出尽可能多的主意，直至没有人再有新的东西可补充为止。而结构化的头脑风暴法是针对团队负责人或会议主持人提出的问题，团队成员依次逐个地提出自己的见解，每人每次仅能提一个。当某个成员再也没有新的主意时可以跳过，所有的主意都应当记录在白板上。这种方式的一个变体是应用于比较敏感的主题，要求成员在规定的时间内安静地在小纸片上写出自己的主意，当时间到了，所有的小纸片都交到主持人手中并粘贴或写在大白板上。头脑风暴法两种常见的结构化形式如下：

1. 默写式的头脑风暴法

默写式的头脑风暴法又被称为635法，它是由德国学者鲁尔巴赫依据德意志民族善于沉思的性格，以及数人争相发言容易导致点子遗漏的弊端，对奥斯本的头脑风暴法加以改造而创立的采用书面阐述的方法。具体的操作方式是召开一个由6人参与的会议，主持人在会议上阐明议题，给入会者每人发放3张卡片，在第一个5分钟内，每人针对议题在3张卡片上各自写下一个点子，然后传递给右邻。在第二个5分钟内，每人从传来的卡片上获得启发，再在3张卡片上各写出一个点子，之后再传给右邻，如此持续下去。经过半小时的传递，经过6次后能够得到108个点子，由于这种方法是6人参加，每人3张卡片，每次5分钟，所以由此得名635法。

2. 卡片式的头脑风暴法

卡片式的头脑风暴法由日本创造开发研究所所长高桥诚创立。其特点是对每个人提出的设想可以进行质询或评价，具体的操作方法是召开由3人至8人参加的会议，会前宣布发明课题，会议时间为一个小时，会上发给每人50张卡片，桌上放200张卡片备用。在第一个10分钟内入会者独自在卡片上写设想，每张卡片填写一个设想，接着用30分钟的时间按座次让每位入会者轮流宣读自己的想法，一次只能介绍一张卡片，宣读时将卡片放在桌子的中央让大家都能够看清楚，然后其他入会者即可质询。也可将受启发获得的想法填入备用卡片中，最后20分钟大家可以相互评价和探讨各自的设想，以便从中诱发新的想法。

（四）原则

1. 自由奔放地去思考，要求入会者尽可能地解放思想，无拘无束地思考问题并畅所欲言，不必顾忌自己的想法或说法是否离经叛道或荒唐可笑，欢迎自由奔放、异想天开的意见，可以有毫无拘束、广泛的想法，观念愈奇愈好。

2. 会后批评，禁止入会者在会上对他人的想法评头论足，排除评论性(评论者)的判断。至于对想法的评判留在会后进行，也不允许自谦。

3. 以量求质，鼓励入会者尽可能多地提出设想，以大量的设想保证质量较高的设想的存在，设想多多益善，不必顾虑构思内容的好坏。

4. 倡导搭便车行为，强调"见解不存在专利"，鼓励借鉴他人的构思并借题发挥，根据别人的构思，联想到另外一个构思，即利用一个灵感去触发另一个灵感，或将别人的构思加以改造从而提出属于自己的想法。

（五）组织实施

1. 准备阶段

第一，确认好要讨论的主题。第二，做好讨论的一些准备工作，例如，准备好会场、讨论工具。第三，组织人员。在准备阶段可以预先对人员进行简单的培训，让入会人员能够熟知头脑风暴法的基本流程。也可以将讨论主题提前与入会人员沟通好，让入会人员提前准备发言，从而提升发言质量。

2. 头脑风暴阶段

主持人宣布主题，入会者进行充分的头脑风暴。最后记录员整理构思找到关键问题进行记录。

3. 评价选择阶段

对入会人员精心讨论的构思进行筛选整理后，选取几个优秀的创意进行评价，产生新构思。要求会前，要精心地进行准备；会中，鼓励入会者积极地参与；会后，积极地总结

【微课】
头脑风暴法的组织实施

落实巩固会议的成果。

(六) 开会要点

1. 选定好讨论的主题。主题的选择要从平时悬而未决的问题着手,必须合乎参与者的能力层次和关心程度,以参与者一直期待解决的问题为最佳。事先公开主题的做法也是可行的,但入会者是否围绕主题尽力去思考,组织者应该考虑清楚,主题必须单一并且明确,不该模棱两可、似是而非,大的主题必须细化,从接近参与者关心的主题开始。会议开始后主持人仔细地阐述主题以便于参与者理解。尽量利用相互刺激产生灵感,为了参加者的灵感相互激励,从而引发灵感的连锁反应,应督促参与者在规定时间内将自己的灵感写下来,并要求他们在各自发言前将内容整理清晰明了,以便记录员在海报纸上记录,进而让他们看完后产生更多的联想、激发更多的灵感。

2. 选定参加者。为了保证会议的质量和效率,一般参会者不超过10名,其中1名是记录员。

3. 确定好会议的时间和场所。

4. 准备好海报、纸、记录笔等记录工具,方便记录下转瞬即逝的构思和灵感。

5. 布置好会场,可以将海报纸或者大白纸贴于白板上,座位的安排以凹字形为佳,这样的座位可以方便参会人员充分地讨论从而催生出更好的想法。

6. 会议的主持人,应该掌握头脑风暴法的一切细节性的问题,彻底了解头脑风暴法的基本原理、基本原则和基本要求等。

二、奥斯本检核表法

(一) 定义

奥斯本检核表法又称为分项检查法,它是以提问的方式,根据创新或解决问题的需要列出有关问题形成检核表,然后逐个对问题进行核对讨论,从而发掘出解决问题的大

【拓展阅读】
你不问问问,怎么创新

量设想的一种方法。奥斯本检核表法,它主要包含能否他用、能否借用等九个方面的内容。

　　亚历克斯·奥斯本是创新技法之父也是头脑风暴法的发明者,他在1941年出版的《思考的方法》一书中提出了世界上第一个创新发明技法——智力激励法,也就是头脑风暴法。1941年出版的第一部创新学专著《创造性想象》提出了奥斯本检核表法,此书的销量达到4亿册,超过《圣经》。

(二) 实施步骤

　　首先,依据创新对象明确所需解决的问题;其次,根据需要解决的问题,参照表中所列出的问题,运用丰富的想象力,强制地逐一进行核对讨论,写出新的设想;最后,从创新设想当中进行筛选,将最具价值的创新设想给筛选出来。

(三) 具体内容

　　通过案例来说明奥斯本检核表法的具体内容都包括什么。例如,U盘在生活中非常常见,如何利用奥斯本检核表法对它进行创意设计?

1. 能否他用

　　在"能否他用"之中主要涵盖了是否存在新的用途、是否有新的使用方式或者是否能够改变现有的使用方法,进而能够获取什么样的新创意呢? 比如,在日常工作时,会有需要拷贝资料却无法找到U盘的紧急状况出现,当这种问题产生时,由此便能够萌生出这样的创意——"倘若鼠标也能当作U盘那就好了"。鼠标肯定不会丢失,它一直都是连接在电脑上的,所以,鼠标U盘的概念就被延伸出来了。

2. 能否借用

　　能否有类似的东西存在,或者通过类比能否催生新的观念,过去有没有类似的情况、

【微课】
奥斯本检核表法

能否进行效仿、能不能超越,从这些方面进行思考。比如,当下系列产品很流行,像电视剧人物系列、网游动漫等的周边系列往往销售得极为火爆,那么可不可以把这些系列运用在U盘上以提升U盘的销量呢?由此便可以推导出主题U盘的创意,在每个U盘的后面都加上特色符号,然后组成纪念版,其效果应该会比较好。

3. 能否扩大

例如能不能增加些什么?能不能增加一些使用的时间、增加使用的频率?或者可不可以增加它的尺寸、增加它的强度而由此提高它的性能呢?例如织袜厂通过加固袜子的袜头和袜跟,使袜子的销售量大增;牙膏中加入某种配料,成了具有某种附加功能的牙膏。

4. 能否缩小

例如从可不可以减少些什么、可不可以进行压缩、可不可以进行聚合、可不可以进行微型化等方面进行考虑,袖珍式收音机、微型计算机、折叠伞等就是缩小的产物。

5. 能否调整

能不能改变它的功能、改变它的颜色、改变它的形状、改变它的外形等。例如目前市面上U盘同质化非常严重,每个品牌的U盘都长得差不多,那由此产生出了这样的创意,能不能把U盘做得更加个性化,与生活元素结合起来,让U盘的外观变得更多样。

6. 能否代用

它能不能被别的东西所替代、能不能换成别的成分、换成别的材料或者替换成其他的颜色。例如在汽体中用液压传动来替代金属齿轮,又如用充氪的办法来代替电灯泡中的真空,使钨丝灯泡提高亮度。通过取代、替换的途径也可以为想象提供广阔的探索领域。

7. 能否变换

例如可以从是否能够进行变换、是否能够互换成分、是否能够更换操作工序等方面进行思考。比如在使用U盘的过程中,常常会发现文件很大,而U盘的容量不够用了,那该怎么办呢?由此可以想到是否能够设计制造出一种可以拼接的U盘,用户既能够单独使用,也能够将多个U盘连接在一起使用,根据使用需求来增加存储容量。

8. 能否颠倒

例如从能不能颠倒正负、能不能头尾颠倒等方面进行思考,人们经常用完U盘后盖子找不到了,那怎么办呢?例如苍耳子U盘就是从苍耳身上找到灵感,两个苍耳是很容易粘在一起的,把U盘改造成苍耳的形象,就可以不用到处找U盘的盖子了。因为盖子一旦从U盘上面取下来之后它就会自动粘上来。

9. 能否组合

例如从能否进行重新组合、尝试混合、尝试合成、尝试特性组合、尝试目的组合这些角度进行思考。U 盘的功用是非常单一的，思考能不能和别的产品组合在一起实现一物多用呢？例如，将 U 盘和传统的 Wi-Fi 进行组合形成了一个可移动的 U 盘 Wi-Fi，以及把 U 盘和笔进行组合形成了 U 盘笔的产品概念。

三、和田十二法

（一）定义

和田十二法是由我国的创造学者许立言、张福奎等人基于奥斯本检核表法，借用其基本原理进行创造而提出的一种思维技法。它不但是对奥斯本检核表法的一种继承，更是一种大胆的创新，并且是在上海和田路小学进行试验后，才提出了关于创造发明的"和田十二法"。

（二）具体内容

1. 联一联

"联一联"指的是把某件事情的结果与它的起因联系起来，由此可以找到解决问题的办法。那么，把两样或几样似乎不相干的东西联系在一起，会发现什么样的规律呢？把几样东西联系在一起或者几件事情联系在一起，又能不能解决什么问题呢？例如，把自行车和电这两样原本不相关的东西结合在一起，就变成了生活中最常见的交通工具——电动车。

2. 扩一扩

"扩一扩"指的是把某样东西放大、扩展来达到想要的目的。这样的东西如果放大扩展，例如说声音的扩大、面积的扩大、距离的扩大，它的功能与用途会发生怎么样的一种变化呢？这件物品除了大家熟知的用途，它能不能扩展出其他的功能。例如，常见的 SD

【微课】
和田十二法

存储卡,因为16G的SD存储卡的容量比较小,受到用户的诟病。SD卡的存储空间因此不断地扩充,一直扩充到64G、128G,甚至1T的容量。SD卡的存储扩展提高了售价,也增加了利润。

3. 加一加

"加一加"意味着在这件物品上增添某些东西或者将这件物品与其他物品组合起来是否可行,经过"加一加"之后会变成什么样的新物品呢? 这样的新物品又能否产生新的功能呢? 例如,将椅子和衣架组合在一起,那就变成了一个具备挂衣架功能的椅子,方便了日常的使用。而且还可以将单独的笔和小刀组合在一起,形成日常使用的既能进行书写又有小刀作用的笔刀物件,以及把笔和梳子组合在一起,既能用来书写又能用来梳头。

4. 缩一缩

"缩一缩"指的是把东西压缩、折叠、缩小,它的功能用途会发生什么样的变化? 例如,把常用的电池缩一缩之后得到了纽扣电池,把台式电脑缩一缩之后得到了笔记本电脑,这两者都为生活带来了便利。

5. 仿一仿

"仿一仿"指的是有没有什么事物是可以让自己去模仿学习的,即模仿它的某些形状结构,学习它的某些原理方法,这样做是否能够取得良好的效果呢? 又会由此创造出什么样的新东西呢? 例如,对鸟和蜻蜓能够在空中飞翔的状态进行模仿,从而得到了飞机这样的一个构思。又例如,看到身上有硬壳的小虫子钻进硬物里,便由此得到了盾构施工法的创造,使得在开凿隧道时能够更加安全且高效。

6. 减一减

"减一减"所指的是,于某件东西上去掉一些部分,是否能够让某些物品的重量稍作减轻,或者减少操作过程的次数,这些在形态上、重量上以及过程上的"减一减"会产生怎样优异的效果呢? 例如,将眼镜进行"减一减"后就得到了在日常中被用到的隐形眼镜。再如中国的无叶风扇,它主要是利用空气倍增技术吸纳空气和扩大,由于它没有转动的叶片或网格外罩,会更加安静、安全,也更易于清洁。

7. 变一变

"变一变"指的是改变原有物品的形状、尺寸、颜色、滋味、音响等,从而形成新的物品,它可以从内部结构上,例如,成分、部件、材料、排列顺序、长度等方面去变化,还可以从使用对象、场合、时间、方式、用途等方面进行变化,也可以从制造的工艺、质量和数量,对事物的习惯性的看法、处理办法及思维方式等进行变化。例如,船是在海面上航行,潜艇则使用蓄水舱中注水在重量上的变化,使潜艇下潜在海下航行。

8. 改一改

"改一改"指的是对现有的东西进行某些方面的更改,比如改变其形状、颜色、味道等等。例如工老吉,它将自身的卖点从最初的凉茶改成了预防上火的饮料,由此迅速地火了起来,到现在大家都记住了它的广告语:"怕上火,喝王老吉!"

9. 代一代

"代一代"指的是这样一种创新思路,即运用其他事物或方法来替换现有的事物。有些事物即便应用的领域不同、使用的方式各异,但都能实现同一功能,因此可以尝试去进行替代,既可以直接去寻找现有事物的替代品,也可以从材料、零部件、方法、颜色等方面来进行替代。例如常见的手机,只要它具有红外线功能,那么它就可以用来操控空调,如此便可以开发新型的手机软件,用手机来替代传统的遥控器,进而实现遥控电器的目的。

10. 反一反

"反一反"指的是将某一事物的形态、性质、功能及其正反、里外进行颠倒从而产生新的事物。反一反的思维又叫逆向思维,一般从已有的事物相反的方向进行考虑,例如,常见的动物园,园里的动物是关在笼子里,但自然动物园将游客放在一个笼子里,凶猛的动物观看笼子里的游客,反过来更加刺激,票价也更贵。

11. 搬一搬

"搬一搬"指的是将原有的事物或设想、技术移到别处使之产生新的事物、新的设想和新的技术。即把一件事物移到别处,还能有什么用途? 某个想法、原理、技术搬到别的场合或地方,能派上别的用处吗? 例如,通过改变光线波长,常见的普通照明灯便具备了灭菌功能,从而形成新的产品——紫外线灭菌灯。

12. 定一定

"定一定"指的是针对某些发明或产品确定出新的标准、型号、顺序,或者对某种东西加以改进,为了提升学习和工作的效率以及预防一些可能出现的不良后果而制定一些新的规定,进而实现一些创新。例如,为了矫正小学生不良的写字姿势,设计出了一种能确保姿势正确的写字器,以此来规范小朋友们的写字姿势。

四、黄金圆环

(一) 定义

黄金圆环是由美国营销顾问西蒙·斯涅克(Simon Sinek)在TED演讲中提出的一个用来阐释激励人心的领袖力的模型。这个模型的核心是一个"黄金"圆圈,黄金圆环的中心是"为什么why",第二个环是"怎么做how",最外面的环是"是什么what"。为什么?怎么做?是什么?

(二) 具体内容

三个圆环由内至外分别为:Why、How、What,它们各自代表着三个不同的思考层级。黄金圆环理论原本旨在分享杰出的领导者是如何激发行动的,然而这个思考模型在众多领域均适用。黄金圆环的核心观点在于,几乎所有的人或组织都对自己所做的事情(What)极为了解,其中有一部分人对于该如何去做(How)也很清楚,这些或许是你的个人优势,又或是产品的独特工艺、独特卖点等。但仅有极少数的人了解或者想明白为什么要去做这件事情(Why),比如你每天为什么要早起?你的目标是什么?你的组织因何而存在?你的产品因何而存在?为什么别人要在乎你?几乎所有成功的组织或领袖,他们对于Why的思考都极为透彻,思考逻辑由内而外,从而驱动组织或团队迈向卓越,达成原本看似不可能完成的事情。创始人对团队的激励通常符合黄金圆环理论。创始人总是以Why作为出发点告知团队,比如,他们常说"我们为什么要做这个项目?我们为什么要做农村电商",从而让很多人相信他的梦想并支持他的梦想。

五、5Why 分析法

(一) 定义

5Why分析法,亦称"5问法",就是对一个问题点连续以5个"为什么"来进行自我追问,以探寻其根本原因。虽说名为5个为什么,但在实际使用时并不局限于只做"5次为什么的探讨",主要是必须要找到根本原因才算结束,有时可能只需几次,有时也许要十几次,恰如古话所讲:打破砂锅问到底。5Why法的关键点在于:鼓励解决问题的人努力避开主观或自负的假设以及逻辑陷阱,从结果入手,沿着因果关系链条顺藤摸瓜,直至找出原问题的根本原因。

(二) 实施步骤

5Why 从三个层面来实施：

为什么会发生？从"制造"的角度。

为什么没有发现？从"检验"的角度。

为什么没有从系统上预防事故？从"体系"或"流程"的角度。

每个层面连续5次或N次的询问，得出最终结论。只有以上三个层面的问题都探寻出来，才能发现根本问题，并寻求解决。

解决问题的具体步骤分为以下两个部分：

第一部分：把握现状

步骤1：识别问题

在本方法的第一步，人们开始了解一个可能大、模糊或复杂的问题。人们掌握一些信息，但一定没有掌握详细事实。问：

我知道什么？

步骤2：澄清问题

在本方法的第二步是澄清问题。为得到更清晰的解答，问：

实际发生了什么？

应该发生什么？

步骤3：分解问题

在这一步，如果必要，需要向相关人员调查，将问题分解为小的、独立的元素。问：

关于这个问题我还知道什么？

还有其他子问题吗？

步骤4：查找原因要点

现在，焦点集中在查找问题原因的实际要点上，需要追溯来了解第一手的原因要点。问：

我需要去哪里？

我需要看什么？

谁可能掌握有关问题的信息？

步骤5：把握问题的倾向

要把握问题的倾向，问：

谁?

哪个?

什么时间?

多少频次?

多大量?

在问为什么之前,问这些问题是很重要的。

第二部分:原因调查

步骤6:识别并确认异常现象的直接原因

如果原因是可见的,验证它。如果原因是不可见的,考虑潜在原因并核实最可能的原因,依据事实确认直接原因。问:

这个问题为什么发生?

我能看见问题的直接原因吗?

如果不能,我怀疑什么是潜在原因呢?

我怎么核实最可能的潜在原因呢?

我怎么确认直接原因?

步骤7:使用"5个为什么"调查方法来建立一个通向根本问题的原因或效果关系链。

问:处理直接原因会防止再发生吗?

如果不能,我能发现下一级原因吗?

如果不能,我怀疑什么是下一级原因呢?

我怎么才能核实和确认下一级有原因呢?

处理这一级原因会防止再发生吗?

如果不能,继续问"为什么"直到找到根本原因。在必须处理以防止再发生的原因处停止,问:

我已经找到问题的根本原因了吗?

我能通过处理这个原因来防止再发生吗?

这个原因能通过以事实为依据的原因或效果关系链与问题联系起来吗?

这个链通过了"因此"检验了吗?

如果我再问"为什么"会进入另一个问题吗?

确认你已经使用"5个为什么"调查方法来回答这些问题。

为什么我们有了这个问题？

为什么问题会到达顾客处？

为什么我们的系统允许问题发生？

步骤8：采取明确的措施来处理问题

采取临时措施来去除异常现象直到根木原因能够被处理掉。问：

临时措施会遏制问题直到永久解决措施被实施吗？

实施纠正措施来处理根本原因以防止再发生。问：

纠正措施会防止问题发生吗？

跟踪并核实结果。问：

解决方案有效吗？

我如何确认？

为确认你已经按照问题解决模型操作，当你完成问题解决过程时，使用这个检查清单。

第二节　训练创新思维

▶ **导入**

"韩阿姨,小伙子是我们景宁人,姑娘是五常人,两个人情真意切,回乡共同创业,他们俩的事儿您要多支持啊!"近日,在余杭区五常街道"新时代创客说"党的二十大精神宣讲会上,评书演员葛慕白用宋韵白话的形式,将党的理论融合在作品《畲雁归巢》中,给五常新的社会阶层人士带来了一场寓意深刻、笑语连篇的宣讲。

《畲雁归巢》讲述的是杭州五常的一个姑娘和丽水景宁的一个小伙相恋的故事。起初姑娘母亲不同意两人回景宁创业,直到去景宁考察参观了一场,看到了景宁几年来翻天覆地的变化,最后老太太也决定留在景宁帮助子女回乡创业。

"《畲雁归巢》将乡村振兴、共同富裕、民族团结等宏大的时代主题用活泼生动的小故事呈现出来,再用宋韵白话这种新的艺术形式表达,让党的二十大精神更接地气,也让我们真正读懂了它的内涵。"在活动现场,新的社会阶层人士联谊会成员潘雅静认真观看了表演,并说道:"希望这样贴近生活的宣讲更多一些。"

党的二十大报告指出,繁荣社会主义文艺必须从一切优秀的文艺传统中汲取营养。宋韵白话以评书为基础,创造性融入宋韵文化的唱腔韵味,于"说、唱、笑"中讲故事,不仅保留了传统非遗文化的优秀因子,还创新融入了现代白话元素。"通俗易懂的语言,极大增强了作品的时尚感和网感,让普通老百姓也能读懂其寓意,欣赏其魅力,让文艺真正深入人民群众中去。"葛慕白介绍。

连日来,具有深厚历史底蕴和文化气息的五常街道,充分借助优秀传统文化如龙舟文化、宋韵文化、洪氏文化等,以创新形式学习宣传贯彻党的二十大精神,把党的二十大精神讲实、讲透、讲具体、讲生动,让民众从民间文艺中走出来,满载党的理论回到实践中去。

接下来,五常还将挖掘新形式、新方法、新渠道,做好宣讲,开展生动实践,让党的二十大精神在五常落地生根,结出丰硕成果。

来源:《杭州日报》

请思考以下问题:

1.《畲雁归巢》的成功应用了哪种创新思维?

2.生活、工作中还有哪些例子是应用创新思维的?

一、联想思维

(一) 联想思维的定义

联想思维,指的是人们把一种事物跟另一种已然存在的事物或者尚未诞生的事物相互联系起来,进而去解决问题或者构建新思想。

(二) 联想思维的分类

联想思维可以分为相似联想、相反联想、因果联想、组合联想。

1. 相似联想

相似联想就是把形式上、性质上或原理上等方面相似的事物联系起来。例如三国时期魏国的文学家曹植的诗《七步诗》:"煮豆燃豆萁,豆在釜中泣。本是同根生,相煎何太急?"曹植与魏文帝曹丕,本是同胞兄弟。曹丕登基后,对曹植进行迫害,作者由此联想到煮豆燃豆萁时的情景。展开相似联想一定要注意抓住事物之间的相似点。

2. 相反联想

相反联想指的是从某一事物出发而联想到与其相反的事物。例如,当人们致力于追求商品的经久耐用时,一次性商品却出现了,而且还同样受到消费者的欢迎。另外,尽管精美的玩具广泛受到欢迎,但丑却具有独特特色的玩具也有着相当规模的市场,人们可以凭借事物相反的特性去创造新的事物。

3. 因果联想

因果联想是指因两个事物存在因果关系而引发的联想。既可以由起因联想到结果,也可以由结果联想到起因,这能够帮助人们对事物进行探究。例如中国科学家屠呦呦在研究疟疾治疗时,发现青蒿的提取物对疟疾有一定抑制效果,她感到很奇怪,为什么会有

【微课】
联想思维

这样的现象呢？探究其原因，经过大量实验和研究，发现了青蒿素，她也因此为疟疾的治疗做出了巨大贡献。

4.组合联想

组合联想是指把几种事物联系起来，组合成新的事物。例如水陆两栖飞机、CT等。水陆两栖飞机顾名思义，就是把船和飞机结合起来，而CT是射线技术、电脑和感应头等现成的东西组合在一起的新事物。

（三）　联想思维的意义

联想思维有助于提高创造力，可以说，联想是创造的根源，若不会联想是创造不出新东西的。联想思维是很多其他创新思维的基础，联想思维可以把思维引向深处或扩大思维的活动空间，从而进行发散思维，甚至引发灵感和直觉。联想思维有利于完善知识系统，知识系统是创新的基础，建立知识网络需要联想思维。

二、发散思维

（一）　发散思维的定义

发散思维是指从一个目标出发，沿着多种途径去思考，产生数量多而新颖的答案，产生的联想非常丰富、比较跳跃。发散思维是创新思维的最主要的特点，是测定创造力的主要标志之一。

（二）　发散思维的分类

1.逆向思维

逆向思维与正向思维相对。正向思维主要是从正面以及相同层面去提出和解决问题，而逆向思维则是指从事物的反面或对立面来提出和解决问题的思维模式。逆向思维是朝着事物的对立面进行联想，往往能使问题简化，从而巧妙地解决问题，有时还能将人们认为是缺点的东西"变废为宝"。就像传统空心轮胎存在容易爆胎、漏气的缺点，那轮胎为

【微课】
发散思维

什么就一定得是空心的呢？利用逆向思维，现在出现了实心轮胎，完全取代了传统的内胎与外胎组合的方式，这就是逆向思维的成果。

2. 横向思维

横向思维与纵向思维相对应。纵向思维是指在特定结构范围内，按照有顺序、可预测且程式化的方向进行思维的一种形式，利用这种思维常常能对问题看得深刻透彻、入木三分，这是人们惯常使用的思维方式。而横向思维则是让思维往横向、向宽处延伸思考，综合运用各个领域的信息，突破问题的纵向常规结构范围来思考和解决问题，其结果往往出人意料。在"曹冲称象"这一典故中，曹冲不是用纵向思维从而钻进"如何将大象放在秤上"的思维胡同，而是运用横向思维，将象转化为称量相应石头的重量。

3. 立体思维

立体思维与平面思维相对应。平面思维，可以从不同的方面去说明思维的中心，可以相对地达到认识某一方面的全面性，例如，平面几何就是平面思维的产物。作"画"要用什么东西？人们一般第一反应是用笔！但如果把"画"放在一个平面上，同所有可以想象到的东西联系起来，发现头发、石头、蝴蝶翅膀、金属、麦草、树叶等都可以用来做成精美的画。立体思维是人们跳出点、线、面限制，有意识地从多层次、多侧面、多维度认识事物的思维方式。例如立体几何、3D打印、5D电影。电视技术是由若干个技术面构成的，包括电子技术、显示技术、播放技术等，各个方面技术的不断改进，全方位地带动电视的革新。世界上的事物相互组成一定的联系，不要限于某个平面上的联系，在立体的联系网络中去思考问题，更容易拓宽创新之路。

三、聚合思维

（一）聚合思维的定义

聚合思维有很多别名，例如复合思维法、求同思维法、集中思维法、同一思维法以及

【拓展阅读】
谈新零售与物联网结合发展

收敛思维法。聚合思维法是指把广阔的思路聚集成一个焦点的方法。它是一种有方向、有范围、有条理的收敛性思维方式。例如，公安人员破案时，要从各种迹象、各类被怀疑人员中发现作案人和作案事实。

(二) 聚合思维的特征

聚合思维主要有收敛性、连续性和求实性三个特征。

1. 收敛性

主要体现在聚合思维以某个目标为中心，筛选四面八方的信息，向着一个方向思考，推论出合理的答案。

2. 连续性

主要体现在聚合思维具有较强的连续性、条理性，环环相扣，不允许出现思维的跳跃，每个步骤都要正确，才能推论出最佳的答案。

3. 求实性

主要体现在聚合思维是求实的，从客观实际出发，对发散思维的结果或者其他各种信息进行筛选、推理论证，不允许用想象、联想等代替逻辑推理。还是以公安人员破案为例，公安人员要以破案为目标，向各个方向寻找蛛丝马迹，做出各种作案假设，在每一个环节进行假设、取证、推理，最终才成功破案。

(三) 聚合思维的方法

1. 求同法

也称求同除异法。其含义为排除那些不相干的因素，进而找出共同的因素。比如张庄有人出现中毒情况，李庄也有，王庄同样有，这是食物导致的吗？这三个村庄所吃的食物各不相同，所以将食物这一因素排除掉，那么是水源的问题吗？经调查发现，他们的饮用水来自同一水源，找到了这个共同因素，也就得出了饮水中毒的结论。

2. 求异法

就是要排除相同的因素，进而找出不同的因素。比如，某小区存在一个"怪洞"：猫、狗进入洞中就会死亡，而人、马进入洞中却安然无恙。实验时发现，将猫、狗抱进去没有问题，但一旦它们自己进入洞中就会死亡。经过调查得知，猫和狗与地面的距离较近，它们独自进洞时就会死亡，而人与马相对较高，当人抱着猫、狗进洞时，也相当于增加了它们的高度。所以依据这一差异因素能够推断出在离地表近处存在某种致命物质，最后得出该洞的地下冒出大量一氧化碳气体，其密度比空气大，沉在洞底，矮小动物进入便会导致死亡的结论。

3. 共变法

就是当某种因素发生变化,另一因素也随之变化。例如温度计就是这种共变思维的产物,即水银柱的高低反映了外界温度的高低,外界温度产生变化,水银柱的高低也会随之产生变化,它与外界温度有一种共变的因果关系。

4. 剩余法

例如公安人员常常运用这种方法来逐步缩小怀疑的范围。在案发时间被科学确定后,逐个将没有作案时间的人排除,剩余的人便与案件产生了可能的因果关系。

四、灵感思维

(一) 灵感思维的定义

你是否会有这样的经历,在你冥思苦想的时候,突然灵光一闪,眼前一亮,就有了新的想法,这就是灵感思维。灵感思维中常有创造性的联想,它带来的往往是创新、发现和新事物的创造。

(二) 灵感思维的特征

1. 累积性

灵感的产生绝非易事,它通常源自于长久的苦思冥想以及大量的信息积累与实践经历,并且伴有强烈的目标动机。(例如,莫言从小就对乡村生活有着深刻的体验和感悟,大量阅读和积累是创作灵感的源泉。)

2. 突发性

从时间层面看,灵感思维会毫无预期地突然降临;从效果方面来讲,灵感思维会令人猛然间领悟,超乎想象。(莫言有一次在田间劳作时,看到一片独特的景象,突然就开启了某部作品的创作灵感。)

【微课】
灵感思维

3. 易逝性

灵感的出现极为迅速，消逝也同样快速，它只是瞬间的一个思想火花。当灵感思维带来珍贵的灵感之后，必须及时予以记录和研究。（灵感一出现，莫言立刻停下手中的活儿，赶紧找纸笔进行记录，生怕错失当下的奇妙构想。）

4. 非自觉性

灵感思维主要不是活跃在人的意识层，人们不能清楚地感觉和控制灵感思维。

小贴士

灵感思维是可以通过训练来增强的，例如，每天上下班(或上下学)选择一条不同的路线；每天在不同的餐馆(或地方)吃早餐或午餐；听听音乐，做做白日梦；给你的创造力找一个出口；改变风景；创建私人日记；玩需要创造的电脑游戏；用涂鸦等方式来增强你的灵感思维。

(三) 灵感思维的类型

1. 自发灵感

自发灵感并非意味着灵感会轻而易举、毫无缘由地出现，而是指主体经过自身长时间的思考后，灵感自行闪现出来。唐代大诗人钱起自幼勤奋好学，积累了深厚的文学功底。因梦得佳句"曲终人不见，江上数青峰"，后在应试中凭借此句诗定进士，从此步入仕途。

2. 触发灵感

触发灵感意味着接触到与研究问题相关联的事物或人员，从而受到启发进而产生出创造性的联想，抑或是受到思想的点化，突然之间闪现出好的主意。当代著名诗人陈先发在看到曹操宗墓出土砖块上的残留文字时，这些文字仿佛是历史的耳语，激发了他的创作灵感。于是，他以这些文字作为主题，创作出了长诗《了忽焉》，使得那些在漫长时间长河里早已被淹没的无名无姓窑工的内心纹路，能够重新发出声音，实现了历史与当下现实的再次连接与构建。

3. 诱发灵感

诱发灵感指受到外部事物或情景的启发而获得灵感。中国商人王亚群偶然看到孩子在沙地上愉快地"玩土挖沙"，获得灵感创立了皮特曼淘矿小镇。这个项目为孩子们提供了一个可以挖掘矿石、探索自然的场所，让他们在游戏中学习和成长。如今，这一创业项目已经在全国遍地开花，大获成功。

4.激发灵感

激发灵感是指面对紧急情况时,大脑处于高度的积极思维状态,急中生智,产生解决问题的灵感。在2020年新冠肺炎疫情爆发初期,口罩成了紧缺的防护物资。许多企业和个人纷纷投入口罩生产中,但面临着原材料短缺、生产效率低下等问题。在这个紧急情况下,一些企业和个人发挥了创新精神,激发了灵感。例如,有的企业采用了新型的口罩材料,提高了口罩的过滤效果和舒适度;有的企业改进了生产工艺,提高了口罩的生产效率;还有个人发明了自制口罩,成功化解了口罩短缺的难题。

五、直觉思维

(一) 直觉思维的定义

直觉思维是指在已有的知识经验基础上,不受逻辑约束,凭感知直接把握事物本质,迅速做出判断或解决问题。

(二) 直觉思维的作用

美籍华裔物理学家丁肇中在谈到"J"粒子的发现时曾说道,在1972年,他深感很有可能存在许多有光且又相对较重的粒子,然而理论上却并未预言这些粒子的存在。他在直观上认为没有理由认定这种较重的发光粒子(简称重光子)一定比质子还轻。这便是直觉。恰是受这种直觉的驱使,丁肇中决定去研究重光子,最终成功发现了"J"粒子,并因此荣获诺贝尔物理学奖。

直觉思维的作用极其强大,它不仅能够帮助人们迅速获得解决方法,而且能够协助人们快捷地做出最优选择,还能够助力人们做出创造性的预见。袁隆平在研究杂交水稻的过程中,经常会有一些直觉思维的闪现。例如,在观察水稻的生长过程中,他发现一些水稻植株具有更强的生长势和更高的产量。他凭直觉认为,这些植株可能具有某种特殊的基因组合,于是他开始进行深入的研究和实验。经过多年的努力,袁隆平终于成功地培育出了高产的杂交水稻品种,为解决全球粮食问题做出了巨大的贡献。

直觉思维有时可以让人洞察到各种可能性,尤其在优劣难以分辨或者紧急的情形下,能够做出最优的选择。有一位一级方程式赛车手,在驶过急弯的时候,发现本该关注他的观众却惊愕地注视着前方,他的直觉提示他,前方肯定出现了不良状况,于是他立刻刹车,从而挽救了自己的生命。果然,前面有几辆车将转弯的赛道给堵死了,这便是一个直觉救命的真实案例。

(三) 直觉思维的特征

1. 直接性

以一种"跳跃式"的方式,从思维的起点跳到终点。

2. 预见性

例如科学家提出的假说,或面对一件事情,预见未来可能的发展。

3. 坚信感

对结果的正确性或真理性具有坚信感。

4. 或然性

直觉思维是非逻辑的思维,所以导致结果可能出现错误。

(四) 直觉思维的训练

一方面,需要获取广博的知识以及丰富的生活经验,倘若缺少这些基本的内容,在分析问题时就会左支右绌,更不用说是能够准确地进行预判了。另一方面,要培育敏锐的观察力与洞察力,对身边的事物予以细心观察和深入思考。要学会倾听直觉的声音,切不可轻易就否定自己的直觉。

六、逻辑思维

(一) 逻辑思维的定义

逻辑思维,是指人们在认识事物的过程中借助概念、判断、推理等思维形式反映客观现实的理性认识过程。逻辑思维具有规范、严密、确定和可重复的特点。逻辑思维有助于人们正确认识事物,对于非逻辑思维(如灵感思维、直觉思维)提出的设想,要用逻辑思维继续深入研究、检验及完善。

(二) 逻辑思维的类型

逻辑思维有两种形式,包括形式逻辑思维和辩证逻辑思维。

1. 形式逻辑思维

形式逻辑思维执行的是一套静态思维法则,帮助人们得到可靠的知识,指导人们准确、有条理地表达思想,检查和发现逻辑错误。

形式逻辑思维有三大定律:

(1) 矛盾律

是指在同一思维过程中,对同一对象不能同时做出两个矛盾的判断,也就是说不能既肯定它,又否定它。

(2)排中律

是指在同一个思维过程中,两个互相矛盾的思想不能都假,必有一真。不允许在"是"与"非"之间含糊不清。例如甲说:"所有的鸟都是会飞的。"乙说:"有的鸟就不会飞。"丙说:"你们俩说得都不对。"则丙的说法就同时否定了相互矛盾的两个思想,违反了"排中律"。

(3)同一律

是指在同一思维过程中,必须在同一意义上使用概念和判断,不能在不同意义上使用概念和判断。如,"马是吃草的",这个命题是正确的,但如果有人反驳说:"错,海马就不吃草",这是偷换概念,违反了同一律。

案例分享

王戎七岁时,曾和许多小孩子一块游玩。看到道路边的李树果实累累,压弯了树枝,孩子们争先恐后,跑上去摘李子,只有王戎不动。别人问他,回答说:"树在道边却果实累累,这一定是苦李。"摘来一尝,果然是苦的。

王戎正是从形式逻辑的角度来分析为什么李子是苦的。

大前提:如果道边李树结的是甜李,那么早被人们摘光了;

小前提:现在没有被人摘光;

结论:所以,道边李树结的不是甜李。

因此,这则故事告诉人们:在观察事物时善于动脑筋,能根据有关现象进行推理判断,从而得出正确的结论,这也就是形式逻辑思维的魅力所在。

2.辩证逻辑思维

辩证逻辑思维执行的是一套动态思维法则,指人们通过概念、判断、推理等思维形式反映客观事物的辩证发展过程。事物在同一时间里可以"亦此亦彼""亦真亦假"。

辩证逻辑思维三大定律:

(1)对立统一

事物的内部以及事物彼此之间蕴含着矛盾性,矛盾双方既相互统一又相互斗争,由此推动事物的运动、变化以及发展。比如:理想与现实的矛盾,促使人们去奋斗,从而将理想转变为现实。

质量互变，是指事物、现象由于内部矛盾所引起的发展是通过量变和质变的互相转化而实现的。

(2)否定之否定

这是指事物发展的每一个阶段，都是对前一阶段的否定，同时它本身又会被后一阶段再次否定，如此一来，事物便从低级逐步发展到高级、从简单逐渐演变为复杂，以波浪式前进的方式和周期性的螺旋式上升的方式不断演进。

(3)辩证逻辑思维

是一个人分析与解决生活、工作中诸多问题的基点，也是提升个人综合素质的重要方面。因不满公司的待遇，与资方谈判不成要举行罢工，这种既能够做到罢工又不会影响民众正常出行的情况，再次显现了辩证逻辑思维的威力。

【拓展阅读】
训练你的逻辑思维

实操任务

▶ 任务1 我来为你取名

【实操任务】

以学校的创业孵化基地为例,为其取一个名字。

【实操目的】

通过头脑风暴法的使用,在实操中掌握头脑风暴法的组织实施步骤和开会要点。

【实操步骤】

步骤1: 准备阶段

1. 确认要讨论的主题。

2. 准备讨论工具、会场等。

3. 组织人员

(1) 培训与会人员头脑风暴法的基本流程;

(2) 提前沟通会议讨论主题;

(3) 通知与会人员提前准备发言稿。

步骤2: 头脑风暴阶段

1. 主持人宣布主题;

2. 与会者进行充分的头脑风暴;

3. 记录员整理构思找到关键问题进行记录。

步骤3: 评价选择阶段

1. 对与会人员精心讨论的构思进行筛选整理;

2. 选取几个优秀的创意进行评价,产生新构思。

要求:会前要精心地进行准备;会中鼓励与会者积极地参与;会后积极地总结落实巩固会议的成果。

【实操评价】

1. 评价内容

(1) 学生参与度

(2)会议流程规范性

(3)会议结果实用性

2. 评价方式

学生成绩由学生自评(20%)、互评(30%)、师评(50%)综合评定,评价表具体如下所示。

小组名称:_____   第_____次实操

学号	姓名	自评(20分)	互评(30分)	师评(50分)	总成绩

▶ 任务2　我们来创新

【实操任务】

以雨伞为创新对象,通过使用奥斯本检核表法对其进行创新。

【实操目的】

通过奥斯本检核表法的使用,在实操中掌握奥斯本检核表法的组织实施步骤和要点,增强创新能力,掌握创新方法。

【实操步骤】

步骤1:准备阶段

小组同学根据创新对象明确需要解决的问题。

步骤2:讨论阶段

依据需要解决的问题,参照表中所列出的问题,运用丰富的想象力,强制性地逐一进行核对、讨论,写出新的设想。

步骤3:分享阶段

小组成员从创新设想中进行筛选,将最有价值的创新设想筛选出来,选择代表将结果与大家分享。

【实操评价】

1. 评价内容

(1)学生参与度

(2)小组活跃度

（3）结果创新度

2. 评价方式

学生成绩由学生自评(20%)、互评(30%)、师评(50%)综合评定，评价表具体如下所示。

小组名称：＿＿＿＿＿＿＿　　　　　　　　　第＿＿＿次实操

学号	姓名	自评(20分)	互评(30分)	师评(50分)	总成绩

思考与练习

一、单选题

1. _____对于_____就像导线对于电流一样。请把以下四组词语中你认为恰当的一组挑选出来,填写在上面句子中的横线上。(　　)

　　A. 光纤、光　　　　　　　　　　　B. 电话、线路

　　C. 闸门、水　　　　　　　　　　　D. 草原、马

2. 越多越好! ——重数量而非质量,指的是头脑风暴法基本规则中的(　　)。

　　A. 延迟判断

　　B. 数量产生质量

　　C. 鼓励巧妙地利用并改善他人的设想

　　D. 欢迎各种离奇的假想

3. 在使用头脑风暴法时,以下哪些行为违反了延迟批判这一原则。(　　)

　　A. 反对　　　　　　　　　　　　　B. 支持

　　C. 质疑　　　　　　　　　　　　　D. 以上全部违反

4. 下面关于头脑风暴法的说法正确的有(　　)。

　　A. 头脑风暴法适合解决单一明确的问题,不适合处理复杂、覆盖面广的对象

　　B. 组成头脑风暴法小组,小组成员应全是专家

　　C. 小型会议的与会者10人以上为宜

　　D. 头脑风暴法完全不追求质量

5. 采用头脑风暴法需遵循的原则不包括(　　)。

　　A. 延迟评判　　　　　　　　　　　B. 民主集中原则

　　C. 各抒己见　　　　　　　　　　　D. 有效管理幅度原则

二、多选题

1. 逻辑思维的基本形式有(　　)。

　　A. 概念　　　　　　　　　　　　　B. 命题

　　C. 判断　　　　　　　　　　　　　D. 推理

　　E. 归纳

2. 灵感所具有的特征主要有(　　)。

A. 确定性 　　　　　　　　　　B. 突发性

C. 突逝性 　　　　　　　　　　D. 终端性

E. 积累性

3. 创新思维的超逻辑方法主要有(　　　)。

A. 直觉方法 　　　　　　　　　B. 演绎方法

C. 灵感方法 　　　　　　　　　D. 归纳方法

E. 类比方法

4. 下列哪些属于发散思维的特点(　　　)。

A. 流畅性 　　　　　　　　　　B. 创新性

C. 变通性 　　　　　　　　　　D. 独特性

三、名词解释

1. 头脑风暴法

2. 聚合思维

四、简答题

1. 简述发散思维的种类。

2. 简述和田十二法。

五、分析题

某个城市地铁里的灯泡经常被偷。窃贼常常拧下灯泡,这会导致安全问题。接手此事的工程师不能改变灯泡的位置,也没多少预算供他使用,但他提出了一个非常好的横向解决方案,是什么方案呢?

第三章
创意设计的实现

▶ **本章导读**

　　当下在大街小巷中随处都能见到"中国制造"，小至一个瓶盖，大到C919飞机，从这当中不难察觉出中国企业近些年来所取得的成功。这些成功与创意设计紧密相连，而创意设计也为企业带来了颇为可观的利润。创意乃是设计的灵魂，缺失了它，整个设计作品就会变得毫无趣味。创意是从逻辑性思维向形象思维的转变，能将复杂抽象的事物转变成具体的可实施的项目。在设计里，创意能力与设计水平都极为重要，在如今新兴技术蓬勃兴起的时代，科学技术的进步与发展更是冲破了创意的束缚，使得以前根本无法想象的事物成为现实。

　　本章内容主要介绍创意设计的三种机制，包括创意设计的产生方法与产生过程，还有创意设计的实现，同时阐述了工业设计、平面设计、建筑设计以及互联网产品设计这四种创意设计在实际中的应用。并通过实际的训练，来培养创意设计能力，让人们了解创业设计过程和原则，进而为创意设计产品的产出奠定基础。

▶ **知识结构**

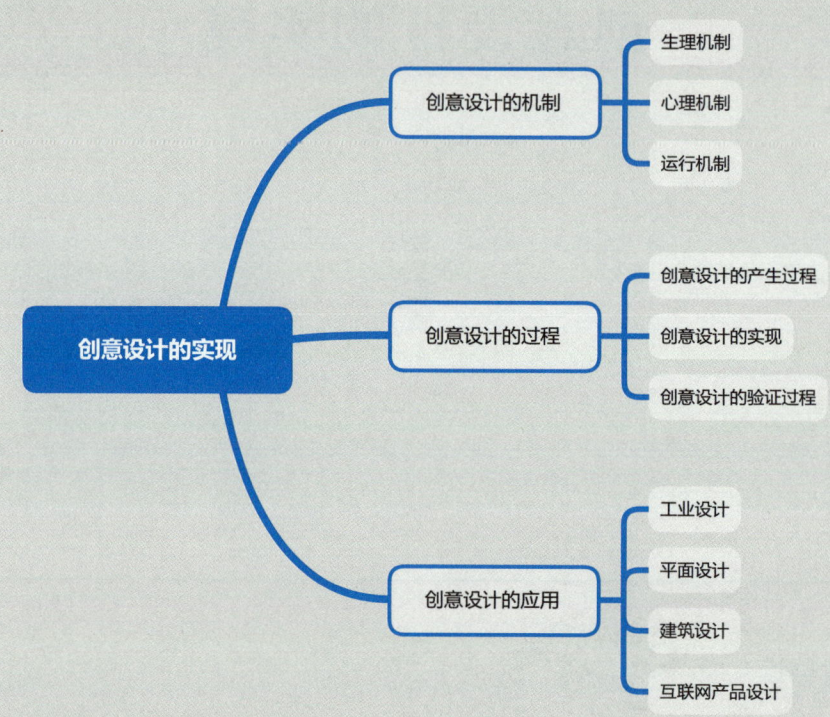

▶ **学习重点**

1. 创意设计的基本机制和产生过程;

2. 创意设计的实现过程和实际应用。

▶ **学习指南**

1. 通过资料阅读、慕课学习等方式掌握创意设计的实现过程和应用;

2. 通过模拟训练、案例分析、项目实战等方式训练创意设计能力。

第一节　创意设计的机制

▶ 导入

几名高智商俱乐部的会员在一家餐厅吃饭，发现餐桌上一个瓶盖标志为"盐"的瓶子里装的是胡椒粉，而标志为"胡椒粉"的瓶子里装的却是盐。大家觉得非常惊奇，为了让接下来的客人更好地享受美食，于是有人提出了一个问题：怎样在没有任何抛洒的情况下，只借助餐馆现有的工具，将两瓶调料对调过来？

面对这样充满挑战的问题，高智商人士们顿时兴奋起来。经过一番激烈的头脑风暴后，他们最终达成一致，想出了一个最充满才气的方案——仅需要一张餐巾纸、一根吸管，两个空碟子就可解决问题。

他们将服务员叫过来，打算炫耀一下他们绝妙的想法。谁料，服务员什么也没说，只是拿起盐瓶和胡椒粉瓶，互换了盖子……

很多人把这当成一则笑话来看，殊不知生活中这样的事情非常地多。明明是一件很简单的事情，大家却总是将其复杂化。有时候只是转换一下思维，问题就豁然开朗，而创意的前提就是要破除这些僵化的思维模式。

请思考以下问题：

1. 上述故事创意设计体现在哪些地方？

2. 上述故事你获得了什么启示？

一、生理机制

（一）右脑在创意认知过程中的重要作用

大脑被划分为两个半球——左脑和右脑。这两个半球在功能方面呈现出高度的特异化，各自承担一些专门的分工活动，负责处理某些特定的刺激。研究显示，左半球（即左脑）主要承担处理语言信息的任务，进行抽象逻辑思维、辐合思维以及分析思维等；右半球（即右脑）主要处理表象信息，展开具体形象思维、发散思维以及直觉思维等。尽管二者各自履行职责，但这种区分仅仅是相对的，并非是一种完全的"全或无"的关系。实际上，它们之间依然存在紧密的关联，即大脑的两个半球通过由两亿多条神经纤维组成的胼胝体来实现联结和沟通。如此一来，两者便具备了一种互补的能力。由此可见，二者虽然各自承担任务，但又相互配合、相互协调、相互补充，从而共同完成了信息的收集、加工与处理。由此也能够轻易看出，真正较为高级的且富有创造性的认知功能大多集中于右脑，所以，在创意认知的过程中，右脑的作用不容小觑。

（二）大脑及其神经系统如何发挥作用

大脑及其神经系统究竟是怎样发挥作用的呢？这主要得益于神经系统的结构功能单位——神经元，大脑及其神经系统发挥作用主要是依靠神经元达成的。在大脑里存在着100亿至150亿个神经元，其中70%集中于大脑皮层，每个神经元均是由一个轴突和多个树突所构成的，并且通过它们和其他神经元产生联系，神经冲动（信息）便是以这样的联系来进行传递的。又因为每个神经元能与其他神经元形成约2000种联系，而且由于它们之间相互作用，进而又生成了大小不一、功能各异的功能区。

如此一来，神经冲动（信息）不但会在短时间内朝多个方向传递，而且由此也催生了各种各样的心理现象。经研究表明，创造力较高的人，在创意认知过程中，其神经活动会呈现出比神经网络更为复杂、紧密以及更为迅速的突触传递。外在的表现即为思维敏捷、大脑灵活。

总之，左脑和右脑的协作才是创意产生的真正生理基础。

◆ ▶ 小贴士 ◀ ◆

量子理论之父马克思·普朗克（Max Planck）在其自传里提出，富有创造性的科学必须要具备一种对于新观念极为鲜明的直觉想象能力，这种能力并非依靠推论，而是源于艺术家的创造性想象。

【微课】
创意设计的生理机制

启示：

　　不管是想象还是直觉，倘若没有在逻辑上进行处理与评价，就绝不可能创造性地产生出具有积极意义的创意。创意属于人脑中的高级心理活动机能之一，其形成与发展会受到人脑生长发育水平以及活动特点的影响，所以，大脑及其神经系统对于创意发挥着极为重要的作用。

二、心理机制

　　创意心理包括观察力、想象力、联想力、预测力等要素，根据一定的逻辑关系组成一个创意能力产生、发展、实践的全过程。

（一）观察力

　　观察力指的是创意者针对周围事物展开考察的能力。尽管观察力人人皆有，然而人与人之间的观察能力却有着极大的差别。比如，对于同一个事物，甲所关注到的是其形状、色泽，乙注意到的或许是属性、质地，丙却对该事物毫无兴趣，因而可能对这件事物的特征毫无印象。这三种不同的结果皆是由于观察力的差异所导致的，而观察力的不同又是由个人兴趣因素、知识层次以及实践经验所引发的。

（二）预测力

　　预测力是创意者对创意适应市场未来态势作长远预测的能力。它包括对创意买方市场的预测，对创意实施阶段的量化预测，对创意实施结果的质化预测。

　　创意者首先要考量的是其创意能否为市场所接纳。倘若他的创意被买方市场否决，那么这一创意便毫无存在的意义，他的劳动也毫无价值。其次，创意者的创意在实施阶段通常带有一定的风险性，不过这是创意实施的必经阶段。这就需要创意者对创意实施阶段进行量化预测。最后，对创意结果的质化预测是指创意切实作用于市场之后，对创意产生实际效果后的本质性预测。

【微课】
创意设计的心理机制

（三）联想力

人们由一种事物的时间、空间特征，以及性质、状态等特征，回忆或再现另一事物的心理过程，就是联想。联想力是指在人脑内记忆表象系统中由于某种诱因使不同表象发生联系的一种思维活动。联想思维和想象思维可以说是一对孪生姐妹，在人的思维活动中都起着基础性的作用。

联想是创意思维的关键诱因，同时也是确保思维过程得以顺利开展的重要条件。联想的能力越是强大，在设计活动当中，思维就越是灵活，触类旁通以及举一反三的能力也就越发强大。

例如鲁班发明锯子，就是联想力发挥重要作用的典型事例。传说，他有一次在深山里不慎被一种叶子割伤了，这种叶子的两边有锋利的锯齿，他由此受到启发，经过多次的试验，最终发明出了一种锋利的锯子。

（四）想象力

想象力是与感性及理性思维紧密相连的。想象指的是人对头脑中已有的表象进行加工改造并缔造出新形象的过程。想象过程是对已有表象的改组、综合等，其中最简单的一种方式便是黏合，也就是把两种事物的品质、特性或者部分黏合起来，例如美人鱼、猪八戒的形象。其次是夸张和强调，即对事物的某一部分或某一特性予以夸张，使其增大、减小、数量增多、色彩变浓等。还有一种则是典型化，即将某类事物最典型、最具代表性的特性集中在某一事物的形象上，就如龙形象的创造，当下多数专家认为龙是以蛇为主体的图腾综合创造物，它具有蛇的身、猪的头、鹿的角、牛的耳、羊的须、鹰的爪、鱼的鳞。创意思维里的想象更趋于典型化，因为它必须集中凸显主题，才能够吸引市场的注意力，最终获得其接受与认可。

想象还有一种特殊形式，即幻想，使之像个人所希望的未来事物的想象过程。它是创造想象的一个特定范畴。可以分为积极有益的幻想和消极无益的幻想两类。

【拓展阅读】
雨衣的发明故事

作为一个创意者来说,更应该利用有益幻想。积极的幻想对于创意者是一种极大的推动力。积极的、健康的、有社会意义的幻想也可能超越社会发展的自然进程。正因为创意者能够在他将要开始或刚开始从事某种创意的时候就能在想象中看到自己成就的图景,所以他才有足够的力量和信心去进行各种艰苦的劳动,并坚持到底。

小贴士

爱因斯坦曾说:"我满足于做一名按照自己的想象自由作画的艺术家,想象力远比知识本身更为重要,因为知识是有限的,而想象力却能让世界变得丰富多彩。"

三、运行机制

有人言及,创意工作的魅力恰在于此,即你全然不知自己将会创作出何种事物,甚至你都不晓得下一步自己的思维会有怎样的突破,你的思想又将引领你去往何方。每个人都有与生俱来的创造能力,然而为何有的人相较其他人明显缺乏创意呢? 创意的产生存有一定的规律,美国心理学家约瑟夫·沃拉斯(Joseph Wallas)的"四阶段模型"论把创意的产生精简为四阶段的流程。

(一) 准备阶段

从发现问题、提出问题开始,明确要解决的问题的性质,收集信息资料,并试图使之概括化和系统化,形成自己的认识。准备阶段主要靠认知记忆进行思考,在学习知识的基础上,结合经验收集有关问题的资料。

(二) 酝酿阶段

酝酿期指的是在完成对与课题相关的信息、资料的收集之后,对这些资料予以整理、加工,针对问题展开试探性的解决,持续提出新的假设、方案,甚至会产生"山重水复疑无路"的感觉。酝酿期也是冥思苦想的时期,人的思维往往会没有边际,长时间在某一个问

【测一测】
你的创造力

题上徘徊以致于灰心丧气。最终逐渐明确解决问题的方法,从不成熟到成熟,从不完善到完善。个人集中全部精力,专心进行思考,想象力能够自由地驰骋,潜意识也积极活跃起来。

中国古代杰出数学家刘徽在钻研《九章算术》之际,察觉到其中部分算法与理论存在缺陷。尽管他反复思索、深入研究,却始终未能寻得解决之法。一日,刘徽在对一个圆形物体进行观察时,猛然间想到一种全新的计算方式。他惊觉圆形物体的周长与直径之间存有恒定的比例关系,且这一关系能够用一个数学公式来表示。刘徽受此启发后,即刻展开实验与研究。他凭借对圆形物体的测量与计算,成功验证了自己的构想,最终提出了"圆周率"的概念以及相应的计算方法。实际上,大多数创意灵感都是在轻松悠闲的身心状态之下产生出来的。

(三) 豁朗 (顿悟) 阶段

经过充分的酝酿之后,于头脑中会突然涌现出新的构想,从而使问题趋近于解决。这是大脑神经网络中的递质和受体、神经元的突触之间的一种因某种信息激发而产生的由量变到质变的状态,也就是神经网络回路中新增了一条通路,在相应神经递质中新增了一项功能。灵感的闪现、突然的顿悟,弄清楚解决问题的关键所在,主要依靠发散思维来运作。

明代著名的思想家、哲学家和军事家王阳明在被贬谪到贵州龙场期间,经历了人生的低谷和困境。一天,王阳明在龙场的一个山洞中沉思,突然顿悟到"心即理也",即"圣人之道,吾性自足,向之求理于事物者误也"。他意识到,人的内心本身就包含着天理和良知,不需要通过外在的事物去追求。这一顿悟成了他思想的重要转折点,也为他后来创立"阳明心学"奠定了基础。

(四) 验证阶段

将顿悟的观念予以实施,用以验证其是否可行,主要运用集中思维。通过思维等形式

【拓展阅读】
心理健康创业实例

来进行运作,需要纯粹且良好的组织以及清晰陈述的思维形式和智力训练,以引导出逻辑结果。在获取到解决问题的构想的基础上,于理论上或实践上展开反复的论证和修改的阶段,它对解决方案的合理性和严密性进行验证。在验证时,可以将新产生的创意交给相同领域的其他人进行审阅和评论,使其不断得以完善,不断走向成熟。

国学大师王国维曾经用几句古诗形象地提出治学的"三境界"说——第一境界:昨夜西风凋碧树,独上高楼,望尽天涯路;第二境界:衣带渐宽终不悔,为伊消得人憔悴;第三境界:众里寻他千百度,蓦然回首,那人却在灯火阑珊处。根据"四阶段模型"论可知王国维治学三境界描述的古诗词对应的创意三阶段。几个境界分别对应:

第一境界:昨夜西风凋碧树,独上高楼,望尽天涯路。——准备阶段

第二境界:衣带渐宽终不悔,为伊消得人憔悴。——酝酿阶段

第三境界:众里寻他千百度,蓦然回首,那人却在灯火阑珊处。——顿悟阶段

对"四阶段模型"论的认知可以让人在创意设计工作中,对自身工作的创意状态有一个比较全面理性的定位,从而更好地掌握工作进程,发挥自身创意潜能。

第二节　创意设计的过程

▶ 导入

小罐茶是中国一家知名的茶叶品牌，以其独特的包装设计和营销策略在市场上取得了显著的成功。

其创始人杜国楹一直致力于打造独特的小罐茶。他在日常的逛街过程中，不断地从各种品牌中汲取灵感，对新奇的产品进行深入研究。为了实现心中理想的小罐茶包装，他邀请了日本设计师神原秀夫参与产品包装和店面设计，还邀请了苹果旗舰店设计师 Tim Kobe 来进行店面升级。在这个过程中，杜国楹常常思考"如果苹果公司想做中国茶，它会做什么样的包装"，这一理念深深影响了设计方向。经过两年多的时间，他们不断地尝试和改进，对包装造型进行反复雕琢。最终，小罐茶的包装成功实现了优雅、实用与绿色环保的完美融合，实现了茶行业的"罐装革命"。

小罐茶采用金属小罐进行包装，相较于传统的纸质包装，金属小罐具备更出色的防潮、保鲜性能，能够切实保障茶叶的品质。其包装体积小巧，便于携带，契合现代人快节奏的生活方式，让消费者可以随时随地畅享一杯优质的茶。与此同时，小罐茶的包装设计也极为注重时尚感，与现代消费者的审美需求高度相符。

小罐茶这独特的包装设计一经推出，便深受消费者青睐，而这背后凝聚着杜国楹和设计师们无尽的心血与智慧。

请思考以下问题：

1. 小罐茶创意设计产生的过程？

2. 如何实现并验证创意设计？

一、创意设计的产生过程

创意可以通过成千上万种方法产生,但是其产生方式主要有两种。一种是随机的灵光一现,另一种是严密的方法的推导。两种都存在各自的问题,但是,从创意产生的过程上来看,两种方式其实是统一的。归纳起来,创意的产生过程主要包括以下三个阶段。

(一) 需求的捕捉阶段

通常的理解是,设计创意所针对的需求分为两部分:

一部分源于用户的需求,即用户的目标,或用户期望产品能帮助其达成的任务或目标。对应的是使用产品的用户。比如:用户对自助寄件的需求。目前,很多城市的小区都已经配备了快递柜,但快递柜主要是用于送件,而对于快递公司收件,使用得相对较少;某快递公司,就希望借助快递柜,来满足用户自助寄件的需求。在这个案例中,用户就是每一个需要寄快递的人,那么他们的需求是什么呢? 他们的需求,实际上就是在"自助寄件"的过程中,希望尽可能地简单、易用、高效、快捷。于是,快递柜就新增了一项功能,用于存放寄送的快递。

还有一部分来自技术的需求。3D打印属于快速成型技术的一种,它是以数字模型文件为基础,运用粉末状金属或塑料等可粘合材料,通过逐层打印的方式来构造物体的技术。3D打印一般是通过数字技术材料打印机来实现的。3D打印取代了锤子、钉子和建筑工人。这种技术用创意取代了劳动,成为许多商品制造商关注的重点。此前,该技术常被模具制造、工业设计等领域用来制造模型,之后逐渐用于一些产品的直接制造,已经有使用这种技术打印而成的零部件。北京积水潭医院研发开创了3D打印技术在骨科的多种应用,例如髋臼缺损重建、关节假体翻修、中骨缺损填补、腕关节定制化假体等,为患者提供了个性化的治疗方案。

此外,我国高铁的飞速发展,就是将人们对出行速度提高的需求和高铁技术相结合的产物,这些创新都源自人类的梦想。

【测一测】
你的工作创意

(二) 满足需求的探索阶段

人们通常会通过两种途径来探索世界：一种是采用严谨的科学方式，以获取对自然科学规律的认知。竺可桢是中国近代的气象学家和地理学家，他自幼便立志"科学救国"。后来，他赴美学习气象学，潜心研究中国的气候与自然环境。经过长期的观察和数据分析，他揭示了中国季风气候的规律。为了验证自己的理论，他不断进行实地考察和观测，并开展了一系列模拟实验。经过严谨的科学论证，他的中国季风气候理论赢得了广泛的认可和应用。他的研究成果为中国的气象预报、农业生产以及水资源管理等领域提供了关键的科学依据。

另一种则是运用感性的艺术和文艺的方式，以获得情感化的、能产生共鸣的体验。总体而言，这个过程是将思维转化为概念，然后进一步物化为外在设计表现形式的过程。

(三) 对概念的评估与重复阶段

设计创意活动是人类文明活动的重要组成部分，它旨在实现人们对理想和物质的追求。然而，人们所构思的概念并非一开始就与现实世界完全相符。因此，这一阶段需要进行模拟、仿真或真实验证并推动其发展。

例如，Cicret智能投影手环是一款没有实体界面的手机，它能够将手机界面完美地投影并展示在你的手上，使你的皮肤成为手机的第二触摸屏。结合灵敏的传感技术，你可以直接使用智能手环阅读邮件、接听电话、玩游戏、查看天气等。当然，它目前还是一款概念产品，但在未来很有可能成为现实。

二、创意设计的实现

创意实现的本质是设计活动的主要内容。设计是通过设计创意的实现获得创造带来的满足感、成就感及自我实现感，而用户则通过设计创意的实现分享创新产品带来的功能和服务上的需求满足。

【拓展阅读】
农夫山泉婴儿水瓶型设计

但是创意的实现不是一个线性的过程，它存在着对设计概念的反复提炼和价值的反复验证，甚至到了后期制造阶段，也仍然面临着技术的选择和影响等因素。那么，设计师头脑中的设计创意如何实现成为产品？从设计创意走向最终产品实现的方法和流程如下。

(一) 创意的实现要求

很多人经常会说自己的团队有了绝妙的创意，只缺少一个有技术将创意落地的人。在他们看来，实现一个设计创意就跟设计调试一个移动应用一样简单，只需要按部就班地完成所有功能需求，然后组装在一起就可以了。但是很显然，从设计创意到产品实现的规则不是这么运行的，这种实现有着自己的规则和要求。实际上，设计创意的实现需要经历一系列的过程，包括简单的想法和构思，整体的需求思路分析，基于基础功能原型的需求分析，形成具体的功能实现方案，组建实现创意的团队，开始进入设计创意的开发周期，最后完成产品并进入维护阶段。其中每一个阶段都对创意的实现有着不同的要求。

例如，支付一直以来都是支付宝的优势领域，如果只专注于支付功能，微信并无优势可言。因此，微信将研发重点置于解决方案上。由于线下商户的痛点并非支付，而是需要像线上一样获取数据、进行精准营销、维系顾客，所以微信提供了这样的解决方案，顾客扫描二维码，商户就能与顾客建立连接，实现O2O。

创意设计的提出通常只是实现的基础部分，随后的每个流程都包含了设计创意实现方案的困难以及进行必要修改的内容。那么，实现创意技术的方法有哪些呢？

(二) 创意的技术实现方式

设计创意的技术实现方式可以用美国创造学家阿里克斯·奥斯所总结出的一种叫作going-stopping的方法来更加直观地表示。这里going代表对设计创意持续的发散，而stopping则指的是对设计创意进行收敛分析。两者交替进行是设计创意技术实现的最好方式。行停法的步骤包括：

1. 行(go)——思考列举所需要解决的问题相关联的要点因素；

【微课】
创意设计的实现

2. 停(stop)——对此进行详细的分析和比较；

3. 行(go)——分析解决问题，有哪些可能用得上的信息；

4. 停(stop)——如何方便地得到这些信息；

5. 行(go)——提出解决问题的所有关键点；

6. 停(stop)——判断确认最好的解决切入口；

7. 行(go)——尽量提出验证的实验方法；

8. 停(stop)——选择最好的实验验证方法。

如此循环往复，直到创新决策成功，形成完整的策划方案。在这里，举一个例子：某国发明家发明人工养殖珍珠。他先通过"行"，提出与人工养珠的一系列问题，如：如何打开蚌贝壳，用何种物质代替沙粒为珠心，把珠心投置于蚌贝内哪一处，含着珠心的蚌如何饲养……然后，他收集有关资料，进行冷静的分析，提出实验的方法。这个过程就是由"行"到"停"的思维过程。在实验中，他又通过"行"提出了许多疑问，然后再冷静地分析解决自己提出的疑问。通过不断的"行""停"交叉过程，最后终于发明了人工养珠的方法。

下面以该种方法的流程来解释设计创意的技术实现方式：

1. 需要根据设计创意中用户需求和要解决的关键问题分析相关联的因素。

2. 在对前面因素进行分析和比较的基础之上，展开对可行的技术解决方案的收集整理。

3. 通过横向对比上述技术解决方案的优缺点，找到关键技术路线，并判断技术切入口及计划该技术的验证方法。

4. 通过上述步骤的循环往复，利用技术实现的预期来逼近设计创意的预期目标，获得最终实现方式。

【拓展阅读】
充电宝的创新

三、创意设计的验证过程

(一) 创意的创新性验证

想要有效地区分不同的设计创意对于解决问题的不同影响,就有必要根据创意的创新性原则进行判断。目前流行的创新性判断可参考依据包括以下几方面。

1. 验证设计创意的独创性和新颖性

创意的关键在于其独创性。富有想象力,所创作品新颖独特、别具匠心,能够赋予商品与服务新的价值和意义。无论是在设计创新的思路、思考的角度和技巧,还是设计创意的结论上,只要具有前人未曾提出的独特之处,就在一定程度上具有独创性和开拓性。

2. 验证设计创意的灵活性,即脱离传统的设计创意方法

LAAB实现室的黄卓健对香港中环一个28平方米的公寓进行了神奇的改造。虽然面积较小,但业主对新家的期望却很高:一个家庭影院、一个健身房、一个大厨房、一个全尺寸的浴缸以及充足的存储空间。经过改造,他满足了业主的愿望。这样的设计突破了传统的限制,将原本有限的小面积进行了多功能的划分。

3. 设计创意的风险性,即对未知活动的一种探索

你能想象用火焰在木板上作画是怎样的吗?通常情况下,一提到燃烧木板,人们会想到木板会直接烧成灰烬。然而,令人意想不到的是,B站up主舒惠芬(舒舒酷北北)竟然可以用火作画,而且取得了惊人的效果。她用钢丝绒在木板上燃烧,复刻出《富春山居图》,并将创作过程用视频记录下来,该创意视频在B站获得了超170万的浏览量。舒惠芬表示,创作过程中遇到的最大问题是火的不可控。她需要把握好让火燃烧的痕迹刚好符合她想要留下的痕迹,这是最难的。她凭借精细的技术,让火焰在木板上徘徊,最终创作出了理想的精美画作。

【微课】
创意的创新性验证

图1

学好创意设计的验证,有助于验证自己的创意设计是奇思妙想还是异想天开,能否准确地满足用户的需求或解决具体问题,避免在创意设计过程中出现错误,延误项目进度,甚至导致项目失败。

(二) 创意设计的重要性验证

相信人们上网时都会碰到一样东西——验证码,在进行注册、登录、发帖以及投票等操作前,大家都会碰到形形色色的验证码。看似平凡普通的验证码,实则有着相当高大上的来历。验证码的全名叫作全自动区分计算机和人类的图灵测试(Completely Automated Public Turing test to tell Computers and Humans Apart,简称为CAPTCHA)。验证码的主要作用——防止恶意批量注册、恶意破解密码、刷票、论坛灌水,以及有效防止黑客对某一个特定注册用户用特定程序暴力破解方式进行不断的登录尝试,同时防止黑客对网站的恶意访问。因此,看似普通的验证码,实际上对网络安全有着极为重要的意义。这小小的验证码,背后隐藏着巨大的商机。想想看,全世界的网民每天可能要输入验证码接近30亿次,假设每次花费10秒,那么算下来每天要花费750万小时。假如这个时间能被利用起来,那将会产生不可估量的成果。一个小小的验证码创意就能撬动千亿级的市场,可见创意的重要性。

那么,如何获知创意的重要性呢?可以参考以下几个原则。

1. 流畅性

流畅性是在实现功能应用的基础之上产生出更多可能的设计创意或者设计方案的可能性。实际上,当前大家所遭遇的验证码设计在不停地进步,涵盖从图形、计算、滑动拼图到看图选字,等等,形式丰富多样,而将商业广告植入其中,这是完全有可能的。

2. 变通性

变通性就是能够立足于传统范围之外,或者从独树一帜的角度进行观察并得出答案的可能性。例如,如今的验证码,主要以滑动拼图和看图点字类型为主。那么,假如把这些验证图片替换为精美的广告图片,甚至结合广告图片内容设计验证问题,必然产生巨大的广告效益。参考如今互联网广告市场100元每CPM(千人送达成本),每天全球30亿次的验证点击,即可能意味着产生了一个每年上千亿的全球互联网广告新市场!当然,要把全球的网站验证需求、广告主、验证技术设计整合在一起,均衡彼此的利益,同时还要统一标准使得验证码不影响用户体验,必然需要创新性的利益整合方式。因此,"验证链"的诞生也就变得顺理成章了!

3. 原创性

原创性就是能够形成独一无二的设计构思的可能性。2002年,卡内基梅隆大学的博士生路易斯发明了第一代验证码,即用一排人为扭曲、奇形怪状的字符来判断当下程序的使用者是人还是机器。恰恰在这个时候,《纽约时报》正面临一个令人头疼的任务:他们试图把一百多年的历史报纸全部电子化,当时最可行的方法就是通过扫描进行光学字符识别,但是,因为旧报纸有油墨的痕迹、折叠的印记,并且发黄变色,加上几十年前的字体与现在的也不一样,因此识别率很低。当然,还有一个最笨的方法就是逐字敲打,再找人校对,这样不仅速度慢,效果也差。

这时候,路易斯想到一个天才的办法:他把《纽约时报》的历史文章切成小片,把它当作验证码发给全世界的人,这些人在使用验证码的时候,不知不觉中就帮助报纸完成了输入和校对。对于难以识别的字符,系统可以发给多个校验者,当几个人返回的结果一致的时候,就说明识别的结果是正确的,然后再将其返回系统进行整合。2007年,路易斯成立验证码公司,利用这个办法在短时间内把《纽约时报》130年的报纸都实现了电子化。

4. 精密性

精密性即指能够用于设计创意进一步开发以及向更深入层面发展的可能性。验证码是一个全自动的提问者,标准的图灵测试是人类对电脑进行考查,而验证码则是电脑对人类进行考验,因此又有人将其称为反向图灵测试。计算机会产生一个验证码问题(一般就是将一串随机产生的数字或符号,生成一幅图片),但对这个验证问题计算机通常是不能识别的,只有人类才可解答。计算机就可以根据验证码的输入来判断当前是人在操作,还是机器在操作，从而起到防止恶意攻击的作用。然而验证码作为最基础的AI，自然也有其局限性，从验证码诞生的那一刻开始，人们对验证码的破解就没有停止过。因此，验证码的形式和内容也在不断发生着变化。

学好创意的重要性验证，能够帮助人们在未来的创意设计过程中，筛选出最具价值的创意并集中所有的人力、物力以及财力去实现它，避免在无价值的创意方面浪费资源与精力，从而为我们的创新创业带来更好的发展前景。

（三）创意设计的可行性验证

许多资深的设计师会鼓励不要让可行性束缚设计创意，特别是在面对史无前例的创意之时。需要指明的是，行业里的设计公司尽管并不抵触有创意的构想，然而却更为倾向于具有更优执行可能性和实现可行性的设计创意——这也正是为何要适度进行设计创意的可行性验证的原因。

在分析项目的可行性过程中，可行性分析是通过对创意的主要内容和配套条件，从技术、经济、工程等方面进行调查研究和分析比较，并对创意的落地取得的财务、经济效益及社会环境影响进行预测，为项目决策提供依据的一种综合性的系统分析方法。因此，对项目的技术可行性和市场可行性的分析，是创意可行性分析的两个重要而又基本的原则。

原则1：在技术原理上能够给予合理的解释，即无论是当前的技术还是前沿甚至科幻的技术，都应当能有力地支持实现设计创意上的技术原理。

以喷涂机器人项目的技术可行性分析为例：

①对于生产技术方案的选用，遵循"自动控制、安全可靠、运行稳定、节省投资、综合利用资源"的原则，选用当前较先进的集散型控制系统，控制整个生产线的各项工艺参数，使产品质量稳定在高水平上，同时可降低物料的消耗；严格按照喷涂机器人行业规范要求组织生产经营活动，有效控制产品质量，为广大顾客提供优质的产品和良好的服务。

②在工艺设备的配置上，依据节能的原则，选用新型节能型设备，根据有利于环境保护的原则，优先选用环境保护型设备，满足项目所制订的产品方案要求，优选具有国际先进水平的生产、试验及配套等设备，充分显现龙头企业专业化水平，选择高效、合理的生产和物流方式。

③根据该项目的产品方案，所选用的工艺流程能够满足产品制造的要求，同时，加强员工技术培训，严格质量管理，按照工艺流程技术要求进行操作，提高产品合格率，努力追求喷涂机器人的"零缺陷"，以关键生产工序为质量控制点，确保该项目产品质量。

④构建完备的柔性生产模式：鉴于该项目产品呈现出客户需求多样化以及产品个性差异化的特性，所以喷涂机器人的规格品种繁多，单批生产的数量较少，这种多品种、小批量的制造特点会直接对生产效率、生产成本以及交付周期产生影响。搭建先进的柔性制造生产线，并且将柔性制造技术全面应用至产品制造的各个环节，这样既能够顾及客户的个性化要求，又不会舍弃生产规模优势以及质量控制水平，与此同时，还能降低故障率、提升性价比，从而让产品的性能和质量达到国内领先以及国际先进的水平。

该项目的技术方案从生产技术方案的选用、工艺设备的配置、该工艺下所能生产的产品和柔性的生产模式四个方面，分析了喷涂机器人项目的技术可行性。即说明了现有的生产条件和技术可以支持喷涂机器人的研发，同时给出了具体的操作方案。

原则2：设计构思的合理性，即当前的设计是通过连续或者跳跃的构思达到的，与最初瞄准的用户需求或者设计需求有着密切并且清晰的联系。构思的合理性，需要通过用户、市场进行验证。

关于喷涂机器人项目的市场可行性分析如下：就市场现状而言，自20世纪90年代汽车工业开始引入喷涂机器人以取代喷涂机械起，喷涂机器人技术的应用便得到了迅猛的发展，并且迅速地拓展至各个行业领域。中国已然成为全球最大的工业机器人应用市场。伴随中国人口红利的消逝，喷涂工人招工困难，用工成本不断上升，再加上更为严格的节能环保政策要求，中国的喷涂机器人市场即将迈入快速发展的时期。

喷涂机器人和人工相比，能提高60%的效率，节约30%的涂料，同时，机器人喷涂产品的良率近乎100%，这是人工难以达到的水平。传统往复机的缺陷表现为因灵活性不足无法实现精细化操作，且其对喷漆的利用率低以及喷漆成品良率偏低，其可运用的领域受到限制。喷涂机器人的适用范围相对更宽泛，与往复机和人工作对比，除了设备投资与维护费用较大之外，其他指标指数均有着显著优势，特别是在喷漆的利用率以及喷漆成品质量方面的数据都颇为可观。

调研显示，企业对传统涂装设备的使用年限一般在3—5年，占调查企业的32%，仅有18%的企业使用超过10年，使用不超过3年的企业占26%，使用超过5年但不超过10年的企业占24%。总体来说，企业对液体涂装设备的使用年限较短，更新换代的频率较高。喷涂机器人的使用年限一般在10年以上，相比于喷涂设备3到5年的使用年限，喷涂机器人无疑具有明显的优势，传统喷涂设备的更新之际也将成为喷涂机器人替代的契机。

不过，国内企业几乎没有自主研发和生产喷涂机器人的能力，在市场中只能扮演系统集成商的角色，中国喷涂机器人市场基本被ABB、杜尔、发那科、安川、川崎等国外企业垄断。中国本地喷涂机器人集成企业无一例外都是从原有喷涂设备或工程企业发展而来，这些企业具有较为丰富的喷涂作业经验，对涂料流体配备、控制以及后期的喷涂现场管理有着较为深厚的经验。

从用工情况看，喷漆作业本身的作业环境恶劣、对喷漆工人技术熟练的高要求以及"80后""90后"对工作的可选择性大等一系列的原因，使得喷涂相关的作业人员招工成为难题，进而导致企业面临用工短缺的困境，严重影响生产进度和效率。而利用喷涂机器人进行喷涂作业，除了重复精度好、工作效率高，还能够使工人从恶劣的工作环境中解放出来，降低企业的人工成本和管理成本，提高经济效益。

2017年中国喷涂机器人市场规模达到79.3亿元，同比增长20.9%。考虑到汽车市场销量仍有较大空间，且家具等一般行业的需求后续将逐步释放，预计到2020年市场规模有望达到144.7亿元。

市场销量方面，2017年中国喷涂机器人销量达到1.9万台，同比增长33.7%。预计，到2020年市场销量有望达到4.2万台。

从市场角度看，中国的喷涂机器人市场是有市场需求的，市场规模、市场销量、市场环境变化、市场竞争等情况佐证了发展喷涂机器人所具备的条件。

▶ 小贴士 ◀

　　请同学们做一个试验：你绞尽脑汁，尽一切努力想出一个App的创意，它能否为你赚取数百万美元的收益？在现实中，这个App创意真的达到了你的目标吗？现实中，Apple App Store和Google Play Store上有超过200万个App，但实际上只有1%甚至更少的App被使用。它们的成功是否有秘密公式？它们的行为有什么不同？其实其中的关键在于创意的结果是否具有有用和可用的意义。换言之，得出的创意是否能准确地满足用户的需求或者解决具体的问题。请注意，这里的措辞是"准确地满足"，言外之意，大部分的App创意设计构思只是在特定的时间和情景下才显得切合实际。通过创意的创新性验证、创意的重要性验证、创意的可行性验证，还有创意在具体情境下的应用的实证，综合地判断创意是否在满足用户需求或者解决问题方面上有着独特的价值。

第三节　创意设计的应用

▶ 导入

《哪吒之魔童降世》这部以中国传统神话角色——哪吒为原型创作的动画电影，凭借着丰富细腻的故事情节、鲜明灵动的人物塑造和惊艳震撼的电影特效，一路挺进。

这部电影的震撼之处不仅在于其强大的制作水平、精心修改的电影造型和先进的特效动画，更在于它对中国神话中哪吒的创新演绎。电影不仅还原了哪吒的形象，还深入挖掘了哪吒的成长历程和与命运的对抗，这是整个故事的核心所在。

该片上映后，首日票房高达1.38亿元，周日票房达到2.81亿元，连续实现票房逆袭。首周票房更是达到了6.34亿元，打破了动画电影在内地的首日、单日、首周、单周票房纪录。加上之前的点映票房，正式上映三天后，累计票房已经突破7.04亿元。上映第五天，该片票房超越了《西游记之大圣归来》的9.56亿元纪录，创造了中国动画片的票房新纪录。2019年8月31日15时左右，根据猫眼专业版票房数据，《哪吒之魔童降世》的票房达到了46.55亿元，超过了《流浪地球》的46.54亿元，成为中国影史票房的第二位。

中国的神话故事与其他国家的神话故事有着明显的不同。在中国的神话故事中，似乎都蕴含着一个共同的主题：对至高无上的东西的反抗。这种东西可以是邪恶的势力，也可以是强权，还可以是无法违背的规则。神话中的人物通常都拥有各种神奇的本领，他们的结局或好或坏，但在与这些东西的抗争过程中，他们都展现出了不屈不挠的精神。抗争，是中国神话的一个重要主题，也是中国文化的一种重要价值观。

请思考以下问题：

1.《哪吒之魔童降世》电影的创意设计为什么能打动观众，获取极高的评分？

2.这部电影体现了创意设计在哪方面的应用？

一、工业设计

（一）工业设计的概念

按照定义范围来划分，工业设计可分为狭义工业设计和广义工业设计。其中，狭义工业设计单指产品设计,即对人与自然的关联中产生的工具装备的需求所做的响应,包括为了使生存与生活得以维持与发展所需的诸如工具、器械与产品等物质性装备所进行的设计。产品设计的核心是产品对使用者的身、心具有良好的亲和性与匹配度。广义工业设计是指为了达到某一特定目的,从构思到建立一个切实可行的实施方案,并且用明确的手段表示出来的系列行为。它包含了一切使用现代化手段进行生产和服务的设计过程。

(二) 工业设计的分类

伴随着工业设计领域的逐渐拓展,不同领域展现出各自的特色,我们能够从多种视角对工业设计的领域进行划分:

1. 按照艺术的存在形式进行分类,可分为:一维设计,泛指单以时间为变量的设计;二维设计,亦称平面设计,是针对在平面上变化的对象,如图形、文字、商标、广告的设计等;三维设计,亦称立体设计,如产品、包装、建筑与环境等;四维设计,是三维空间伴随一维时间(即3+1的形式)的设计,如舞台设计等。

2. 按照学科形成的本质含义分类,可分为:产品设计,相当于狭义工业设计,是以三维设计为主的;环境设计,它主要包括各类建筑物的设计、城市与地区规划、建筑施工计划、环境工程等;传播设计是对以语言、文字或图形等为媒介而实现的传递活动所进行的设计。

3. 按照工业设计概念与界定来分类,可分为:广告设计,包括报纸、杂志、招贴画、宣传册、商标等;展示设计,包括铺面、橱窗、展示台、招牌、展览会、广告塔等;包装设计,包括包装纸、容器、标签、商品外包装等;装帧设计,包括杂志、书籍、插图、卡通与版面设计等。

(三) 工业设计的作用

1. 工业设计推动企业的发展。工业设计的终极目标是促进企业的发展。杭州娃哈哈企业集团的发展历程就充分证明了这一点。比如,该集团推出的保健饮料,其市场定位是网红产品,此外还推出了娃哈哈红曲米藜麦代餐饼干和娃哈哈系列益生菌产品,随后又与香港金利来集团商讨创建娃哈哈儿童服装品牌。从企业投资的视角来看,发展就意味着成功。

2. 工业设计是企业在竞争中获胜的法宝。持续推陈出新是企业竞争的核心,也是企业在市场上立足和生存的关键。当今的企业,与过去的经营模式有很大不同。企业要想在激烈的市场竞争中生存和发展,就必须不断推出与社会发展同步的新产品。哈尔滨蓝天洗衣机厂的兴衰就是一个很好的例子。在生产蓝天洗衣机的初期,产品供不应求,人们争相购买。然而,由于企业领导缺乏发展企业的战略眼光,只注重眼前利益,没有开发新产品,导致蓝天洗衣机厂在繁荣了一段时间后,悄然消失。而那些比蓝天洗衣机厂晚起步的企业,如小天鹅、小鸭-圣吉奥等,由于不断开发新产品,最终在市场竞争中站稳了脚跟。从成功和失败的企业案例中,我们可以清楚地看到,新产品开发设计是企业在竞争中获胜的关键。

3. 工业设计影响企业形象。通过优秀的工业设计,企业可以打造出具有独特风格和高品质的产品,吸引消费者的关注和喜爱,提高产品的附加值和市场竞争力。同时,工业设计还可以体现企业的创新能力和品牌理念,增强企业的品牌知名度和美誉度,提升企业的整体形象。例如,小米公司的产品以其高性价比和简洁易用的设计风格而受到消费者的喜爱,这种设计风格为其树立了良好的企业形象。

总之,市场是残酷的,竞争是激烈的。在我国的市场经济体制下,任何企业都必须认识到工业设计的重要性,将新产品开发设计置于首位。唯有如此,企业才能在激烈的市场竞争中生存、获胜,不被社会淘汰,才能不断成长、发展、壮大。

(四) 工业设计的基本流程

工业设计的基本流程可分为15个步骤。

1. 明确设计内容

当跟客户确定设计合作后,会由市场人员及设计人员跟客户沟通,了解设计的内容及工业设计所应实现的目标。根据客户提供的原始产品或产品功能模型,分析产品的功能实现原理,结构的变化幅度,确定产品的限制条件和设计重点。

2. 设计调研

设计调研是设计师在设计过程中不可或缺的步骤,通过这个过程,工业设计师需要了解产品的销售情况、所处生命周期的阶段、竞争对手的状况以及使用者和销售商对产品的意见。这些信息是设计定位和设计创造的重要依据。对于指纹锁这类产品,设计的难度主要在于外观的美观性和形态定位的准确性以及如何缩短设计周期,以抓住变幻莫

【微课】
工业设计的基本流程

测的大众消费市场。

3. 与客户商定产品粗略结构排布

完成产品概念定位后，与客户一同确定产品的粗略结构排布，分析技术的可行性、成本预算以及商业运作的可行性。同时，深入了解客户对产品的初步设想。

4. 构思产品草图

构思产品草图阶段的工作将决定产品设计70%的成本和产品设计的效果，所以这一阶段是整个产品设计最为重要的阶段。通过思考形成创意，并快速记录。这一设计初期阶段的想法常表现为一种即时闪现的灵感，缺少精确尺寸信息和几何信息。基于设计人员的构思，通过草图勾画方式记录，绘制各种形态或者标注记录设计信息，确定3至4个方向，再由设计师进行深入设计。

5. 完成产品平面效果图

2D效果图能够将草图中模糊的设计结果变得确定和精确。这个过程可以借助CAD软件来实现。经过这个环节生成的精确产品外观平面设计图，不仅可以向客户清晰地展示产品的尺寸和大致的体量感，还能够表达产品的材质和光影关系，是一种更为直观和完善的表现形式。

6. 产品3D设计图

三维建模就是用3D的方式来阐释产品形态和结构的过程，其最大的优势在于设计的直观性和真实性。在三维空间中从多个角度观察和调整产品的形态，可以省去原先的部分样机试制步骤，能够更为精确和直观地构思出产品的结构，进而更为具体地表达产品的构思，提升产品设计的质量。3D图具备精确的形态比例关系和精细的细节设计，可以直观地用于与客户的沟通和交流。

7. 多角度效果图

多角度效果图给人更为直观的方式从多个视觉角度去感受产品的空间体量。全面评估产品设计，减少设计的不确定性。

8. 产品设计色彩

产品设计色彩是用来解决客户对产品色彩系列的要求，通过计算机调配出色彩的初步方案，来满足同一产品的不同色彩需求，扩充客户产品线。

9. 产品表面标志设计

产品表面标志的设计和排版将成为面板的亮点，为人们带来全新的生活体验。VI在产品中的引入,使产品风格更加统一。简洁明了的标志,不仅能提供亲切直观的识别感受,还能成为精致的细节。

10. 产品结构草图设计

设计产品的内部结构,产品的安装结构以及装配关系,评估产品结构的合理性。

11. 产品线框结构图

按设计尺寸,精确地完成产品的各个零件的电子文件和零件之间的装配关系。

12. 产品结构爆炸图

分析零件之间的装配关系是否合理,是否存在干涉现象,分析各个部件的载荷强度。

13. 修改框结构图

对结构设计中的问题进行修改和调整,确定最终的结构文件。

14. 模型样机制作

通过CNC(数控加工中心)或RP(激光快速成型)完成结构样机制作。

15. 样机调试

将全部电路和各个零件装入样机模型,检验结构设计的合理性,体验设计产品的使用感受,对出现的问题进行最后的调整,降低模具开发的风险。

二、平面设计

(一) 平面设计的定义

平面设计是将作者的思想通过图片的形式展现出来。它可以将不同的基本图形按照一定的规则在平面上组合成图案,也可以采用手绘的方式进行创作。平面设计主要在二维空间范围内,以轮廓线划分图与地之间的界限,描绘形象。然而,平面设计所表现的立体空间感并非真实的三维空间,而是通过图形对人的视觉引导作用所产生的幻觉空间。平面设计的定义较为广泛,它既包括具有艺术性和专业性的设计,也涵盖了以"视觉"作为沟通和表现方式的设计。平面设计师通常会运用多种技巧,如字体排印、视觉艺术、版面等,来创造和结合符号、图片和文字,以实现传达想法或讯息的视觉表现。平面设计不仅可以指代制作(设计)的过程,还可以指代最终完成的作品。

(二) 平面设计的分类

平面设计的分类包括:室内设计、机械设计、服装设计、平面设计、工业设计、建筑设计、动画设计、环境设计等。

（三）平面设计的构图思维

用几个词语概括平面设计，就是和谐和对比、对称和平衡、比例和重心、节奏和韵律。掌握这些，你就大概知道平面设计的构架方向了。

（四）平面设计的相关元素

我们以四个元素为设计基础，分别是：概念元素——点、线、面；视觉元素——图形的大小、形状、色彩等；关系元素——方向、位置、空间、重心等；实用元素——设计所表达的含义、内容、设计的目的及功能。

（五）平面设计的常用软件

这些软件主要是矢量绘制软件Illustrator、矢量排版软件CorelDRAW、专业排版软件InDesign、专业图像处理软件Photoshop。平面设计的图像主要以矢量图和位图两种方式表现，位图图像是由像素描述的，像素的多少决定了位图图像的显示质量和文件大小。因为矢量图的清晰度与分辨率的大小无关，对矢量图形进行缩放时，图形对象仍保持原有的清晰度。因此，矢量图的特性让它更加适用于平面设计。

（六）平面设计的基本流程

首先，前期接洽阶段。从接到甲方的需求开始，就要了解客户的一些基本资料和市场资料。例如，客户要设计的产品的定位，以及在市场上哪种表现手法更受消费者喜爱。在这些资料都完善的情况下与客户进行接洽。以下是前期接洽阶段需要重点注意的事项：

1. 基础物料：熟悉印刷品的制作、工艺和工期；熟悉喷绘写真的制作、工艺和工期；熟悉雕刻字的制作、工艺和工期。

2. 资料收集：收集客户名称；收集客户产品并整理其优缺点；收集客户以往制作案例以了解其优缺点和风格。

3. 客户接洽：携带小样推荐工艺；明确制作项目；了解设计要求及针对的群体；索要设计素材。

【微课】
平面设计的基本流程

其次，设计施工阶段。首先要填写设计对接单，明确客户的要求；其次与设计部门对接，按照客户的要求进行设计；最后与客户进行沟通，让客户审核设计方案。以下是设计阶段需要重点注意的事项：

1. 填写设计对接单：以邮件的形式详细说明客户的要求和设计风格。

2. 设计沟通：与设计人员保持沟通，了解设计思路；在设计风格和主调确定后，不要轻易更改；密切跟进设计进度，确保按时完成。

3. 客户审核修改：向客户详细阐述设计思路，明确修改内容和客户不满意的部分。

再次，后期制作阶段。发给客户审核无异议后，发送工厂进行对接报价，并制作报价单与客户确认下单，最后开票并完成配送、结清尾款。以下是后期制作重点注意事项：

1. 发送工厂对接报价。以邮件的形式发送制作项目工艺及数量，确认工期。

2. 制作报价单及客户确认下单。严格按照表格制作报价单，以邮件的形式发送报价单至客户确认，跟进制作提醒工厂制作进度。

3. 开票并完成配送、结清尾款。配送前询问客户要求并开具发票，配送时携带货物验收单以备客户填写，配送完成后提醒客户结清尾款。

最后，整理总结阶段。对本次设计进行物资清点，总结本次设计的不足之处，以便吸取教训，争取下次做得更好。

三、建筑设计

(一)　建筑设计的应用范围

1. 室内设计

室内设计需要掌握室内方案设计、施工工艺、材料应用、工程预算、室内表现以及CAD施工图绘制等技艺。建筑大师普拉特纳(W. Platner)曾表示室内设计"比设计包容这些内部空间的建筑物要困难得多"，原因就在于室内"你必须同更多的人打交道，研究人

【拓展阅读】
平面设计的经典案例

们的心理因素,以及思索如何能让他们感到舒适、兴奋"。经验表明,这相比于与同结构的建筑体系打交道要更为费心劳神,同时也要求具备更为专门的训练。

2. 室内表现

室内表现主要针对室内设计表现中常见的一些问题,以及与之相关的表现方式问题,通过"一问一答"的形式,对室内设计表现进行了全方位的透彻回答。室内表现包括室内设计表现的基本概念、装饰制图基础、室内表现美术基础、施工图表现、电脑效果图表现、快速表现六部分内容,室内表现是室内设计从业人员的工具。室内表现需要掌握CAD识图、SketchUp结构快速建模、VRay导入模型渲染、Photoshop后期合成修饰,学习掌握一整套专业的效果图制作流程,从而达到独立制作的行业要求。

3. 建筑表现

建筑设计的成果表达即建筑表现,也就是人们常说的效果图。建筑表现需要掌握室内外表现理论基础,并且能够独立制作包括家装、公装、别墅、大堂、办公环境在内的各种室内表现图,以及别墅、住宅、商业建筑、酒店建筑、办公建筑等在内的建筑模型及各种建筑表现图。

4. 建筑动画

建筑动画是利用三维技术制造各种与楼盘相关的美景以此来表现设计师的意图,让观众体验建筑空间的动画影片。人们在电视上看到的精美的别墅广告就是利用电脑制作出来的。建筑动画是需要掌握室内外表现理论基础,学习制作常规室内表现图,以及别墅、住宅、商业建筑、酒店建筑,办公建筑等在内的各种建筑表现图,并且掌握建筑动画流程,学习建筑动画特效相关知识,完成建筑动画、虚拟现实、影视后期等与建筑表现相关的工作。

5. 建筑施工图

它包括房屋总平面图、立面图、剖面图等。在装修房子时建筑施工图是极其必要的。掌握建筑施工图就能够独立完成家装、公装、建筑等施工喷墨图纸的绘制。

(二) 建筑设计的基本流程

建筑设计的基本流程包括制定初步设计(方案设计)、技术设计(扩初设计)和施工图设计。

1. 制定初步设计(方案设计)

初步设计是以方案为中心的决策性设计,结合经济、技术、美学方面的多方案比较,确定建筑空间、艺术造型合理的方案。其中包含以下步骤：

(1)提出设计方案

按照任务书的要求，需要综合考量技术经济条件以及建筑艺术等方面的要求来提出方案。该方案要能够满足建筑功能的需求，采用合理恰当的技术措施，具备良好的经济效果，同时也要考虑到建筑美观的要求，符合总体规划以及环境方面的要求。

(2)梳理设计内容

确定建筑物的组合方式，选定建筑材料和结构方式，确定建筑物在基地的位置，分析方案在技术和经济上的合理性。在设计内容方面我们要考虑以下条件：

①人体尺度和人体活动所需的空间尺度

②家具设备的尺寸和使用它的必要空间

③温度、湿度、日照、雨雪、风向、风速等

④气候条件：日照、主导风向，确定房屋朝向、间距。风速、风向玫瑰图，是高层建筑、电视塔设计中考虑结构布置、建筑体型的参考。

⑤地形、地质条件和地震烈度对建筑物的平面组合、结构布置和建筑体型有明显影响。

⑥建筑模数和模数制，建筑模数指建筑设计中选定的标准尺寸单位。它是建筑设计、建筑施工、建筑材料与制品、建筑设备、建筑组合件等各部门进行尺度协调的基础。

2. 技术设计(扩初设计)

技术设计是以结构、设备为中心的技术性设计。如果不是特别复杂的工程，可以省略掉技术设计阶段的。技术设计阶段主要是和房屋内其他的建筑种类互相提供资料，同时提出要求协调和水电、暖气等的关系，为后续编制施工图打好基础。这一步骤的重点就是要求建筑工人标明和其他技术工种有关的详细尺寸，并且编制出相关建筑部分的技术说明。

3. 施工图设计

这是以技术设计为基础，给施工提供详图，主要研究构件的具体构造、连接、细节处理。施工图的绘制是建筑设计中劳动量最大的一步，也是完成成果之前的最后一步，施工图的绘制就是要绘制出满足施工要求的图纸，并且确定出整个工程的尺寸、建筑用料、建筑造型等。完成了施工图的绘制才可以进行审核，并且让相关人员进行签字。

　　贝聿铭,美籍华人,世界著名的建筑设计师,他为我国设计了北京香山饭店、中国银行总部大厦,中国香港的中国银行大厦等。他与中国建筑科学研究院合作,为中国培养、培训建筑设计师,为推进中国建筑现代化做出了重要贡献。

　　他设计的许多大型建筑遍布世界各地,诸如华盛顿市的美国国家美术馆东馆、法国巴黎的卢浮宫扩建工程、中国银行香港分行大厦等,这些作品为世界建筑史留下了经典杰作。1999年在北京建成的中国银行总部大厦是贝聿铭建筑设计生涯中的最后一项大型建筑设计项目,耗时七年,大楼的一砖一木、一水一石皆凝聚着他的心血。该大厦楼内有园,似北京四合院,园内水池中自云南石林采来的黑石分布有致,两侧竹丛相映成趣,在空间组织上将中国传统设计手法运用得十分精到。

　　贝聿铭认为:"建筑是一种社会艺术的形式。"在他的任何设计中都不会放松协调、纯化、升华这种关系的努力。在设计时他对空间和形式常常做多种探求,赋予它们既能适应其内容又不相互雷同的建筑风貌。

　　贝聿铭具有统观全局的设计思想,他说:"建筑设计中有三点必须予以重视:首先是建筑与其环境的结合;其次是空间与形式的处理;最后是为使用者着想,解决好功能问题。……正是这一点,前辈大师们是不够重视的。"贝聿铭的设计创造出了承前启后的建筑风格,他注意纯化建筑物的体型,尽可能去掉那些中间的、过渡的、几何特性不确定的组成部分,使他设计的空间形象具有鲜明的属性。

　　另外,他的设计还具有强烈生动的雕塑性和明快活跃的时代感,以及被绘画、雕塑作品加强的艺术性。贝聿铭建筑设计中的室内设计部分几乎均由他本人设计以保证内外的协调统一。

四、互联网产品设计

(一) 互联网产品设计的定义

　　互联网产品设计主要是指借助对用户的研究与分析来开展的一整套服务体系与价值体系的设计进程。整个设计过程是在基于用户体验的理念之下展开的,伴随着互联网产品周期而进行一系列的产品设计活动。简单来说,就是首先要精确地定位客户需求,接着进行产品开发,最后持续提供服务,持续进行改进,持续展开运营。

(二) 互联网产品设计的内容

　　根据互联网产品周期来划分,互联网产品设计内容主要包括:需求调研、需求规划、需求共识、需求管理、信息架构、UI设计、原型设计、测试、开发和迭代等内容。

(三) 互联网产品设计的应用范围

互联网产品是应用软件的一种,是基于网络应用技术为用户提供服务的交互式应用。互联网产品的分类有很多,总的来说是从应用、用户、服务三个角度出发对互联网产品进行分类。本书从应用角度出发对互联网产品进行分类。

1. 以交易平台为主的互联网产品,主要包括拼多多、唯品会、京东,等等。

2. 以社交通信为主的互联网产品,主要包括QQ、微信、微博、facebook、贴吧,等等。

3. 以资讯类为主的互联网产品,主要包括网易、今日头条、腾讯网,等等。

4. 以安全防护及工具类为主的互联网产品,主要包括360、百度安全卫士、QQ管家,等等。

(四) 互联网产品设计的基本流程

1. 明确用户需求

企业应当广泛且深入地知晓客户的实际需求,以此助力企业作出正确的决策。不论是经济处于低迷状态还是高涨态势,企业的生存与发展都应始终将客户需求作为导向,也唯有以客户的需求作为导向,不断地完善业务的发展方向,方可赢得更多消费者的喜爱,提升客户满意度。QQ的前身乃是OICQ,其业务方向为即时通信应用于业务办公。而后来居上的OICQ由于标志中的小企鹅十分可爱迷人并且深受女生的喜爱,用英语来讲就是cute,因为cute和Q在发音上相似,为了获取更大的市场,于是马化腾便将OICQ改名为QQ。

2. 概念设计

概念设计是运用设计概念,并将其作为主线贯穿整个设计过程的一种设计方法。在2004年,互联网公司纷纷上市,继门户、SP、网络游戏等概念股票上市之后,又一个热门概念"即时通信"被推向了股市。依托于该概念的腾讯控股(0700.HK)于6月16日在香港主板正式挂牌进行交易。腾讯的上市引领了新一拨互联网公司上市的浪潮。

【微课】
互联网产品设计的基本流程

3. 原型设计

原型设计乃是交互设计师与PM(产品经理)以及网站开发工程师沟通的最佳工具。而该部分的设计原则上必须源自交互设计师,交互设计所秉持的以用户为中心这一理念会贯穿于整个产品设计流程之中。凭借交互设计师专业的眼光与经验,可直接推动该产品的可用性。在1996年,即时通信的鼻祖产品ICQ被开发出来,其后被美国在线以2.87亿美元收购,到2014年5月时,其用户数量已突破1亿,每天平均有1000万用户处于在线状态,每个用户的平均在线时长为3小时。在1999年,国内涌现出一大批效仿ICQ的在线即时通信软件,其中便有OICQ。

4. 界面设计

界面设计(UI设计)是人与机器之间传递和交换信息的媒介,Face UI包括硬件界面和软件界面,是计算机科学与心理学、设计艺术学、认知科学和人机工程学的交叉研究领域。近年来,随着信息技术与计算机技术的迅速发展,网络技术的突飞猛进,人机界面设计和开发已成为国际计算机界和设计界最为活跃的研究方向。到现在为止,腾讯已经多次迭代了QQ软件,但其界面仍然没有任何改变,这表明,从一开始,腾讯OICQ软件的界面设计是十分合理的。

5. 视觉设计

视觉设计是针对眼睛功能的主观形式的表现手段及其结果。QQ以简洁明了的界面设计在同类产品中赢得了广大消费者的喜爱。在其后的版本中,针对具有消费潜力的年轻一代又不断推出新业务——彩铃、图片下载及QQ秀等,使其紧紧抓住了消费者。

6. 前端设计程序

前端设计程序开发是创建Web页面或App等前端界面呈现给用户的过程,也是产品给人的第一印象。一个好的前端设计程序会给自己赢得不少印象分。QQ以一只企鹅为标志,可爱简洁,却让大家印象深刻。

7. 用户体验测试

用户体验测试顾名思义就是测试人员在将产品交付客户之前处于用户角度进行的一系列体验使用。在1999年的一天,OICQ被免费投放在网上,奇迹发生了。OICQ的用户数呈几何级增长态势,不到两年时间发展了3000多万使用者。

8. 产品发布

最后一步,便是自己正式投发产品,接受社会的考验。QQ历经多年考验,仍深受大家喜爱,这主要得益于其不断更新调适。

因此要根据市场用户需求,做好调研准备,进行一系列的操作,才能开发出好的互联网产品。

案例分享

农业技术,让"鸟生态"提升核心竞争力

为了确保在观鸟地吸引大量游客前来观光旅游的同时不破坏鸟类的栖息地,尽可能减少人类活动对自然生态的影响,"紫云·鸟生态"将协助观鸟村建设鸟类监测站,与当地环保部门以及自然科研实验室进行合作,负责记录鸟类迁徙情况、监测当地生态系统概况、保护鸟类迁徙路线与维护当地生态环境的稳定。

同时,团队及时将各合作观鸟点的监测数据进行汇总,与中国观鸟记录中心进行合作,建立中国观鸟数据动态数据库,为广大观鸟爱好者提供全国范围的实时鸟类移动信息。

目前,"紫云·鸟生态"项目与厦门大学、华侨大学、三明学院等高校科研机构合作,已经成功申请了"一种基于自然环境营造与光学投影设计的鸟类摄影背景技术领域""一种基于鸟类习性营造环境的人工引鸟巢""一种森林生态系统鸟类观测装置"等7项实用新型专利、6项外观专利,涵盖鸟类调查、保护、观鸟点营造、农特产品开发等方面。

公司专门研发了无害布景技术和保育技术,更好地对鸟类进行跟踪保护,记录鸟类活动轨迹,探测鸟类资源,既为开发鸟点做准备,同时对鸟起到多面保护作用。同时布景的鸟点会根据季节的改变来变更拍摄环境和版本,从而为鸟类摄影爱好者提供了莫大的便利,更避免了其自行布景对鸟的危害。

同时,三明学院也利用科研成果对团队进行帮助,学校授权公司使用"一种智能浇灌装置""一种采茶机""一种农田看护设备和系统"等13项实用新型专利、5项软件著作权。

除了观鸟,如今公司正在开发观星等研学项目,相关App正在成版审核中,测试版已在云海人家生态文化体验中心测试。

"通过扫描二维码,就可以看到我们整个项目各个版块的介绍,此外还在整合其他项目,例如候鸟式度假、森林康养等,我们的项目会不断结出硕果。"项目创始人饶玉敏对未来充满了憧憬。

实操任务

▶ **任务1 品牌创意设计实训**

【实操任务】

为学校某一食堂设计品牌(包括名称、标志、海报等)。

【实操目的】

在实操中掌握创意设计的流程、要点和原则。

【实操步骤】

步骤1: 明确创意需求阶段

1. 组织人员讨论;

2. 理解商业需求,明确创意风向;

3. 内部汇总讨论,对创意点子相互检查、筛选、优化。

步骤2: 高效执行创意阶段

1. 做出创意设计初步草案;

2. 与商户交流提案,充分表达,获得认可;

3. 参考客户意见,修改优化创意设计草案。

【实操评价】

1.评价内容

(1)学生参与度

(2)设计流程规范性

(3)创意设计创意性

(4)客户满意度

2.评价方式

学生成绩由学生自评(20%)、互评(20%)、师评(40%)、客户评(20%)综合评定,评价表具体如下所示。

小组名称:＿＿＿＿＿＿＿＿＿＿　　　　　　　　　　　　　　第＿＿＿次实操

学号	姓名	自评(20分)	互评(20分)	师评(40分)	客户评(20分)	总成绩

思考与练习

一、单选题

1. 设计者的关注点不应该是人本身,而是人的(　　)。

　　A. 消费行为　　　　　　　　　　B. 喜好倾向

　　C. 使用活动　　　　　　　　　　D. 消费倾向

2. 延长产品的使用寿命应该注意提高产品的(　　)。

　　A. 可持续性　　　　　　　　　　B. 易升级性

　　C. 易维修性　　　　　　　　　　D. 美观性

3. 互联网产品创意设计师需要的能力不包括(　　)。

　　A. 消费者洞察　　　　　　　　　B. 沟通表达

　　C. 文字表达　　　　　　　　　　D. 产品生产

二、多选题

1. 下面属于创意的基本形式的有(　　)。

　　A. 理论思维　　　　　　　　　　B. 联想思维

　　C. 直观思维　　　　　　　　　　D. 倾向思维

2. 为生活形态而设计的用户调研包括(　　)。

　　A. 生活形态　　　　　　　　　　B. 消费倾向

　　C. 消费活动　　　　　　　　　　D. 消费行为

3. 创意是经过思考而产生的。思考的依据来源于两个方面的资料:一个是(　　),即创作人员个人必须具备的知识和智慧;另外一个是(　　),即创作人员对对象的了解程度(　　)。

　　A. 一般性资料　　　　　　　　　B. 独特性资料

　　C. 特殊性资料　　　　　　　　　D. 普遍性资料

4. 工业设计分为(　　)。

　　A. 产品设计　　　　　　　　　　B. 环境设计

　　C. 传播设计　　　　　　　　　　D. 设计管理

5. 互联网产品UI设计包括(　　)。

　　A. 界面风格设计　　　　　　　　B. UI规范

C. 概念假设　　　　　　　　　　　D. 产品规划

6. 以下特效可为画面的遮罩区域创建描边效果的是(　　　)。

A. Ramp　　　　　　　　　　　　　B. Scribble

C. Stroke　　　　　　　　　　　　 D. Write-on

7. 平面设计师可能会利用(　　　)等方面的专业技巧,来达到创作计划目的。

A. 字体排印　　　　　　　　　　　B. 视觉艺术

C. 版面　　　　　　　　　　　　　 D. 电脑软件

三、名词解释

1. 创意设计的心理机制

2. 互联网产品设计

四、简答题

1. 简述创意设计的产生过程。

2. 简述创意设计的重要性验证原则。

五、分析题

材料1:口香糖咀嚼之后的处理是件让人头痛的事情,勤快一点的同学会细心地将它们用纸片包好丢到恰当的地方,可不勤快的却带给清洁工很大的烦恼。而设计本来就是为懒人服务的,于是才有了这款绿色种子的口香糖瓶设计,设计巧妙地将瓶子的底部作为临时存储空间,用瓶底的纸袋将口香糖包裹其中,然后塞入瓶底,整个过程轻松搞定,再无烦恼。

材料2：某公司用曲奇饼干代替塑料来制作一款可以食用的咖啡杯。

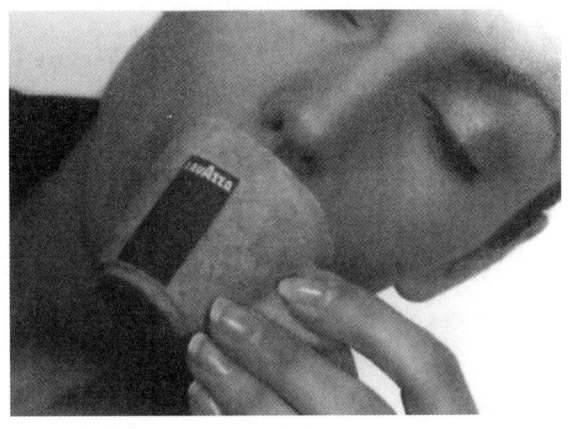

1. 上述案例中的设计运用了创意设计中的什么方法？简要分析。

2. 这种创意设计的方式有什么益处？

第四章
创业团队的塑造

▶ **本章导读**

　　"宁要一流的人才和二流的项目,也不要一流的项目和二流的人才",这是风险投资家的一句箴言。在创业的起始阶段,倘若没有一支高素质的团队,那么再完美的创业计划都可能会"中途夭折"。而创业者作为群龙之首,其品质素质与企业文化以及企业的灵魂直接相关;创业团队更是整个企业的中流砥柱,团队的优劣决定着企业的兴衰成败。那么,什么样的人可被视为创业者? 他应当具备何种素养? 创业团队又该怎样去组建? 创业团队应如何进行管理?

　　本章主要介绍了创业团队的塑造,让大学生掌握创业者与创业团队、创业团队的组建、创业团队的管理的基本原理;通过实际训练,锤炼个人创业者素质,组建强有力的创业团队,掌握创业团队管理技能。

▶ **知识结构**

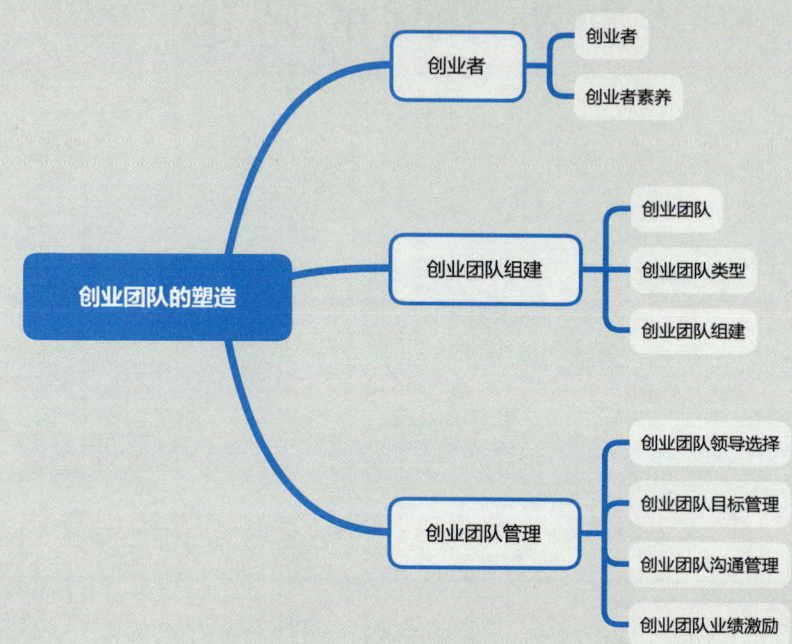

▶ **学习重点**

1. 创业者素养；

2. 创业团队组建原理和方法；

3. 创业团队管理原理和方法。

▶ **学习指南**

1. 通过资料阅读、慕课学习等方式掌握创业者、创业团队组建、管理的基本原理，提升创业意识；

2. 通过模拟训练、案例分析、项目实战等方式训练创业团队的组建和管理。

第一节　创业者

▶ 导入

　　李彦宏1991年毕业于北京大学信息管理专业,随后赴美国布法罗纽约州立大学完成计算机科学硕士学位。1999年底,身在美国硅谷的李彦宏看到中国互联网及中文搜索引擎服务的巨大发展潜力,抱着技术改变世界的梦想,他毅然辞掉硅谷的高薪工作,携搜索引擎专利技术,于2000年1月1日在中关村创建百度公司。从最初不足10人发展至今,员工人数超过18000人。

　　在搜索引擎发展初期,李彦宏作为全球最早研究者之一,最先创建了ESP技术,并将它成功地应用于INFOSEEK/GO.COM的搜索引擎中。GO.COM的图像搜索引擎是他的另一项极具应用价值的技术创新。1999年底,怀抱"科技改变人们的生活"的梦想,李彦宏回国创办百度。经过多年努力,百度已经成为中国人最常使用的中文网站,全球最大的中文搜索引擎,同时也是全球最大的中文网站。

　　2005年8月,百度在美国纳斯达克成功上市,成为全球资本市场最受关注的上市公司之一。在李彦宏领导下,百度不仅拥有全球最优秀的搜索引擎技术团队,同时也拥有国内最优秀的管理团队,产品设计、开发和维护团队;在商业模式方面,也同样具有开创性,对中国企业分享互联网成果起到了积极推动作用。

　　请思考以下问题:

　　1.李彦宏是什么样的创业者?

　　2.从李彦宏身上你发现了哪些创业者素养?

一、创业者

　　伴随经济的发展,愈来愈多的人踏上了创业之途,其中有的是出于生活所需,有的是源于梦想驱动,还有的是因为创新引领,每个人的出发点各不相同,不过他们的目标均是创业取得成功。创业存在一个美好的幻想阶段,但现实常常并非那般美好,创业者在思想上需做好准备——创业是一个充满艰辛和挑战的过程。

（一）创业者的概念

法国经济学家萨伊(J. D. Say)在《政治经济学概论》一书中指出,创业者是将劳动、资本、土地这三项生产要素结合起来进行生产的第四项要素,是把经济资源从生产效率较低、产量较少的领域转移到生产率较高、产量更大的领域的人。

管理大师彼得·德鲁克给创业者所下的定义是"创业者就是赋予资源以创造财富的人"。创业者善于创造和发现商机,然后抓住商机,并创办起有高度发展潜力的企业,其思想和行为与众不同。可见,创业者是以创造财富和获取商业利润为目标的,其行动与普通员工的工作有不同之处。

西方社会中,通常把创业者与职业经理人作为对比概念加以区分。创业者是指一种开办或经营自己企业的人,他们既是员工,又是雇主,对经营企业的成功与失败负责;职业经理人通常不是他们所管理公司的所有者,而是被雇来管理公司日常运作的人。因此,创业者不同于管理者,创业者活动包含了管理者活动。

（二）创业者类型

创业者的类型多种多样,依据不同的角度来进行界定,创业者的类型便会有所差异。从创业者的内涵与外延方面来审视,可以划分为狭义创业者和广义创业者;从创业者所从事的领域角度出发,可以区分为传统创业者和科技创业者;从创业者的地域来源进行考量,又能够分成本土创业者和外来创业者。

下面主要从两方面来看创业者的类型。从创业者在创业过程中所处的角色和所发挥的作用来看,可分为独立创业者、主导创业者和跟随创业者(参与创业者)三种类型;从创业的背景和动机来看,创业者基本上可分为生存型创业者、变现型创业者、主动型创业者和赚钱型创业者四种类型。

1.独立创业者、主导创业者与跟随创业者

即便同为创业者,也有不同的角色与地位。例如那些具备一定资金且具有极强独立性的人,就较为适合独立创业;而那些独立性欠缺、容易表现得优柔寡断的人,则并不适合独立创业。再如那种容易与他人和谐相处的人,便适合进行合伙创业;而那种能力很强,却不善于和他人相处,听不进别人意见的人,就只适合开展独立创业。并且在合伙创业当中,有的人适合担当领导人,有的人则仅仅适合做跟随创业者。

（1）独立创业者

独立创业者是指独自创业的创业者,即自己出资、自己管理。独立创业者一般有能发

现很好的商业机会、对工作具有专注的精神、独立性强、失去工作或找不到工作、对目前的工作缺乏兴趣、对循规蹈矩的工作模式和个人前途感到无望、受他人创业成功影响等类型。独立创业充满挑战和机遇，可以充分发挥创业者的想象力、创造力，自由展示创业者的主观能动性、聪明才智和创新能力；可以主宰自己的工作和生活，按照个人意愿追求自身价值，实现创业的理想和抱负。但是，独立创业的难度和风险较大，创业者可能会因缺乏管理经验、缺少资金、缺少技术资源、缺少社会资源、缺少客户资源等某一方面或某些方面的问题，从而面临较大压力。

（2）主导创业者与跟随创业者

主导创业者与跟随创业者是联结为一体的。创业团队中的头领即主导创业者；其他团队成员就是跟随创业者，也叫参与创业者。一个好的创业团队，应该是一个优势互补的团队，既要有善于开发技术的人，也要有善于开拓市场的人；既要有善于日常运行管理的人，也要有擅长财务管理的人。整个团队中，既要有主导创业者，但不能都是主导创业者，主导创业者只能有一个，跟随创业者可以有若干个，这样才能有效运作。

2. 生存型创业者、变现型创业者、主动型创业者和赚钱型创业者

（1）生存型创业者

生存型创业者大多为待就业人员，或由于种种原因不愿困守乡村的农民及刚刚毕业的大学生等。这是中国数量最大的创业人群。清华大学的调查报告显示，这一类型的创业者占中国创业者总数的90%。他们中的许多人是为生活所迫，出于生计而走上创业之路的，一般创业范围大多数局限于商业贸易，极少数从事实业，从事实业的也基本是小打小闹的加工业。当然，也有因为机遇成长为大中型企业的，但数量极少。

（2）变现型创业者

变现型创业者指的是那些过去在党、政、军、行政、事业单位拥有一定权力，或者在国企、民营企业担任经理人期间积累了大量资源的人，当机会合适的时候，他们便自己出来创办公司或企业，把过去所拥有的权力和市场关系进行变现，将无形的资源转化为有形的货币。在20世纪80年代末至90年代中期，第一类变现者的数量最多，而如今则是以第二类变现者占比较大。不过当前第一类变现者又有再度兴起的态势，并且相当一部分还受到了地方政府的鼓励，比如一些地方政府出台了鼓励公务员带薪下海、允许政府官员在创业失败后重新回到原工作岗位的政策。这实际上是一种公然破坏市场经济环境、人为制造市场不公平竞争的行为。

（3）主动型创业者

主动型创业者可以分为两种情况：一种是盲动型创业者，一种是冷静型创业者。盲动型创业者大多极为自信，做事冲动。这样的创业者很容易失败，然而一旦成功，往往也能成就一番大事业。这种创业者还有一种特点，喜欢创业。他们不计较自己能做什么，会做什么，可能今天在做这样一件事，明天又去做另一件事，他们做的事情之间可以完全不相干。冷静型创业者是创业者中的精英，其特点是谋定而后动，不打无准备之仗，他们或是掌握资源，或是拥有技术，一旦行动，成功率通常很高。主动型创业者中的一部分人甚至连对赚钱都没有明显的兴趣，他们不考虑自己创业的成败得失，只是想做自己喜欢的事。

（4）赚钱型创业者

赚钱型创业者通常没有什么确切目标，而是以经济利益为导向。此类创业类型的人在创业领域方面几乎没有什么限制，这种类型创业者幸福指数在众多创业者中最高。

二、创业者素养

党的二十大报告中指出："全党同志务必不忘初心、牢记使命，务必谦虚谨慎、艰苦奋斗，务必敢于斗争、善于斗争，坚定历史自信，增强历史主动，谱写新时代中国特色社会主义更加绚丽的华章。"创业者素养需要创业者具备敢于冒险、坚毅奋斗、充满自信的素养，这与"三个务必"所强调的精神不谋而合。

（一）创业激情

创业激情是创业者共有的一个特征，这种激情来自创业者认为他们的企业对人们的生活将具有积极影响的信念，也解释了创业者为什么放弃安定的工作去创建自己的企业。海底捞创始人张勇最早是拖拉机厂的电焊工人，并且几乎没有烹饪基础。就连最基础的"炒料"（火锅底料）都是一手拿着书，一手拿着铲子自学而成，但是凭借着做好火锅店的激情，最终克服了重重困难。

（二）敢于冒险

敢于冒险是创业者的基本特质。市场经济呼唤具有风险意识和创新精神的企业家和创业者。尽管不懂餐饮，不懂管理，甚至不懂怎么做火锅，海底捞创始人张勇仍然敢于放手一搏，一切从零学起，冒险闯入竞争激烈的餐饮行业。

（三）开拓创新

创新是创业发展的灵魂所在，亦是创业者成功的"法宝"。创业者唯有具备强烈的开拓创新精神,冲破各类条条框框的束缚,方可充分施展自身的潜能,开启事业的全新局面。在刚开始经营火锅店之时,创始人张勇竟然是手持书籍来学习制作火锅,由于味道相当普通,若要谋求生存就只能依靠优质的服务来吸引顾客,最终正是凭借这份真诚的服务态度,客人们都乐意前来品尝。现在,良好的服务模式已然成为海底捞在餐饮行业取得品牌效应的重大创新之一。

(四) 学会坚持

坚持就是执着,坚定不移地向目标前进。坚持的创业者个性坚定,做任何事都非常有毅力,有无比的耐性和持久性,始终保持创业企业的激情。海底捞创始人张勇说:"海底捞能到今天主要还是幸运,硬要说有什么建议,就是好好做吧,别去东想西想的。"

(五) 充满自信

成功的创业者自信心高,他们不相信事业的成败取决于命运的安排或其他外界因素,他们认为自己具有影响结果的能力,具有成就动机,愿意负起个人责任,并高度自信。正如张勇所说:"如果你认认真真把这一件事情做好,最后留下来的就是你。"

第二节　创业团队组建

▶ 导入

腾讯创造出奇迹靠的是团队。在企业迅速壮大的过程中,要保持创始人团队的稳定合作尤其不易。在这个背后,工程师出身的马化腾一开始对于团队合作的理性设计功不可没。保持稳定的一个关键因素,就在于搭档之间的"合理组合"。据《中国互联网史》作者林军回忆:"马化腾非常聪明,但非常固执,注重用户体验,愿意从用户的角度去看产品。张志东是脑袋非常活跃,对技术很沉迷的一个人。马化腾技术上也非常好,但是他的长处是能够把很多事情简单化,而张志东更多是把一个事情做得完美。"许晨晔和马化腾、张志东同为深圳大学计算机的同学,他是一个非常随和、有主见但不轻易表达的人,是有名的"好好先生"。而陈一丹是马化腾在深圳中学时的同学,后来也就读深圳大学,他十分严谨,同时又是一个非常张扬的人,他能在不同的状态下激起大家的激情。曾李青是腾讯五个创始人中最好玩、最开放、最具激情和感召力的一个人,与温和的马化腾、爱好技术的张志东相比,是另一种类型。其大开大合的性格,也比马化腾更具攻击性,更像拿主意的人。不过或许正是这一点,也导致他最早脱离了团队,单独创业。后来,马化腾在接受多家媒体的联合采访时承认,他最开始也考虑过和张志东、曾李青三个人均分股份的方法,但还是按照分工来分配股份结构的策略,建立了五人的创业团队。即便是后来有人想增加投资,换取更大的股份比例,马化腾否决道:"根据我对你能力的判断,你不适合拿更多的股份。"因为在马化腾看来,未来的潜力要和应有的股份匹配,不匹配就要出问题。如果拿大股的不干事,干事的股份又少,矛盾就会发生。当然经过几次稀释,最后他们上市所持有的股份比例只有当初的1/3,但即便是这样,他们每个人的身价还是达到了数十亿人民币,是一个皆大欢喜的结局。

请思考以下问题:

1. 上述案例给创业者什么启发?

2. 如何组建一支高效创业团队?

一、创业团队

(一) 团队的内涵

团队是由个体构成，并为同一目标而共同努力的组织。管理学家斯蒂芬·P.罗宾斯曾这样定义团队的概念：团队就是由两个或者两个以上，相互作用、相互依赖的个体，为了特定目标而按照一定规则结合在一起的组织。群体成员间通过相互的沟通、信任和承担责任，产生群体的协作效应，从而获得比个体成员绩效总和更大的团队绩效。团队发展到成熟阶段时，成员共享决策权。团队成员除了共同的目标，还可以有属于自己的目标。团队对协作性要求较高，团队中是一种齐心协力的气氛。团队中除了领导者要负责，每一个团队的成员也要负责，甚至要一起相互作用，共同负责。团队成员的技能是相互补充的，把不同知识、技能和经验的人综合在一起，形成角色互补，从而达到整个团队的有效组合；团队的结果或绩效是由大家合作完成的产品。

(二) 团队五要素

创业团队需具备目标(Purpose)、人(People)、定位(Place)、权限(Power)和计划(Plan)五个重要的组成要素，简称5P。

1. 目标

创业团队应该有一个既定的共同目标，为团队成员导航，知道要向何处。没有目标，这个团队就没有存在的价值。目标在创业企业的管理中以创业企业的愿景、战略等形式体现。

2. 人

人是构成创业团队最核心的力量。三个及三个以上的人就形成一个群体，当群体有共同奋斗的目标时就形成了团队。在一个创业团队中，人力资源是所有创业资源中最活跃、最重要的资源，应充分调动创业者的各种资源和能力，将人力资源进一步转化为人力资本。

目标是通过人员来实现的，所以人员的选择是创业团队中非常重要的一个部分。在一个团队中可能需要有人出主意，有人定计划，有人实施，有人协调不同的人一起去工作，还有人去监督创业团队工作的进展，评价创业团队最终的贡献，不同的人通过分工来共同完成创业团队的目标。

3. 定位

创业团队的定位包含两层意思：

(1)创业团队在企业中处于什么位置,由谁选择和决定团队的成员,创业团队最终应对谁负责,创业团队采取什么方式激励下属。

(2)成员在创业团队中扮演什么角色,是制订计划还是具体实施或评估。是大家共同出资,委派某个人管理;还是大家共同出资,共同参与管理;或是共同出资,聘请第三方(职业经理人)管理。这体现在创业企业的组织形式上,是合伙企业还是公司制企业。

4. 权限

创业团队中领导人的权力大小与其团队的发展阶段和创业企业所在的行业相关。一般来说,创业团队越成熟,领导者所拥有的权力相应越小。在创业团队发展的初期,领导权相对比较集中。

5. 计划

创业团队的计划包含两层意思:

(1)由于目标的最终实现需要一系列具体的行动方案,因此,可以把计划理解成达到目标的具体工作程序。

(2)只有在有计划地操作下,创业团队才会一步一步地贴近目标,从而最终实现目标。

(三) 创业团队的形成

组建一个创业团队,主要考虑以下几个因素。

1. 寻找合适的合作伙伴

要考虑自己是否真的需要合作伙伴? 要找出合作伙伴必须具备的才能和长处,必须能够和你形成互补。确保你的合作伙伴与你在同一条船上,朝着同一个方向努力。小米的核心团队中,成员们都是专业领域内的顶尖人才,多位团队成员都曾在世界顶级的高科技企业中担任要职;成员在专业能力和技术上也形成了优势互补的格局,有负责开发手机系统的、有开发手机软件的、有设计手机以及有做手机硬件的,分工十分清晰明确。

【微课】
创业团队的形成因素

2. 推选核心人物

有核心主导的创业团队很重要。核心人物要有过硬的素质和品格,具有亲和力,有涵养,能起到支柱作用。核心人物凭借其在团队的威信和主导作用,能够及时协调、平衡团队成员之间的分歧,在一些重大问题上达成共识。雷军是小米科技公司的灵魂人物,通过广泛的社会关系网组建了小米公司的创业团队。事实上,小米公司创业团队多数是与雷军有着良好友谊并相互信任的业内同仁或朋友,而雷军丰富的管理经验和领导才华也为公司发展提供了重要支持。

3. 完善制度,形成优势互补的团队

团队成员应当具备不同的分工,性格多样且优势互补,从而使团队更富有活力,在工作时也能够以不同的思考方式去面对团队发展问题,提出各自的意见与方案,以促进团队全面且平稳地发展。雷军很早就意识到好的管理制度是留住人才的关键,因此,小米科技在组织架构上把"强专业弱管理"的理念进行制度化,打造出宽松且扁平化的组织结构。在激励制度方面,小米公司实行透明化的分配机制,形成物质激励与精神激励双管齐下的激励准则。

(四) 创业团队的阻力

创业并不是一蹴而就的,创业团队在创业的过程中会遇到各种各样的问题和阻力,主要体现为以下几点。

1. 缺乏心理准备

由于团队社会经验不足,常常会陷入盲目乐观的状态,也没有做好充分的心理准备。对于创业过程中所遭遇的挫折和失败,许多创业团队会感到痛苦和茫然,甚至会沮丧消沉。如创建于2004年的若邻网,由软银投资,其目标是模仿LinkedIn以成为中国最大的商务社交网站。在2004年到2006年那波商务SNS的Copy 2 China(C2C)热潮中,若邻网算是存活了下来,不过中间经历了多次波折,创始人邹岭两进两出,公司还曾一度裁员,几乎到了关站的地步。若邻网由于对市场缺乏预期,心理准备不够,因而和其他商务SNS一样,其用户总量一直无法得到提升。

2. 缺乏市场意识和商业管理经验

急于求成、缺乏市场意识及商业管理经验,是影响创业团队成功与否的重要因素。许多创业团队刚开始都了解一些理论知识,但终究缺乏必要的实践能力和经营管理经验。例如e国团队,2000年电子商务的明星企业,口号为"一小时配送到家"。在获得用户称赞

的同时也获得了同样多的怀疑：e国1小时带来了巨大的配送成本，还能赚钱吗？实际上其悲剧在于在市场成熟前过早切入。2000年，中国无论是物流、支付、配送，还是网购人群都极不成熟。靠一家公司来撑起整个产业链，简直是天方夜谭。

3. 缺乏换位思维

创业团队是 个团队而非个人，在创业的过程中团队成员对事物的看法难免产生分歧，如果无法妥善地加以处理，将会给整个团队带来难以估量的损害，阻碍创业的成功。以视频网站当年的三杰之一酷6为例，当时陈天桥期望酷6的发展走向是"视频资讯新闻"，然而李善友却更倾向于坚持购买正版版权的"大片模式"，最终两人闹得不欢而散。当管理方与创始人的理念存在差异时，企业便很难拥有正确的方向与终点。

二、创业团队类型

(一) 创业团队的分类

依据创业团队的组成者来划分，创业团队大体可以分为三种：星状创业团队，网状创业团队和从网状创业团队中演化来的虚拟星状创业团队。

1. 星状创业团队

星状创业团队也称核心主导创业团队。一般在团队中有一个核心主导人物充当领军的角色。这种团队在形成之前，一般是核心主导人物有了创业的想法，然后根据自己的设想进行创业团队的组织。因此，在团队形成之前，核心主导人物已经就团队组成进行过仔细思考，根据自己的想法选择相应人物组成团队，团队的其他成员在企业中更多的是支持者的角色。

2. 网状创业团队

网状创业团队也称为群体性创业团队。这种创业团队的成员主要是因为经验、友谊和共同兴趣的关系而结缘的伙伴。一般是在交往过程中，共同认可某一创业想法，并对创业达成了共识以后，开始共同进行创业。在创业团队组成时，没有明确的核心人物，大家根据各自的特点进行自发的组织角色定位。因此，在企业初创时期，各位成员基本上是协作者或者伙伴的角色。

3. 虚拟星状创业团队

虚拟星状创业团队是由网状创业团队演化而来的，基本上是前两种的中间形态。在团队中，有一个核心成员，但该核心成员地位的确立是团队成员协商的结果，因此核心成员从某种意义上说是整个团队的代言人，而不是主导型人物，其在团队中的行为必须充分考虑其他团队成员的意见，不像星状创业团队中的核心主导人物那样有权威。

(二) 创业团队组织形式

创业团队可采用的组织形式主要有公司制、合伙制两种。

1. 公司制

采用公司制的优势主要体现在以下几个方面：能有效集中资金进行投资活动；公司以自有资本进行投资有利于控制风险；对于投资收益，公司可以根据自身发展，做必要的扣除和提留后再进行分配；随着公司快速发展，可以申请对公司进行改制上市，使投资者股份可以公开转让而套现资金用于循环投资。一般非家族企业采用公司制的比较多。

2. 合伙制

合伙制是指依法在中国境内设立的由各合伙人订立合伙协议、共同出资、合伙经营、共享收益、共担风险，并对合伙企业债务承担无限连带责任的营利性经营组织。不同类型的合伙形式各有自身的优势和不足。就家族合伙制来说，创业时期凭借创业者的血缘关系以及类似血缘关系，能够以较低的成本迅速网罗人才、团结奋斗，甚至不计较报酬，从而使企业能在短时间内获得竞争优势；而且由于内部信息沟通顺畅，对外部市场信息反馈及时，其总代理成本比其他类型的企业低。但是这类企业的缺陷在于难以获取到优秀的人才，这在一定程度上会对其快速发展形成制约。

三、创业团队组建

(一) 高效团队的内涵

高效团队指的是发展目标明确清晰、完成任务前后的对比效果有显著提升，工作效率相较一般团队更高，且团队成员在有效的领导之下相互信任、沟通顺畅、积极协同合作的团队。高效团队通常符合"perform"原则。

【拓展阅读】
三只老鼠偷油

1. 明确的目标 P(Purpose)

高绩效的团队具备明确的目标,主要包含以下四点:团队成员可以清晰描述并且全身心地投入这个目标之中;目标极为明确,富有挑战性,并且符合 SMART 原则;达成目标的策略清晰明了;面对目标,个人的角色十分清晰明确,或者团队目标已经分解成了个人目标。

2. 赋能授权 E(Empowerment)

赋能授权意味着团队已由集权朝着分权的方向转变,团队成员觉得个人具备了某种能力,整个群体亦拥有了某种能力。赋能授权主要体现在两个方面:其一,团队在组织中的地位得以提升,自我决定权随之提高,支配权显著增大;其二,团队成员已感受到拥有了某些方面的支配权。例如麦当劳,以往员工没有权力给予顾客超过两包的番茄酱,需请示主管,而近些年来,麦当劳已经更改了这种方式,员工能够自行做主了。

3. 关系和沟通 R(Relation and communication)

在关系和沟通方面,高绩效团队所表现出的特征为:成员敢于公开且诚实地表达自身的想法,哪怕是负面想法;成员能够表达温情、理解与接受他人,相互间的关系更为融洽;成员积极主动地聆听他人的意见,不同的意见和观点均受到重视。

4. 弹性 F(Flexible)

团队成员能够自我调节,以满足变化的需求,这便体现出了弹性和灵活性。团队成员需要执行不同的决策和功能,当某一角色缺失时,要有成员主动补位,分担团队领导的责任以及发展的责任。

5. 最佳的生产力 O(Optimal productivity)

团队有了很好的生产力,产出很高,产品品质也已经达到了卓越,团队决策的效果也会很好,显然具有了明确问题的解决程序。

6. 认可和赞美 R(Recognition)

当个人的贡献受到领导者和其他成员的认可和赞美时,团队成员会感觉到很兴奋;团队的成就涉及所有成员的认可,团队的成员觉得自己受到尊重,团队的贡献受到了组织的重视和认可。从个人到团队都受到一种认可,人们的士气就会提升。

7. 士气 M(Morale)

每个人都乐于作为团队中的一员,都很有信心,而且士气高昂。如果团队成员对于自己的工作都引以为荣,而且很满足时,团队的向心力就会很强,士气高昂。

(二) 创业团队组建流程

每个创业团队都有其特殊性,所以,没有哪一个团队的模式是可以完全复制的。想要组建高效的创业团队,可以按照一定的程序去组建。

1. 确定团队的具体工作

根据创业项目确定有哪些工作需要开展,工作要具体、明确。例如,创业项目是互联网+销售,那么,团队的具体工作一般要有产品采购、仓储管理、产品配送、图文信息处理、客户服务、企业记账等。

2. 设计团队的工作岗位

依据团队所要开展的具体工作来设计出与之相应的工作岗位,其中包含岗位需求以及所需人数等方面。比如,针对产品采购这项工作所设置的工作岗位便是采购员,其专业性要求并非很高,相对更注重对细节的把控,如果货源距离较近,那么最好能够会驾驶汽车,在初期其工作量不大,仅需一人即可。

3. 分析现有成员的特质

分析现有团队成员的专业特长、相关经验等,了解每一位成员的优缺点。

4. 确定现有成员的工作配置

根据每位成员的优势,通过协商的方式,确定每位成员的具体工作和主要的权力与职责。

5. 设计企业结构图

根据企业团队的实际情况,设计企业结构图,在结构图中能够体现所有岗位、人数要求、现有成员的工作配置情况、空缺岗位情况等。

6. 招募空缺团队成员

通过合适的招募方式,采取科学的评价方法选择空缺团队成员。

(三) 创业团队成员招募

很多时候团队成员都是彼此认识的,是经常在一起活动的朋友,但是也有很多的团队成员,他们之间是互相不认识的。对于大学生来说,其团队成员可以通过以下渠道招募。

1. 学校的社团

学校里有很多社团。那里有很多活跃的、有理想、有抱负、有特长、有技能的大学生,在那里可以找到志同道合的朋友,也可以找到兴趣爱好相同的伙伴。社团中的学生一般来说,内心都充满理想和追求,并且愿意付出更多努力来实现自己的目标。

2. 公共的社交场合

对于大学生而言,存在许多社交场合,例如参加各类学术和技能竞赛、文艺会演、学术会议,以及其他一些公共活动等。需要有目的地去参与这些活动,并且主动地去结交朋友。在社交场合中的人通常来自不同的院校,具备着不同的文化特质。

3. 众创空间

目前,在各大高校都有很多的众创空间(创业服务平台的统称),一个城市也会有几个不同规模的众创空间,而众创空间的伙伴更多的是怀揣着创业梦想或者具有技术能力,再或者是具有创新思维的一群人,在这里寻求创业伙伴,可以在很大程度上解决很多创业初期的困难。

4. 他人推荐

人才资源很多时候来自他人的推荐,这种推荐方式已经对创业伙伴进行了初步的筛选,既节省了时间和精力,又节省了一定的资金成本。

5. 公开招聘

可以借助一些互联网平台以及微信朋友圈发布相关招聘信息,用以招聘所需的创业伙伴。然后对招聘的创业伙伴加以筛选,最终确定创业成员。

(四) 创业组织结构设计

组织结构是指组织内部各构成部分及各部分之间确立的相互关系形式。从实现组织目标的过程来看,组织结构是组织将工作划分为具体的任务,并且在这些任务当中实现合作的方式。组织结构设计,是通过对组织资源(如人力资源)的整合和优化,确立企业某一阶段的最合理的管控模式,实现组织资源价值最大化和组织绩效最大化。通俗地说,也就是在人员有限的状况下通过组织结构设计提高组织的执行力和战斗力。组织结构要根据企业环境、企业规模、企业战略目标等因素的实际情况和要求设计。其步骤主要如下:

1. 分析组织结构的影响因素,选择最佳的组织结构模式。如果企业面临的环境复杂多变,有较大的不定性,就要求在划分权力时给中下层管理人员较多的经营决策权和随机处理权,以增强企业对环境变动的适应能力。

2. 根据所选的组织结构模式,将企业划分为不同的、相对独立的部门。

3. 为各个部门选择合适的部门结构,进行组织机构设置。

4. 将各个部门组合起来,形成特定的组织结构。

5. 根据环境的变化不断调整组织结构。

(五) 创业团队的股权设计

股权设计是指如何将适当的股权合理安排给合适的创业者。股权分配,又称所有权分配。科学合理地分配股权,建立利益分配机制,实现利益共享,是维护创业团队长期稳定的重要举措。通过分配股份,把成员的利益同团队的利益联系起来,以此激发各个成员的能动性,促使团队成员为团队的长期利益考虑,从而使每个成员的利益长期化,同时也避免和减少不必要的矛盾。组建创业团队,最核心的还是利益分配。如何合理地分配股权是一个非常重要且需认真思考的问题。从所有权的角度来说,股权意味着对企业财产的拥有量。

案例分享

"真功夫"股权架构

潘宇海是真功夫的创始人,后来潘宇海引进了他的姐夫蔡达标,最初的股权架构是潘宇海持有50%股权,蔡达标和其妻子(也就是潘宇海的姐姐)各占25%。后来蔡达标离婚时,妻子放弃了25%股权,这样潘宇海和蔡达标各占50%股权,即使是后来有投资者加入,他们二人的股权也还是同时降为47%。正所谓一山不容二虎,最后各方在面对巨大利益诱惑时,谁也不肯让步。一开始蔡达标把潘宇海赶出了核心管理层,后来潘宇海反过来揭发蔡达标挪用公款。几番争斗之后,蔡达标锒铛入狱,潘宇海大权独揽。看似胜负已定,实则两败俱伤,真功夫发展降速,融资不畅,上市遇挫,估值缩水,痛失好局。真功夫事件关键不在于家族矛盾而是股权架构的不合理。真功夫创始人的悲剧就在于股权架构没有处理好。由此可见股权架构在创业公司也非常重要。

资料来源:搜狐网

创业团队的股权设计需要重点关注以下问题。

1. 有可信可靠的创业团队领导

企业的股权架构设计核心在于创业团队领导的股权设计。如果创业团队领导不明确,企业的股权便无法进行分配。对于新创企业而言,要么从一开始就拥有清晰明确的创业团队领导,要么通过相互磨合而产生出团队领导。许多公司所出现的股权纷争,往往源于创业团队领导的不清晰。企业拥有清晰明确的团队领导,并不意味着就是领导专制。像华为、腾讯、小米等这样的企业,都有着清晰明确的团队领导。当团队领导不控股时,这些企业都会通过AB股计划、事业合伙人制等方式来确保团队领导对公司的控制力。创业团队的决策机制,可以进行民主协商,但当意见出现分歧时必须进行集中决策,通过团队领导来一锤定音。

2. 股份杜绝平均和拖延分配

创业团队的股权分配绝对不能采取平均主义。在很多情况下,创始人并不愿意去谈论股权分配的问题,因为这个话题不太好开口,所以他们要么是完全回避这一问题,要么只是说出一些含糊不清的约定。创始人普遍会犯下的一个错误是,没有从一开始就将股份的分配问题清晰地谈明白,并且记录下来。股权的分配等待的时间越久,就会越难以谈论。伴随着时间的流逝,每个人都会认为自己是项目成功不可或缺的功臣,这样关于股权分配的讨论就会变得越发难以推进。故而,要尽早开展股权分配的讨论并形成共识。

3. 股份绑定,分期兑现

仅仅达成股份比例的共识是远远不够的。倘若一个创始人获取了大量股份,但后续做事不尽如人意该如何是好? 要是有人中途离开公司,股份又该怎样处置? 在美国,初创企业通常针对创始股东的股票设有关于股权绑定的机制,公司股权依据创始人在公司工作的年数或月数逐步兑现。任何创始股东都必须在公司工作满起码1年才能够持有股份(包括创始人)。好的股份绑定计划一般按照4—5年期施行,例如4年期的股份绑定,第一年给予25%,接着在接下来的每年兑现25%。"股权绑定"能够有效调节合伙人之间可能产生的股份分配不公平状况。

4. 遵守契约精神

股权分配最中心的原则是"契约精神"。对创业团队成员而言,股权比例一旦确定,也就意味着利益分配机制确定,在"契约精神"约束下,尽自己的最大努力是对创业团队成员的基本要求。事实上,对于所有早期创业者而言,尤为需要明晰一个显而易见的道理:一旦创业获得成功,即使1%的股份也将获得优厚回报;创业失败,就算占有100%的股份也分文不值。

第三节 创业团队管理

▶ 导入

《西游记》作为一部中国人家喻户晓的经典著作，其中的唐僧师徒五人的形象更是妇孺皆知。下面从团队成员构成的角度来谈谈唐僧师徒五人。

1. **唐僧**。团队中坚定的领导者，团队核心，负责确定团队的前进目标，并坚定团队的行进路线，保证团队目标不动摇。如果没有唐僧，西天取经团队在面临西行路途中的种种艰难困阻时可能早就分崩离析了，更谈不上克服九九八十一难，抵达西天成功取得真经。

2. **白龙马**。团队中领导者的协助者，领导助理，负责排除对领导者的各种干扰，使领导者可以更聚焦于团队目标，坚定团队目标达成的意志。关键时刻承担起化解团队危机，坚定团队信念，保障团队目标达成的重要作用。西天取经团队中，唯有唐僧是肉体凡胎，如果没有白龙马背负唐僧前行，且不说将大大减缓团队前行的速度，单是西行路上长途跋涉的艰苦，对于唐僧的身体来说也是一种严酷的考验。如果没有白龙马，搞不好还不待抵达西天，唐僧没被妖怪吃掉，就已经因为身体熬不住路途的艰苦失败了。在《西游记》第三十回遭遇黄袍怪时，孙悟空因之前白骨精挑拨被唐僧赶回花果山，唐僧被黄袍怪用法术变成老虎，沙僧营救唐僧失败后被黄袍怪抓住，剩下的猪八戒打不赢黄袍怪又人单力薄，正动摇犹豫时，如果不是营救唐僧而受伤的白龙马说服猪八戒去找回大师兄孙悟空，那么西天取经的路途将止步于此。

3. **孙悟空**。团队中的攻坚克难者，能力强大，负责解决团队目标达成过程中的各种艰难险阻，排除万难，推动团队目标的最终达成。西天取经路上，唐僧师徒遇到的很多妖怪是猪八戒、沙和尚及白龙马无法匹敌的，如果不是孙悟空发挥个人武力或寻求到人脉帮助，那么唐僧可能早就被妖怪吃掉了。

4. **猪八戒**。团队中的气氛担当、黏合剂，负责调节团队氛围，活跃气氛，减少团队负面情绪和负面压力，增进团队成员感情，增加团队凝聚力。西天取经路上，猪八戒一路厚颜无耻、丢丑卖乖的行为无疑改善了团队埋头赶路过程的沉默氛围，大大排解了团队成员因长途跋涉中的苦难而产生的苦闷情绪。这种人日常中工作表现一般，但是团队中因为有了Ta，整个团队的氛围变得更活泼和谐，团队成员日常的工作状态变得更积极向上，团队成员对于团队的认同感和凝聚力会加深。关键时刻，也只有这种人可以打破团队成员之间的隔阂，缓解团队成员之间的矛盾，弥补团队裂痕，从而使得团队目标最终得以实现。

5. 沙悟净。团队中的后勤支持者，任劳任怨一块砖，做事不挑肥拣瘦，哪里需要就出现在哪里。西天取经路上，沙悟净一直是那个干着脏活苦活累活的人，照顾师傅，料理日常琐事，为他人减轻负担，做好辅助支持工作，减轻他人任务压力。正是因为有了沙悟净的付出，其他人才能充分发挥自己在团队中的特长属性，最终团队实现一加一大于二的加成效果。

资料来源：腾讯网

请思考以下问题：

1.《西游记》是什么样的创业团队？

2. 如果你要创业，如何组建一个类似西游记这样的创业团队？

一、创业团队领导选择

（一）创业团队领导的作用

创业团队领导需要积极寻找、发现、识别机会，并利用机会和资源实现企业绩效。创业团队领导需要对创业团队进行统一协调并帮助企业完成绩效。对于创业团队来说，领导的主要作用包括四点。

1. 引人才

创业团队领导是创业团队的核心，吸引和招揽其他团队成员并组建团队是创业团队领导最核心的作用。这需要团队领导者具有"伯乐"的非凡眼光，挑选优质的团队成员。例如探路人的创始人盛发强在早期企业产品线扩张之际，敏锐地洞察到彼时的团队成员已难以继续满足公司成长对人才的需求，于是便及时推行去家族化，大力推进职业化进程，吸引职业经理人并引入人才激励机制，通过引入外部人才来补足团队自身能力方面的欠缺。

2. 画蓝图

创业团队领导通过提出愿景，借助愿景聚集和动员相互依存的团队成员，并最终将愿景转化为现实。创业群体中领导的创业愿景要强于创业团队其他成员，创业团队的业务增长与领导的创业愿景之间呈正相关，例如盛发强采取股权激励制度，让成员充分感受到自身价值，发挥自身的作用。

3.当桥梁

创业团队领导者是从群体中发展而来的领袖人物，具备非凡的影响力。团队领导者对内能够起到推动、发起以及引领团队成员的作用，对外则充当着团队的沟通桥梁，负责处理与外部进行的信息、资源交流等相关事务。

4.做协调

一名高效的团队领导者务必学会耐心地分享资讯、信任他人、放下权威，以及明晰介入冲突的恰当契机；并且还必须承担起指导、协助、评估团队与个人绩效、培训以及沟通等责任。

（二）领导行为方式

领导行为有多种模式，我们可以参照组织生命周期理论将团队的发展划分为形成期、发展期和成熟期三个阶段，团队发展的不同阶段具有不同的特点和团队环境，创业团队领导需要采取相对应的行为方式。

1.创业团队形成期——任务导向的领导行为方式

处于形成期的创业团队，一般是指刚刚建立的创业团队，团队的目标、结构和领导都还没有确定；而发展期的创业团队则是指逐渐步入正轨，行为规范开始确立的创业团队；成熟期的创业团队指关系稳定、目标清晰、秩序井然的创业团队。创业团队的领导模式应当与创业团队生命周期中的发展阶段相适应。在创业团队的形成期，团队关系刚刚建立，团队成员还没有进入自己的角色。这时候团队领导的协调和指导就十分必要。团队领导要负责指导团队成员与团队的目的、工作方式达成共识；负责协调团队成员的任务分配；负责引导团队成员相互熟悉并相互合作；还要负责带领团队成员制定共同的目标和行为

【微课】
领导者应当如何带领团队

规范。因此这个时候团队可能更需要任务导向的领导行为模式，以指导团队成员尽快进入团队角色并融入该团队中，使团队尽快进入正常工作轨道。因此，在这一阶段中任务导向的领导行为方式可能比其他领导方式具有更高的成员满意度和工作成效。

2. 创业团队发展期——关系导向、任务导向相结合的领导行为方式

创业团队的发展期，则是团队成员对团队角色和工作不断适应和调整的过程，同时也是对工作方法和共同目标不断改进的过程。在这个过程中，团队成员基本形成了共同的心智模式和行为规范；团队成员需要支持与鼓励来完成共同的工作，克服遇到的困境。这时候，领导者既需要应用任务导向的领导行为方式，也需要应用关系导向的领导行为方式。既要重视与团队成员之间的交流沟通，保持其与团队目标的一致性，也要注重工作任务上的详尽指导，同时尽快将职责权限划分清楚，建立起完善的团队制度。因此，在这一发展阶段中，关系导向的领导行为方式与任务导向的领导行为方式结合更能塑造团队合作的氛围和积极主动的精神。

3. 创业团队成熟期——充分授权、关系导向相结合的领导行为方式

创业团队的成熟期，是团队成员真正发挥团队智慧的时期。在这个时期，团队已经形成稳定的行为规范和互动模式；团队成员产生了较高的社会认同感；团队领导主要是通过制定一致的具有挑战性和创新性的目标并为成员提供支持来驱动团队前进的。这时的团队成员具有较高的自我管理能力，能够胜任自己的工作，但是团队中仍然需要保持一种良好的、积极的、相互协作的气氛。因此，在创业团队的这一发展阶段，团队领导应该尽可能地进行授权，在任务方面减少指导，充分信任团队自身的运作能力，但同时要注重以关系为导向的领导行为，力求在团队中营造出一种相互理解、相互包容、相互合作的氛围。

二、创业团队目标管理

创业团队形成的时候，由于团队的共同目标和行为规范都尚未建立，此时的团队成员就如同一张白纸一般，没有任何描绘过的痕迹。想要获得创业成功，创业团队须设定目标。创业团队目标一般是共同愿景细化、具体化的结果。

(一) 创业团队目标的作用

创业团队共同目标具有以下作用：一是指向，指导团队成员一定时期内的工作方向；二是激励，推动团队向目标奋斗；三是标尺，衡量团队实际工作成果与目标之间的差距；

四是凝聚,激励团队成员共同奋斗必然使得团队凝聚力得到提升。

(二) 创业团队目标的设计原则

在设计共同目标和愿景时必须注意以下原则:第一,明确原则,明确团队的价值观和指导方针;第二,激励性原则,愿景和目标应具有激励作用,使每位团队成员都相信它,并愿意努力去实现它;第三,切实可行原则,愿景和目标应根据企业内外部环境和资源、市场机会等,进行理性的分析,综合评判,应建立在团队确实能做到的基础之上,不能定得太高,也不应定得太低;第四,达成共识原则,愿景和目标应是团队成员利益的集中体现,不仅要符合社会规范,具有时代性,而且要与团队成员的价值取向相统一;第五,未来潜力原则,团队发生变化以后,愿景和目标也应随之更新,否则就会丧失其导向功能和动力作用。

案例分享

韩都衣舍

从2012年开始,电商平台上的第一服饰品牌一直属于韩都衣舍,这与董事长兼CEO赵迎光的敢说敢做做息息相关。赵迎光曾经当着2000多名员工的面说过自己的未来10年目标,并承诺"若做不到,就在现场裸奔"。赵迎光本人,作为一个草根创业者,经历十年的奋斗,能把自己逼到这个份儿上,本身就是一件很了不起的事情,值得创业者们认真学习。我们就以韩都衣舍为例,来分析赵迎光是如何一步一步实现这"十年之约"的。

首先,打造互联网时尚品牌孵化平台。

韩都衣舍规划在2020年,通过自我孵化、兼收并购、时尚云平台的搭建,完成基于服饰品类的50个以上品牌的布局。韩都衣舍作为互联网快时尚第一品牌,自2012年确立多品牌运营战略以来,相继推出了针对女装、男装、童装、中老年装等不同类目的品牌。2012年推出韩风快时尚男装品牌"AMH"、东方复古原创设计师品牌"素缕Souline";2013年推出了韩风快时尚童装品牌"米妮·哈鲁Minizaru"、欧美风快时尚品牌"尼班诗nib Buns"、韩风优雅时尚女装品牌"Sneed";2014年推出了韩风时尚妈妈装品牌"迪葵纳Dequanna"、韩风时尚大码女装品牌"范·奎恩For Queens"、东方禅意设计师男装品牌"自古ZIGU"、韩风甜美少女装品牌"娜娜日记Nanaday"、欧美风轻奢女装品牌"劳拉的暂约Laura's Promise"、欧美街头轻潮男装品牌"暗码R.MAKER"、欧美浪漫田园风女装品牌"樱桃小镇Cherry town"、欧美风快时尚童装品牌"honeypig"、世界风设计师女装品牌"白鹿语Louis Yao"、东方简约设计师童装品牌"果芽Garbha"等。2014年下半年开始,公司加快了向"基于互联网的多品牌孵化平台"的战略升级,加速并购、参股"小而美"的互联网细分定位品牌，以多种方式培育更多优质品牌。所有品牌以产品设计和品牌营销为核心工作，而集团在供应链系统、T系统、仓储系统、客服系统等方面以平台的方式给予了全方位支持。

其次，不断完善信息化建设。

为了更好地支持多品牌独立运营体系，在打造"以产品小组为核心的单品全程运营体系"过程中，细分到每一款商品精准的运营数据，是韩都衣舍信息化建设的重中之重。2010年初，公司成立了信息技术团队，独立开发了一个体系完整、功能健全、技术先进的数据集成和管理平台。该系统将电子商务平台的前端数据，内部系统中的销售、发货、库存、采购等数据进行集成，并按照精确的粒度进行划分，形成结构化的数据模块。2013年，公司深入推进信息化建设，组建了超过100人的技术研发团队。在升级现有OMS系统、WMS系统、PMS系统、SCM系统和BI系统的基础上，建立起覆盖整个产品生命周期的"业务运营支撑系统（BOSs）"，打造快捷高效的运营管理系统平台，为每一个产品小组能够成为真正的自主经营体"提供精确高效的全方位数据化支持。

最后，建设柔性供应链。

韩都衣舍的柔性供应链灵活调配营销企划、产品企划和供应商生产，实现快速返单、高交期达成率和高供给精准率的综合管控链条，具有互联网品牌运营即时互动的特点。

营销端同各大综合性电子商务平台密切配合，明确年度运营节奏和营销活动的细节要求，制定针对各个电子商务平台的营销计划。产品企划端根据营销端制定的营销计划，合理规划产品结构和供货周期。生产端根据产品企划端的规划，与供应商进行高效的合作，供应商有足够的时间和预留产能，根据韩都衣舍企划端的方案来及时完成生产任务。三个环节紧密联结、环环相扣，为消费者提供了速度更快、品质更高的购物体验。2014年，为适应公司对品质的更高要求，同时最大限度地发挥240余家优质供应商的潜能，韩都衣舍对生产中心的组织架构进行了深度优化和调整，以适应更高强度的供应链压力和需求。

（三）创业团队目标的分解

常见的创业团队目标分解的方法包括指令式分解与协商式分解。

1. 指令式分解

指令式分解指的是在分解之前不与下级进行商量，而是由领导者确定分解方案，通过指令或指示、计划的形式下达给下级。这种分解方法虽然能够轻易地使目标形成一个完整的体系，然而由于没有和下级进行协商，对下级承担目标所面临的困难、所持有的意见并不了解，所以容易导致某些目标难以切实落实下去；而且由于下级觉得这项目标是由上级制定的，因而不利于对下级积极性的激励以及其能力的发挥。

2. 协商式分解

协商式分解使上下级对总体目标的分解和层次目标的落实进行充分的商谈或讨论，取得一致意见。这种协商容易使目标落到实处，也有利于下级积极性的调动和能力的发挥。

(四) 创业团队目标的落实

创业计划是在对创业目标进行具体分解的基础上，以团队为整体来考虑的计划，创业计划确定了在不同的创业阶段需要完成的阶段性任务，通过逐步实现这些阶段性目标来最终实现创业目标。可以通过以下步骤逐步落实创业团队目标。

1. 创业团队目标达成共识

马斯洛提出"对杰出团队的观察研究表明，它们最显著的特征是具有共同愿景与目标"。共同愿景和目标是卓越创业团队的必备共识，任何创业的成功离不开志同道合的同伴。那么创业团队目标要如何达成共识？ 一是要拥有共同的价值观、统一的目标。共同的价值观、统一的目标是组建创业团队的前提。二是创业团队的形成必有其原始的目标，不论是有形的或是无形的，都是指引团队方向的明灯。

2. 创业团队目标过程追踪

做事情倘若总是三天打鱼、两天晒网，那必然会一事无成，即便在创业团队的目标已经达成了共识，可团队成员品质良莠不齐，做事不认真，创业又怎么可能会成功呢？ 所以对创业团队目标进行过程追踪是极其必要的。酷狗音乐之所以能够屹立至今，恰是因为其CEO谢振宇能够果断决策，无时无刻不在进行目标过程追踪，对目标进行修订，并且与酷我音乐、海洋音乐开展合作，从而成就了中国三大音乐平台之一。那么，进行目标追踪需要遵循哪些原则呢？

一是确保目标原则。追踪的目的是贯彻工作目标，指出执行和计划的偏差，纠正目标偏差，确保目标的达成。对于创业团队而言，确保目标原则能够起到稳固基础的作用。

二是效率原则。如果能够指出计划的偏差并加以纠正，则控制技术越能符合以最低的成本、最高的效率达成目标的条件，则控制的效率越高。

三是及时性原则。有效的目标追踪工作应该确保及早发现问题，防止问题随时间、情况的变化而变得更加复杂。

四是快速行动原则。在发现目标偏差后，应该立即由合适的计划、组织、人事、领导进行协调，采取纠正的行动。

五是突出重点原则。对于创业团队而言,团队的资源是有限的,这就要求目标追踪必须是有效率的追踪,抓住主要矛盾,突出重点。而对个别目标的绩效,就其关键指标加以考评即可。谢振宇和他的团队一直重视系统的研发与更新,在企业发展的过程中,不断进行修复和更新,例如线上直播系统、解决酷狗繁星App卡顿的问题等。

3. 创业团队目标过程控制

在团队创业过程中,团队成员工作能力、工作进度是存在差异性的,所以团队领导需要对设置的目标进行过程控制,从而协调各方目标向着总目标靠近。目标设置存在着动态性、阶段性,目标本身也需要不断修改,因此各阶段的目标需要进行过程控制。汤臣倍健公司就是一个很好的例子,为保持"持续、健康、快速"发展提出了明确的目标与实施途径,并且在发展过程中不断调整阶段目标。

▶ 案例分享 ◀

汤臣倍健的目标过程控制

优秀的管理团队一直是汤臣倍健的核心竞争力,为了更好地实现目标,汤臣倍健从选购原材料、透明生产流程、参与国际合作研发功能产品等方面下手,通过目标监管机制,坚持与员工进行目标沟通,及时提供帮助,纠正存在的偏差行为。

汤臣倍健20多年的发展历史一直坚守诚信,推行透明工厂,虽然当时对于他们来说成本代价巨大,但这一决策不仅为他们成功争取了姚明作为代言人,进而使得汤臣倍健从一个隐形渠道冠军声名鹊起,成为大众熟知的品牌,同时也为他们解决了螺旋藻事件所带来的无妄之灾。为了让大众眼见为实,在实行透明生产过程中汤臣倍健一直注意按照目标管理计划要求,根据国内外的环境及时调整目标,及时防止偏差出现。

汤臣倍健不仅从前期透明生产抓起,而且将药店渠道作为监督产品质量和民众意见反馈的重要渠道。媒体认为汤臣倍健的做法是药店渠道短期内难以撼动的壁垒。

4. 创业团队目标评估完善

一个创业团队在验收成果时,不免要对创业团队工作目标进行评估并且完善目标,而创业团队的目标评估完善如何做到?

第一步:加强目标考核

考核是保证目标达成的一种必要管理手段。考核分为目标考核与德能勤绩考核,二者有着明显的区别：目标考核更趋向于成果或业绩的测评，在指标采纳上以客观的量化指标为主，考评信度较高；德能勤绩考核虽然覆盖了对行为和业绩两方面的测评，但存在信度较低、考核内容缺乏针对性、与战略目标脱节等问题。

第二步：做好反馈工作

反馈是进步的前提。创业团队领导应认真总结、分析考核结果，及时进行反馈，让接收反馈者可以根据实际情况迅速调整未来动向。团队领导必须定期地将目标追踪、考核的情况反馈给团队成员以便让成员知道自己表现的优劣所在，使得成员主动寻求改善自己缺点的方法，让成员习惯于自我目标追踪及管理。如果团队成员发现目标达成不理想，那么可以向团队领导提建议。团队领导还要充分运用考核结果，常见的做法是把考核结果与奖励挂钩。

5. 创业团队目标改进提升

时代在飞速地变化着，创业团队目标本身也应当紧跟时代步伐，需要去适应外部环境的改变，契合国家和社会的发展要求。目标所具有的动态性属性更是要求团队管理者持续不断地去改进团队目标。作为管理者，可以将国家和社会共同关注的热点问题当作服务目标的基本准则，进而能够更好地为外界提供服务，满足其需求。在近几年极为热门的"共享"成为创业者们创业的一股热潮，比如"共享单车"最初进行尝试的是ofo小黄车的戴威，共享单车确实实现了出行的便利，然而由于他们的团队目标与市场经济不相符，出现问题后又没有及时进行更正和解决，最终导致破产清算，退押金的队伍排队时效甚至已经显示为一百多年以后。那么，创业团队目标应当如何去改进和提升呢？

首先，掌握以往目标的落实和评估反馈，改进量化团队目标。团队目标改进的前提在于掌握以往目标的评估反馈，了解原本目标的落实情况，再根据企业的实际经营情况，实事求是地制定下一阶段的团队目标，随后尽可能地将改进后的目标量化，最后设置下一阶段目标的评估完善期限，如此循环往复，最终向总目标靠近。抖音短视频根据用户体验反馈及对以往目标的评估，定期更新软件，增加和删减功能。

其次，了解创业团队目标改进提升的步骤。第一步：创业团队成员与创业团队领导根据上一轮的目标考核结果沟通，让成员调整自己的动向。在创业领导团队的帮助下，通过开会、考核等方法让成员认识到自己在工作中哪些方面做得好，哪些方面做得不够好。**第二步**：创业团队成员与创业团队领导双方分析目标达成方面存在差距的原因，找出团队成员在工作能力、方法或工作习惯等方面有待改进的地方。**第三步**：创业团队成员与创业团队领导根据未来的工作目标的要求,选取团队成员目前最需要改进且易改进的方面,作为一定时期内的工作目标。**第四步:**执行创业团队成员与领导双方共同制定改进的具体行动方案,确定个人发展项目的期望水平、实现期限以及改进的方式,列出团队成员有待发展的项目,达到期望目标所需要的资源,并指出哪些资源需要主管人员提供帮助和支持。

三、创业团队沟通管理

(一) 沟通模式的选择

如今企业的核心竞争力已不再是技术、设备、产品,而是企业文化和人力资源。要保证人的优势能够充分发挥出来,一个优秀的创业企业必定拥有一个良好的沟通机制。总结来看,创业团队有以下五种正式沟通模式。

1. 链式沟通

在链式沟通中,信息逐级传递,只有上行沟通和下行沟通,成员只能与相邻的人沟通信息,绝不可有所逾越。换言之,成员必须经由固定的阶级流程进行沟通。在这种形式中,信息经层层传递、筛选,容易失真,各个信息接收者接收的信息差异很大。创业团队在成长早期,由于人员较少,业务简单,特别是制造型企业,需要较高的生产效率,因此多采用效率优先的链式沟通模式。

2. 轮式沟通

轮式沟通中,只有一个成员是各种信息的汇集点与传递中心,是沟通过程中明显的主导者,只要是信息的传递与反馈,均需经过此主导者,其他成员之间没有相互沟通。这种模式集中化程度高,解决问题的速度快,但沟通的渠道少,团队成员的满意度低,士气低落。轮式沟通模式适合于分工比较明确的创业团队,各个成员的职责范围交叉较少,因此,只需要一个中心人物进行居中协调管理,其余成员可以减少沟通,例如连锁形态的创业企业。

【微课】
创业团队沟通模式的选择

3. 环形沟通

环形沟通是一个开放式的网络系统,并无明显的中心人物,沟通成员相互基于平等的沟通地位,与周边的每个成员之间都有一定的联系。这种模式中的沟通渠道较多,所以成员满意度较高,合作气氛浓厚。环形沟通模式适用于没有绝对核心的创业团队,各个成员地位平等,都可以进行充分的沟通。

4. Y型沟通

Y型沟通是一个纵向沟通网络,表示4个层次的信息逐级传递的过程。第二级主管是一个节点与两个上级联系,其中只有节点处于沟通的中心,成为沟通的中间媒介。在企业组织中,这一沟通网络大体相当于从企业上层到中层机构,再到基层主管部门,最后到基层工作单位之间的4级纵向系统,它适用于企业规模较大而管理水平不高的大中型创业团队。

5. 四通八达型沟通

顾名思义,是一个全方位的沟通系统,沟通成员除了沟通地位平等,也能上下左右顺畅地相互沟通,以达到最大的交流效果。互联网创业团队强调创新性,需要组织结构尽可能体现平等和自由,因此多选择这种沟通模式。

(二) 沟通管理技巧

创业团队为了达到有效沟通,可以利用组织结构扁平化、时常沟通、充分沟通以及及时化解冲突等技巧,提升沟通效率。

1. 坚持组织扁平化

创业企业组织结构扁平化,可以保证沟通的效率。促进权力的分散,减少管理层级,便于上下层次之间的信息交流,有利于发挥下级人员的才干,灵活而有弹性,适应于创业企业所面临的复杂多变的创业环境。同时,还可以节省管理费用,将并不充裕的创业资金用于产品研发、产品制造和市场推广等更为重要的方面。

2. 反复有效沟通

一次沟通往往无法到位,从而导致了执行的不到位。因而,在执行的过程中处处都需要反复沟通,不断强化。这样,不仅能了解困难,并及时解决问题,保证顺利执行,而且通过沟通给员工以激励,让他们感到自己正在开展的工作有价值。利用各种不同的渠道,多管齐下帮助实现反复沟通的目标。个人谈话、小组会议、大组会议、书面通知、电子邮件、网站、博客、电信通信等都是不错的沟通渠道。

3. 掌握沟通技巧

创业团队要做到充分沟通。首先要善于倾听，不仅倾听团队成员之间的沟通，还要倾听市场需求者的要求，以及与纵向产业链上下游供应商的沟通。在沟通过程中遵循对事不对人的原则，谈论行为不谈论个性，就事论事地进行沟通，保证沟通的效率。此外，有效的反馈能让沟通主体参与并了解信息是否按他们预计的方式发送和接收、信息是否得到分享，所以它对创业团队沟通效果的好坏至关重要。

4. 及时化解冲突

冲突沟通策略包括建设性合作沟通策略、要求躲避沟通策略、破坏沟通策略。建设性合作沟通包括双方共同探讨问题，正面表达情绪，相互理解以及认为这个问题应该被解决。建设性合作沟通对于冲突的解决是积极的，与关系满意正向联系。要求躲避沟通是一方试图以批评、抱怨和建议兼有的方式讨论，而另一方则试图以沉默或走开的方式结束、避免讨论的沟通。要求躲避沟通预示了充满负面情绪的沟通，与较低的关系满意度相联系。破坏沟通包括双方都避免讨论冲突或者讨论后双方都希望从这种关系中退出。

(三) 沟通问题解决

那么创业团队遇到沟通瓶颈问题之后，该如何解决呢？

第一，注重对创业团队领导者沟通能力方面的开发、培训与考核，提高领导者的沟通技能，使其认识到沟通的重要性。在现实工作中，对于领导者而言，掌握较好的沟通技能，处理好人际关系，就等于掌握了管理的技巧。

第二，建立完善的沟通机制，健全沟通渠道。创业团队要充分考虑自身行业的特点和成员心理结构，有针对性地选择一些形式，建立一套健全的沟通机制。领导者应当认识到正式沟通和非正式沟通，都有其各自的优劣势和重要性，善于综合使用，不可偏废一方，并使之发挥积极的合力作用。

第三，创造良好的沟通氛围，尽可能地使沟通较为公开。首先要鼓励所有成员去思考问题并善于把自己的观点表达出来，这样才能为成员创造条件、创造机会进行沟通。另外，要建立一些特别的奖励机制，奖励那些为创业团队带来创新思想的成员，要让成员感觉到沟通的正面效果，使之有诱因去进行新的沟通。

四、创业团队业绩激励

(一) 创业团队业绩激励原则

1. 目标结合原则

目标设置必须体现团队目标的要求,否则会偏离团队努力的方向,还必须能满足团队成员个人的需要,否则无法激发成员个人的主动性,达不到满意的激励强度。

2. 物质激励与精神激励相结合的原则

根据马斯洛需要层次论分析,人的需求是从低级到高级逐步提升的,当人们的低层次需求得到满足后,会不断追求高层次需求。例如,海尔的基本薪资制度的设计,五项保险和住房公积金在内的福利是作为低层次需求,保障员工的基本生理需求和安全需求的;随着企业不断发展,海尔提供的包括企业年金在内的补充福利,带薪年假、海尔年假等在内的多元假期,提供在岗学习、脱产学习、自主学习等多样化资源,保证员工工作和生活的平衡。这是海尔提供的满足员工高层次需求的激励方式。

3. 内在激励与外在激励相结合的原则

外在激励方式包括薪酬、福利、晋升、授衔、表扬、认可等方面。内在激励方式有学习新知识和新技能、参与决策、工作活动多样化、工作轮换、承担更多责任、工作具有光荣感等内容。对于创业团队来说,应采取以内在激励为主、外在激励为辅相结合的方式。

4. 正激励与负激励相结合的原则

激励手段可分为正激励(奖)和负激励(罚)两种。正激励是对员工符合组织目标期望的行为而进行的奖励,使这种积极向上的行为更多地出现,即更好地调动员工的积极性。负激励就是对员工违背组织目标非期望的行为而进行的惩罚,以使这种负面行为不再出现。处罚使人产生内疚感,使人头脑清醒,认识自己的错误或不足,从而修正自己的行为,使错误的倾向朝正确的方向转移。在团队内推行一正一负、一奖一罚这样的激励机制,树立起正反两方面的典型示例,进而产生一种无形的压力,在组织内部营造出良好的风气,

【微课】
创业团队的激励原则

促使群体和组织的行为更加积极，也更富有生机。

5. 相对稳定与适度竞争相结合的原则

过度的安全感和稳定性容易使员工工作产生惰性。企业员工可以分为优秀工人、合格工人、试用人员。干得好可以成为优秀工人，干得不好，可随时转为合格工人或试用人员。这种做法有效地解决了员工因为"铁饭碗"而产生惰性的心态，使企业不断激发出新的活力。

6. 按需激励原则

由于团队内的个体需求不同，为了让激励效用最大化，在设计激励制度时，需要对员工的个体需求进行调研，根据调研的结果设计激励制度。

7. 差异化原则

哈佛大学的威廉·詹姆士教授在针对职工激励的研究中发现，按时计酬的职工仅仅能够发挥出其自身能力的20%至30%，如果受到充分的激励，那么职工的能力则可以发挥到80%至90%，其中50%至60%的这一差距是由激励工作所导致的。而激励是否有效，关键就看每个员工的具体需求，在上一个原则中我们提到过，激励需要遵循按需激励的原则，这主要源自员工的差异性，在差异性的指引下，企业便采取了弹性福利计划。

8. 公平但不平均原则

根据亚当斯的公平理论，每个人都很关注自己是否被公平对待，常常以此来决定自己的行为。他认为，员工对自己是否被公平对待的评价，是首先考虑自己所得的收入与付出的比例，然后将自己的收入、付出与他人的收入、付出进行比较。

(二) 创业团队绩效管理

绩效管理指的是管理者通过特定的方法和制度来确保企业及其子系统的工作表现和业务成果能够与企业的战略目标保持一致，并且推动企业战略目标得以实现的过程。绩效管理具备其自身的特性。

1. 系统性

很多人将绩效管理与绩效考核混为一谈，实际上是有区别的，绩效考核重点在于考核，管理者的角色是"裁判"。而绩效管理着眼于员工绩效的改善，管理者的角色是"教练"。绩效管理通过管理人员和员工持续的沟通，指导、帮助或支持员工完成工作，这样的结果必然是实现员工个人绩效和组织整体绩效共同提高的"双赢"。绩效考核只是绩效管理的一个组成部分。

2. 目标性

激励的目标需要团队与成员一致,绩效管理的目标也要兼顾团队与成员的实际情况进行制定,合理有效的绩效管理目标是团队成员努力的方向。

3. 互动性

沟通是企业生存和发展的生命线,制定合理绩效管理的过程,需要沟通来完成。对于主管来讲,通过沟通可以全面了解下属的工作情况,掌握工作进展信息,针对员工的具体情况给予相应的辅导;对于下属来讲,通过绩效沟通可以及时了解单位目标的调整以及工作内容和工作重要性的变化,以便根据单位的具体情况制定个人目标和工作任务,同时根据上级对自己工作的评价,改进不足以更好地实现绩效目标。

虽说绩效管理与绩效考核不同,但也离不开合理的绩效考核指标设定。这要从三个层面进行合理设定。

(1)公司绩效指标体系

公司绩效指标体系指的是依据平衡计分卡原理来设立公司的关键绩效指标(KPI)。企业战略若要切实落地,还是需要有KPI的,尽管所有人都对其感到厌烦,但没有KPI绝对是不行的,我们必须要设定KPI。KPI设置的优劣,决定了一家公司是否能够蓬勃发展。只有那些能将KPI设置好的人,才能够真正被称作领导者。

(2)团队绩效指标体系

团队绩效指标体系是根据公司KPI合成的团队KPI,加上团队岗位工作目标类指标。团队绩效考核的内容是团队工作计划考评和团队关键业绩指标考评。

(3)个人绩效指标体系

个人绩效指标体系包括工作业绩、工作能力和工作态度。我们可以发现,阿里的绩效考核制定时,参考的指标就是个人绩效的指标。

公司绩效指标体系是绩效考核中的关键绩效指标,而团队绩效指标体系和个人工作业绩指标体系由关键绩效指标和岗位工作目标类指标两部分构成。关键绩效指标是用来衡量某一岗位工作人员工作业绩表现的具体化指标,是对工作完成效果的最直接衡量方式;岗位工作目标类指标与之是相互补充、相互加强的。

绩效指标设定方法有四类:

客户关系图法。该图完成以后,它就可以显示出团队及其客户之间的"连接"。那么在什么情况下,最容易采用客户关系图法呢? 当团队的存在主要是为了满足客户的需求时，最理想的方法是采用客户关系图法。

　　组织绩效目标法。组织绩效目标法最适用那些为帮助组织改进绩效目标而组建的团队。

　　绩效金字塔法。业绩金字塔的出发点是要明确业绩的层次。只有金字塔内的某些部分才是你的团队需要对此负责的。通过对金字塔的观察，团队可以确定所负责的成果。

　　工作流程图法。工作流程图法是采用描述工作流程的示意图的办法。当团队的工作具有清楚、明确的工作流程时，使用该方法最有效。

实操任务

▶ **任务1　寻找创业合作伙伴**

【实操任务】

利用本章所学知识模拟组建1个创业团队。

【实操目的】

通过实战任务,掌握创业团队的类型和组建方法。

【实操步骤】

1. 明确创业目标。

2. 明确团队工作。

3. 明确成员职责。

4. 招募团队成员。

5. 设计股权结构。

【实操评价】

1. 评价内容

(1)学生参与度

(2)创业团队结构合理性

(3)创业团队股权合理性

(4)创业团队分工合理性

2. 评价方式

学生成绩由学生自评(20%)、互评(30%)、师评(50%)综合评定,评价表具体如下所示。

小组名称:_____   第_____次实操

学号	姓名	自评(20分)	互评(30分)	师评(50分)	总成绩

▶ 任务2　寻找创业之星

【实操任务】

在校友中寻找创业之星。

【实操目的】

通过实战任务,掌握创业者素养的识别和培养途径。

【实操步骤】

1. 寻找正在创业、创业成功的校友,选择一个你认为值得推广的案例。

2. 撰写校友的创业故事。

3. 分析校友的创业素养。

4. 汇报创业之星故事。

【实操评价】

1. 评价内容

(1)学生参与度

(2)创业故事真实性

(3)创业素养分析合理性

(4)创业故事汇报感染力

2. 评价方式

学生成绩由学生自评(20%)、互评(30%)、师评(50%)综合评定,评价表具体如下所示。

小组名称:＿＿＿＿＿＿＿　　　　　　　　　　　　第＿＿＿次实操

学号	姓名	自评(20分)	互评(30分)	师评(50分)	总成绩

思考与练习

一、单选题

1. 有一类创业者没有什么明确的目标,什么赚钱就做什么,他们喜欢创业,喜欢做老板的感觉。这种创业者被称为(　　)。

   A. 赚钱型创业者　　　　　　　　　　B. 盲目型创业者

   C. 被动型创业者　　　　　　　　　　D. 生存型创业者

2. 海底捞创始人张勇说,"海底捞能到今天主要还是幸运,硬要说有什么建议,就是好好做呗,别去东想西想的。"张勇的这种说法体现的是哪种创业素养? (　　)

   A. 勇于创新　　　　　　　　　　　　B. 学会坚持

   C. 敢于冒险　　　　　　　　　　　　D. 目标坚定

3. 构成创业团队最核心的力量是(　　)。

   A. 目标(Purpose)　　　　　　　　　B. 人(People)

   C. 定位(Place)　　　　　　　　　　D. 权限(Power)

4. 以下不属于创业团队领导的作用是哪一项? (　　)

   A. 引人才　　　　　　　　　　　　　B. 画蓝图

   C. 当桥梁　　　　　　　　　　　　　D. 发工资

5. 信息逐级传递,只有上行沟通和下行沟通,成员只能与相邻的人沟通信息,绝不可有所逾越,这类沟通属于什么类型? (　　)

   A. 链式沟通　　　　　　　　　　　　B. 轮式沟通

   C. 环形沟通　　　　　　　　　　　　D. Y型沟通

二、多选题

1. 创业者素养包括哪些? (　　)

   A. 创业激情　　　　　　　　　　　　B. 敢于冒险

   C. 开拓创新　　　　　　　　　　　　D. 学会坚持

   E. 充满自信

2. 以下属于创业组织架构的是(　　)。

   A. 星状创业团队　　　　　　　　　　B. 网状创业团队

   C. 虚拟星状创业团队　　　　　　　　D. 公司制

   E. 合伙制

3. 创业团队构成要素包括(　　　)。

 A. 目标(Purpose)   B. 人(People)

 C. 定位(Place)   D. 权限(Power)

 E. 计划(Plan)

4. 创业团队沟通模式包括(　　　)。

 A. 链式沟通   B. 轮式沟通

 C. 环形沟通   D. Y型沟通

 E. 四通八达型沟通

5. 创业团队业绩激励原则包括(　　　)。

 A. 目标结合原则   B. 物质激励与精神激励相结合的原则

 C. 内在激励与外在激励相结合的原则 D. 正激励与负激励相结合的原则

 E. 相对稳定与适度竞争相结合的原则 F. 按需激励原则

三、名词解释

1. 股权设计

2. 绩效管理

四、简答题

1. 请阐述创业团队组建的流程。

2. 请阐述绩效管理的方法。

五、分析题

褚时健的二次创业

  褚时健进行二次创业,选择进入冰糖橙这一市场近乎饱和的行业,其初衷是为了证明在体制外同样能够成功,他探索的是一种新农业模式。褚时健和妻子在橙园搭建起工棚,吃和住都在园里。他决心要在这片贫瘠的土地上种出极品橙子,将国外橙子比下去。白手起家自是困难重重。当橙子刚挂果时,褚时健每年都会碰到各种各样的问题,不是果树掉果子,就是果子口感欠佳。这位没什么特别爱好的老人,把书店里所有关于果树种植的书都买来,一本一本地研读。后来橙子不掉了,可口感却平淡无味,既不甜也不酸,褚时健为此焦虑得睡不着,半夜12点会起来看书,常常熬到凌晨三四点钟,最终得出结论:一定是肥料结构不对。这样的果子,褚时健不敢投放到市场,怕砸了牌子。到了第二年,褚时健与技术人员改变了肥料的配比方式,果然,口味一下子就提升了。据说,这种用烟梗、鸡粪等调制而成的有机肥,成本虽仅有200多元,但效果却能与1000元的化肥相媲美。褚时健说:"好的冰糖橙,不是越甜越好,而是要让甜度和酸度保持在18∶1左右,这样的口感非常适合中国人。"作为一名技术型企业家,褚时健学习能力极强,对技术要求极为严苛。实实在在地提升产品品质,踏踏实实地做事情,这些都充分体现了一位企业家的实干精神。

请结合案例,分析以下问题:

1.褚时健身上有哪些创业者特征?

2.应该如何培养创业者精神?

第五章
创业机会的挖掘

► **本章导读**

李嘉诚曾说过："当一个新事物出现时，只有5%的人知道，就要赶紧去做，因为做早就是先机。当有50%的人知道时，你就做个消费者就行了。当超过50%的人都知道时，你就不用去看了。"他还说过："龙卷风来了，猪都能飞上天。"猪并没有翅膀，不借助龙卷风这样的机会，是无法飞上天的。因此，抓住创业机会对于每个创业者来说都至关重要。

本章主要介绍了为实现挖掘创业机会的目标，所需进行的创业机会的识别、创业项目的评估和创业资源的应用。要求大学生掌握创业机会识别和创业项目评估的基本原理，通过实际训练，掌握创业资源的应用方法，从而为精准挖掘创业机会打下基础。

▶ 知识结构

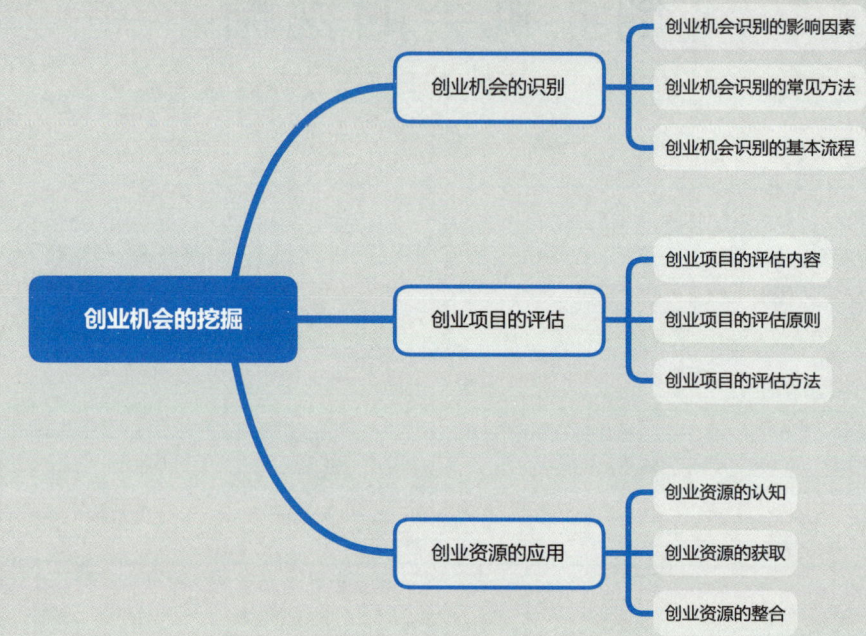

▶ 学习重点

1. 创业机会识别的常见方法和流程；

2. 创业项目评估的内容和方法；

3. 创业资源应用的获取和整合。

▶ 学习指南

1. 通过资料阅读、慕课学习等方式掌握创业机会识别、创业项目评估和创业资源应用的基本原理；

2. 通过模拟训练、案例分析、项目实战等方式训练创业机会识别、创业项目评估和创业资源应用的方法，学会挖掘创业机会。

第一节　创业机会的识别

▶ **导入**

从行业发展特点来看,多种因素驱动着国内健康保险市场发展。城市化推动下,居民潜在的医疗保障需求,对我国商业健康保险发展具有重大意义。随着我国社会保障制度改革的不断深化,商业健康保险在健全我国多层次医疗保障体系,满足人民群众日益增长的健康保障需求方面都发挥着越来越重要的作用。

在十几年的发展过程中,我国每年的健康保险保费收入已经从2010年的677亿元上升至2021年的8448亿元,健康保险的成长性较好。再从我国健康保险市场的竞争格局来看,我国商业健康险第一梯队企业包括中国平安、中国人寿,2021年分别实现健康险业务保费收入1644.32亿元及1145.49亿元,合计占比达34%。近年来,随着健康服务行业各项促进政策的出台和行业标准的不断完善,同时也因为行业自我发展能力的不断增强,使得中国健康服务业发展迅速,呈现出规模持续扩大、结构不断优化、新产品层出不穷的局面。2016年10月国务院发布的《"健康中国2030"规划纲要》提出,2030年达到16万亿元,行业发展空间巨大。

资料来源:前瞻网

请思考以下问题:

结合以上数据,你认为健康保险服务业的创业机会有哪些?

资料来源:前瞻网

一、创业机会识别的影响因素

(一) 创业者的影响因素

创业是一种主动的行为,带有较为浓厚的主观色彩,因此创业者的个体因素起到了相当重要的作用。创业者影响因素的形成主要是个体间的差异性导致的。个体差异主要具有这几个基本特征:警觉性、个人基本特质、先验知识、认知学习能力以及资源禀赋。

1. 创业者的警觉性

Tang在2012年的研究指出人们对新机遇的识别能力是有限的,并不是所有具有相似知识和经验的人都能比其他人更快地发现潜在的商业机会。在识别创业机会的过程中，创业警觉性起着至关重要的作用。有警觉性的创业者，才容易找到创业的门路。总结现有的研究，主要是基于两种理论观点来解析创业警觉性，它们分别是Kirzner在1979年提出的创业警觉性理论，和Gaglio在2001年提出的认知图式理论。创业警觉性理论认为，创业警觉性是 种不需刻意搜寻就能够关注到被其他人忽略的机会的能力。具有认知图式的创业者，则表现出比其他人更敏锐的市场洞察力，能时刻关注和搜寻市场的不均衡性。

2. 创业者的个人基本特质

个人基本特质包括创业者的背景及潜质方面的特征。创业者的背景包括性别、年龄、受教育程度、民族、家庭成长环境等。创业者的潜质方面包括创造性、风险感知能力等。

3. 创业者的先验知识

先验知识包括对于市场的先验知识、对于服务市场方式的先验知识以及对于顾客问题的先验知识。最新研究表明，人们更容易注意到与自己已有知识相联系的刺激。正如Baron所指出的，对于创业者来说，丰富且广泛的生活阅历是识别潜在商机的主要决定因素，它们能够帮助创业者识别新信息的潜在价值。每个个体都有自己独特的先前经验与先验知识，这就构成了他们有别于其他人的知识走廊，这种特异性就解释了为什么有些人更容易发现一些特定的机会，而其他人则不能。

4. 创业者的认知学习能力

机会识别指的是创业者对市场进行感知和对机会加以认知，从而做出创业决策的过程，同时也是一个对机会的认知和识别过程。国外学者Bandura认为，通过学习他人的创业行为，对于个人进行创业活动更有益处。由此可见，创业者可以从创业模范或导师那里学习相关创业行为，这有助于创业者更好地识别创业机会。

5. 创业者的资源禀赋

创业者的资源禀赋是创业者在创业之前所拥有的资源基础，也就是在创业之前能够支配的各种资源，资源禀赋会对创业的预期收益产生影响。创业者的资源禀赋涵盖了经济资本、人力资本和社会资本这三个方面。经济资本指的是创业者所拥有或能够支配的财务资产的总和，其主要来源包括两个方面：一是自身所具备的资金或金融性资产；二是外部可支配的资金资源。人力资本可以分为一般人力资本和特殊人力资本，一般人力资本包括正规教育、工作经历的深度和广度等；特殊人力资本主要指的是创业者先前的相关知识和工作经验，尤其是对消费者的了解、对市场的认识以及机会识别能力等。社会资本是一个经济学和社会学相互交叉的概念。

(二) 社会网络的影响因素

社会网络指的是特定的个人之间所存在的一组独特的联系,创业者可以借助个人的社会网络来拓宽信息的来源渠道,并产生更多的创业思路与机会。这里举一个例子:微软的创始人比尔·盖茨。1980年,原本默默无名的盖茨经母亲引荐,为IBM开发了PC机操作系统。IBM是当时世界上最大的个人电脑供应商,盖茨为其编写了PC机操作程序,这标志着微软正在制定软件行业的标准。正是因为这次合作,微软在未来的10年中成了全球最大的电脑软件供应商,市值更是飙升至6000多亿美元。但是,同学们是否有思考过,这样一个百年难遇的合作机会,为何会降临到盖茨的身上呢? 这正是因为盖茨的母亲是IBM董事局的成员,IBM才会将这一难得的机会给予盖茨。由此可见,创业者在社会网络中的联系方式不同,他们所获取的资源和信息也不同,所以对创业机会识别的影响也会有所差异。

(三) 创业环境的影响因素

创业机会识别过程受周围环境的变化而变化,环境的变化会对创业机会识别产生重要的影响。技术变革、市场变化、社会价值以及政府政策的规范,这些都直接作用于创业机会的识别过程中。正如党的二十大报告指出,营造有利于科技型中小微企业成长的良好环境,推动创新链、产业链、资金链、人才链深度融合。

创业环境动态变化是创业机会产生的前提条件,机会能否正确识别的关键取决于创业主体。创业主体只有掌握了丰富的经验,才会形成对机会的警觉性,从而提高机会的可行性。

二、创业机会识别的常见方法

(一) 市场调研发现机会

市场调研是指运用科学的方法,有目的地、系统地收集、记录、整理有关市场营销信

【微课】
创业机会识别的常见方法

息和资料,分析市场情况,了解市场的现状及其发展趋势,为市场预测和营销决策提供客观的、正确的资料。市场调研主要强调一手资料获取与二手资料获取两个方面:一方面是通过与顾客、供应商、代理商等面对面沟通,获取鲜活的一手资料与信息,了解现在发生了什么以及未来将要发生什么;另一方面是通过各类媒体、出版物、数据库,获取想要的资料与信息,了解通过面对面沟通形式可能无法触及的一些信息。获得这些一手资料与二手资料后,要对这些资料进行分类并编码,便于随时查询、使用。尤其是针对自己的某个特定想法时,可以精准地通过现有的市场调研数据来发现可能的创业机会。

(二) 系统分析发现机会

在市场经济日益发展成熟的当下,过去那种"野蛮生长"的模式已难以生存,顾客与商机无处不在的时代也已一去不返。如今,更多的企业常常处于"夹缝中求生存,变化中寻商机"的境地。因此,现今绝大多数的创业机会,都需要借助系统的分析才能被科学、有效地发掘出来。我们所能做的,便是借助市场调研这一手段,从企业的宏观环境(包括政治、社会、法律、技术、人口等因素)与微观环境(包括细分市场、顾客、竞争对手、供应商等方面)的变化中寻找新的顾客需求和商机。这已然成为当今时代创业机会识别最为常用且有效的方法之一。

(三) 问题导向发现机会

问题导向是指创业者的创业机会识别,源于一个组织或者个人面临的某个问题或者明确的需求,这恐怕是创业机会识别最快速、最精准、最有效的方法了。因为创业的根本目的是为顾客创造新的价值、解决顾客面临的问题。这个过程中,常用的方法就是不断与顾客沟通,不断听取顾客的建议,基于顾客的需求创造性提出新产品或者服务。当然,在此基础上,再进行市场调研、系统分析,可以说是有的放矢,且显得更为科学、严谨。不过,在问题导向发现机会过程中,要注意把控问题的难易度,不可不切实际地探寻问题解决方案,那样只会是徒劳无益。

◀ 小贴士 ▶

随着社会的进步,我们的生活变得越来越简单,越来越方便,换句话说,就是在培养越来越多的"懒人"。随着"懒人"群体的不断扩大,懒人用品、食品开始出现在市场上,越来越多的商家也开始瞄上懒人群体,准备从他们的"懒惰"上挖出点金子来。相信大家都点过外卖,但是你知道外卖行业的规模吗? 2021年在线外卖收入占全国餐饮业收入的比重约为21.4%,

同比提高4.5个百分点。据中研产业研究院公布的《2022—2027年中国餐饮外卖行业市场深度调研及投资策略预测报告》，在2021年，中国36.4%的白领群体月均外卖次数为1～5次，30.8%的白领群体月均点6～10次餐饮外卖，平均每月点11～20次外卖的白领群体人数占比为17.4%，4.2%的白领群体平均每月点20次外卖，只有11.2%的白领表示从来不点外卖。

(四) 创新变革获得机会

通过创新变革来获取创业机会的方式在高新技术和互联网行业中最为常见。在这个创业机会识别的过程中，通常是针对当下明确的或未来潜在的市场需求，探索相应的新技术、新方法、新知识或新模式，或是利用现有的某项技术发明、商业创意来实现新的商业价值。而且，一旦取得成功，创业者凭借其具有变革性、超额价值的新产品或新服务，很容易就能在市场中占据压倒性的主导地位。然而，正如毛泽东所说："任何新生事物的成长都是要经过艰难曲折的。"创新变革的方式比其他任何方式的难度都要大，风险系数也更高。因为新技术或新知识能否真正满足顾客的需求，还需要市场的检验，其稳定性和先进性需要有十足的把握，才能成为真正的创业机会。此外，新技术的发明通常需要大量持续的资金、人力和物资投入，这个过程往往也非常漫长和艰难。

三、创业机会识别的基本流程

识别恰当的商业机会是成功企业家至关重要的能力，而阐释影响机会识别的因素也是创业研究的关键组成部分。创业领域的认知学派着重关注创业者如何认知与决策，他们竭力挖掘创业者是如何识别和利用机会的。每个创业者都拥有独特的信息库，依赖各异的认知机制或模式，认知视角有助于洞悉创业者的创业历程，以及他们如何将机会识别与利用能力相互关联。创业机会认知流程是创业领域的核心问题，近年来，研究者们主要致力于开发创业机会识别的各类理论模型。

【微课】
创业机会识别的基本流程

　　机会识别指的是企业家发现一个潜在可行的、盈利的商业机会，并且这种机会的创造途径主要集中于向市场提供新产品或服务，改进现有产品或服务，或者在低饱和市场中模仿有利可图的产品或服务等。创业机会识别就是指对于顾客需求的识别。大多数学者认为，机会识别包括3个不同过程，它们分别是察觉感知市场需求；认知、发现特定市场需求与特定资源之间的"匹配点"；以商业概念的形式在这种需求和资源之间建立新的匹配点。

　　正如我们所知道的，目标市场的存在决定了企业的存在，创业机会识别的首要步骤就是分析目标市场的特定需求，也就是顾客的需求是什么，所以很多企业才将顾客的需求放在首要位置。体验和把握顾客的需求殊为不易。"子非鱼，安知鱼之乐？"主客之间的天然鸿沟是这一难题的主要原因。产品（服务）的价值定位与顾客需求之间的衔接，是企业营销过程中具有战略意义的"惊险一跃"。如何实现主客互通？用什么方式来理解、体认、临摹及追随顾客需求？或者如何发现，如何去了解，如何去创造不同需求非常重要。

　　美国著名质量管理专家朱兰将顾客需求表示为一个金字塔形状的等级结构链——顾客动机—顾客要求—业绩测量。以此为基础，我们将创业机会识别的基本流程划分为以下几个步骤：

　　第一，发现顾客需求。此步骤需要清晰了解顾客想要的某个产品的功能是什么，或顾客需要怎样的服务、怎样的顾客体验等。

　　第二，整理顾客需求。运用清单或者信息系统之类的工具将顾客的需求整理成册，方便查询。

　　第三，辨别顾客的核心需求。进一步分类整理顾客的需求，并将顾客的需求按重要程度划分。并不是所有的顾客要求对于顾客满意度调查都是同等重要，往往是关键的少数因素决定着顾客是否会满意。通常称这些关键的少数因素为顾客的核心要求。一般而言，产品方面，顾客通常关注产品价格、产品质量、产品特色、产品设计、产品可靠性和统一性等；服务方面，通常关注保修期或担保期、送货服务、处理顾客抱怨的情况；购买方面，通常关注礼貌、沟通、获得的难易和方便程度等。具体到不同的行业顾客的核心需求是不一样的，如银行的顾客更关注取款机不出故障、饭店的顾客更关注饭菜的口味和餐具的卫生、电信用户更关注通话的质量和费用等。

　　第四，持续观察与判断。顾客的需求会伴随时间的演变而发生改变，为了能够适应创业环境的变迁以及顾客需求的变动，持续地进行观察并知晓顾客当下现有的需求是极为必要的。

第二节　创业项目的评估

▶ 导入

　　小恒水饺的创始人名叫李恒,他从16岁上高中时便开始创业,相继开过互联网公司、音乐公司,后来眼看唱片业衰落,李恒决定做一件能够持续一辈子的事情,那就是做饺子。从2010年到2014年,李恒带领着团队的20多个人,吃遍了全国9000多家饺子店,花掉了300多万元,2014年8月"小恒水饺"在北京正式创立。

　　很多餐饮从业者都在抱怨,近两年的餐饮生意越来越难做了。但餐饮行业作为市场上常青树一般的存在,其规模一直在不断壮大,而快餐行业正是这几年来处于风口浪尖的存在。客观来看,目前快餐行业的市场竞争其实是很激烈的,但这对有实力的创业者来说,就是一个展现自身的契机。如何在保证出餐速度的情况下,能给消费者带来更美味营养、更新鲜健康、更有长期吸引力的产品,是快餐从业者的主要课题,能最先给出答案的创业者,势必会收割一大笔红利。乱世出英雄,这或许就是对当下快餐行业最为贴切的写照吧。

　　请思考以下问题:

　　1. 小恒水饺的成功之处在于?

　　2. 以小恒水饺为例,你认为创业者应该从哪些方面来判断一个创业项目的好坏?

一、创业项目的评估内容

　　大学生创业项目评估主体主要有两个:一是项目内部主体,即大学生自己,面对多种商业机会,自己需要进行科学的项目选择;二是项目外部主体,即其他投资方,在项目需

【测一测】
创业机会的可行性

要吸引外部资本参与时，风险投资方需要对项目进行可行性评估。

理论上，还存在第三类评估主体：政府。在简政放权背景下，只要不涉及非法业务或禁止类产业领域，对于投资规模不大的大学生创业项目，政府对其管理体制一般采取备案制，如果项目需要争取政府资金支持，就可以把政府归类于第二类评估主体的其他投资方。

与其他项目评估的主要内容相同，大学生创业项目评估也分为效益评估和风险评估两个方面，具体包括5个内容：项目所涉及的行业和市场、项目的资本和盈利能力、项目的竞争优势、创业者特征、项目风险。任何投资项目必须有市场导向、需求导向，"不食人间烟火"的项目只能是"自娱自乐"，在这一前提下，需要根据创业者所拥有的资源和条件评估项目的盈利性，也就是项目的生存和发展能力，如果项目的自身条件较好，要"知己知彼"，把握经营环境、了解竞争对手；获得这些信息后，需要进一步评估创业者或团队的知识结构和能力，如果不能达到要求，则须通过适当培训完成知识学习、能力塑造；最后要审查项目可能存在的风险，如果项目风险较大，则需通过方案优化来降低风险，但如果风险过大且无法优化，项目依然不可行。

（一）项目所涉及的行业和市场

主要判别项目的市场机会大小，具体包括市场定位、市场结构、市场规模、市场增长率和成本结构。

1. 市场定位

项目的市场定位是否清晰明确，表现为项目能否满足顾客的某项具体需求并为顾客带来显著价值，而且顾客所获得的价值或所节约的成本能够较快地显现出来。在项目评审时，我们经常看到一些大学生创业项目中包含的产品类型过于繁杂，进而导致小投资型创业者的专业优势难以突显，产品的可替代程度过高，无法有效地被顾客识别和接纳，因此这里的评价指标包含产品是否具体且明确、顾客是否容易识别和接受、产品所增加或创造的价值以及对顾客的价值回报时长。

2. 市场结构

由项目所涉及的市场是否完善以及行业生命周期这两项指标所构成。倘若行业市场并不完善，细分市场未能完全得到满足，又或者行业是新兴的且处于成长期，那么都会存在较大的市场机遇，不过这需要对市场展开深入地分析与挖掘，才能够进行准确地判断。例如中国的外卖市场，乍一看好像已经极为完善，各种外卖平台竞争激烈，商家众多。但一些创业者却挖掘出了专门针对企业团餐定制的细分市场，解决了企业员工用餐众口难调、统一配送难等问题，为这看似成熟的市场带来了新的机遇。

3. 市场规模

指市场容量的大小，如果容量大，市场机会也就大，因为只要占较小的市场份额就会有较大的绝对量；相反，如果市场容量小，创业成功机会较小，一旦有强势竞争者占据，对于小投资项目而言，项目开展会十分困难。市场规模的选用指标有地区总消费规模、人均消费占收入的比重等。

4. 市场增长率

一个有吸引力的市场不仅容量要大，更要有迅速且持久的市场增长速度，这能反映市场发展前景，也决定项目产品在生命周期所处阶段。一般而言，超过30%增长速度的市场潜力较大，如果低于10%，市场处于成熟期或发展前景不明朗，不宜再进行创业投资或者须谨慎投资。

5. 成本结构

项目提供产品或服务成本较低的投资在市场竞争中将有成本优势。如果低成本来源于技术创新，项目存在较大的市场机会；如果低成本来源于规模经济或经验曲线，对创业项目而言便不是好事。可选用项目的成本利润率越高越好，总成本中可变成本的比重越低越好。这些指标值优于行业中的平均水平，投资项目才可能拥有市场机会。

(二) 项目的资本获得和盈利能力

主要用来衡量该创业项目的盈利能力和投资回报。在资金有限的前提下，大学生创业项目的首要目标应该是生存。能维持项目正常运营，同时盈利能力强的项目存续时间才可能长久。这方面的主要评价内容包括资本的可得性、毛利和税后利润、产生正现金流所需的时间和项目产品的兼容性。

1. 资本的可得性

资本主要包括财务资本、人力资本和社会资本，它们是项目创造价值的必要条件。财务资本是创业者所有的可直接变现的各种资产的总和，包括资金、固定资产、无形资产等各类资产。项目对资金的要求是稳定、可靠，能在资金需要的时间节点，获得足够的资金支持。固定资产、无形资产和其他资产要求必须与项目本身匹配，能有效地为项目开展服务。管理学中的人力资本是指个人为自身进行教育、培训等投资会产生出依附于个体的资源，体现在知识、技能、价值观等方面。相对于社会其他群体创业，这是大学生创业的优势所在,大学生创业项目应充分发挥人力资本创造更多价值。社会资本可以为创业者提供一个可以寻找关键合伙人、获得关注及寻求外部资源帮助的平台,所以大学生创业项目应是开放的,社会关注度、美誉度越高,该创业项目的社会资本越充足。这项指标可以根据Likert评分法,分别反映各类资本可得性的程度。

2. 毛利和税后利润

毛利和税后利润是直接反映创业项目盈利性的指标。毛利是指销售额减去所有的直接成本和可变成本。较高的、持久的毛利对项目生存和发展十分关键。从经验数据上看,对于大多数生存型的大学生创业项目而言,如果毛利低于20%且不持久,那么该项目盈利能力就有问题;高的、持久的毛利会转化为持久的税后利润,税后利润不足5%,该项目发展就有问题。对于创新型的创业项目而言,项目的创新程度直接反映在其盈利能力上,这两项指标应远高于行业平均水平,否则项目发展空间有限。

3. 产生正现金流所需的时间

指收回项目总投资所需要的时间,也称达到盈亏平衡的时间,这是反映项目盈利能力的另一重要测量指标。对于大学生创业投资项目,这一时间应尽可能缩短,一般要求在2年以下,如果产生正现金流的时间超过3年,则说明该项目盈利能力较差。

4. 项目产品的兼容性

指产品的市场延伸性,如果原目标市场发生意外萎缩,项目依然能凭借核心价值部分开拓新市场。就像佳能公司原来生产传统胶片产品,在数码时代的冲击下,大举进军医疗健康产业,依靠其卓越的光学技术,进入一个全新的产品生命周期。这也反映了产品的退出壁垒,项目产品兼容性越好,产品的退出壁垒越低,项目盈利性和成长性越能得到保证。可见,对于大学生创业项目,虽然要求项目必须服务于具体需求和确定市场,但也要事先发散性考虑产品的弹性和项目的灵活性,尽量降低项目退出壁垒。

(三) 项目的竞争优势

主要考察创业者与竞争对手、交易对象的相对位势,反映创业者在产业中的竞争力,包括项目成本、控制程度和潜在竞争者市场进入障碍。

1. 项目成本

即项目投入,根据波特战略理论,低成本优势是竞争优势的重要来源。项目成本可分为固定成本和可变成本,由于项目提供的产品价格不能低于可变成本,对于小投资型项目而言,在其他条件相同的情况下,可变成本的高低直接决定项目竞争力的大小。所以与同行业其他竞争对手相比,项目的可变成本比重越低越好。此外,项目成本构成也可分为生产成本、营销成本和配送成本,其中生产成本是项目创造核心价值的投入,这部分应占项目较大比重,如果将产品有效传递到顾客手中需要在营销和配送环节投入比重过大,会降低产品核心价值(如果项目就属于营销或物流行业领域,项目的生产成本分别是提供营销方案和实施的成本或运输配送成本),能有效压缩营销成本和配送成本也是创业项目竞争力的重要表现。所以对于大学生创业项目而言,非生产成本比重越低,产品本身价值越高,项目竞争力越强。

2. 控制程度

控制程度包含创业者对雇用人员、供应渠道、分配渠道等方面的有效管理能力,要能保障各种资源稳定且足量地供给,以及供给渠道的畅通无阻,这些皆是确保项目具备竞争优势的关键条件。另外,还包括对产品定价的自主支配能力,而不是仅仅被动地接受市场竞争价格以及受竞争对手价格策略的影响。当然,对于小型创业投资来说,其控制市场的能力是有限的,更多的是对市场选择的接受,但只有在一定程度上实现产品性能方面的独特优势或者产品在某地域中的独占优势,才能够具有一定的垄断特性,进而增强项目对市场的控制能力。因此,项目控制程度的评估指标涵盖雇员稳定性、供应渠道稳定性、产品分配渠道稳定性以及产品性能或地域上的垄断性,可由相关专家进行评分。

3. 潜在竞争者市场进入障碍

如果某行业能够阻碍大多数潜在竞争者进入,意味着此行业的进入壁垒较高,已进入该行业的投资者就容易成功。但对于大学生创业者而言,要想进入一个有高进入壁垒的行业领域并非易事,而在壁垒不高的行业,消费者先入为主的思维方式总是让后来者进入很困难,除非能改变该行业的竞争规则。这就需要大学生创业项目真正实现对既有产品的创新或商业模式的创新,让顾客能清晰识别本项目产品的优越性和无可替代性。这里可以用项目产品的创新性、运营模式的创新性、项目的可复制性等指标来评价潜在竞争者进入的难易程度。

(四) 创业者特征

拥有较高身体素质、心理素质和能力素质是创业者成功的重要保证。迄今为止,无论是理论界还是实践者对创业者心理素质和能力素质的具体要求并没有达成共识,不过至少包括以下三个方面的素质:

第一,善于捕捉机会。根据创业管理理论,创业者可调动的资源可以大于其所拥有的资源,在复杂多变的商业生态环境中,对于自身实力不强的创业者而言,更重要的是能敏锐捕捉和利用有价值信息,整合一切可能资源,利用杠杆作用,创造出远超自己价值的财富。"世界从不缺少美,缺少的是发现美的眼睛。"刚起步的大学生创业者更需要具备发现机会并及时有效地利用机会的素质和能力,才能跨出事业的第一步。

第二,善于学习。大学生一直接受的是应试教育,属于被动学习,而创业过程更需要主动学习,自己设置目标,自己寻找获取知识的途径,将之内化并形成解决问题的方案,实现既定目标,在这种主动的学习过程中创业者会逐渐形成应对挑战和困难的能力。

第三,善于沟通与合作。尤其是在创业团队内部,良好的沟通与合作能够推动互相之间的优势互补。在项目开展的进程中,资源整合要求创业者与供应商、客户,乃至竞争对手进行顺畅的沟通以及真诚的合作,有时候将竞争关系转变为合作关系,这更需要具备智慧和勇气。倘若经过专家评价后创业者或团队仍然不具备这些素养,那么就需要通过特定渠道的专门培训来提高创业者的水平,否则创业成功的概率依然不高。

(五) 项目风险

主要评估环境因素的变化对项目盈利性可能产生的冲击,常用盈亏平衡法来评估项目的风险大小。如果风险太大,对于大多数风险中立型创业者而言,项目不可行;如果项目风险程度较大,则需要通过项目方案的优化来降低风险。按照风险管理理论,可以用敏感分析法找到对项目最不利的2~3个敏感因素,进行项目方案的优化。一般按照风险因素发生概率和可能造成损失程度的大小,针对性地实施项目优化,具体方法有风险规避、风险控制、风险转移和风险承担,当然实际操作中也可以组合使用这些风险防控方案。

二、创业项目的评估原则

创业项目评估是一项系统性、科学性、专业性很强的工作,搞好创业项目评估必须遵循一定的原则。

1. 效益性原则

大学生在知识、经验方面储备都不足,但是在创业风险面前人人平等,要客观评估好一个创业项目,一定要记住评估创业项目的经济效益、资源效益、环境效益、社会效益等。

2. 系统性原则

不管是大学生创业项目还是其他的创业项目,一旦开始创业就要投入大量的人力物力,如果考虑不够周全,有可能会因为一个小的因素导致创业失败。因此在创业项目评估时要注意评估内容体系系统性、指标体系系统性、方法体系系统性。

3. 选优性原则

大学生一旦决定创业,在许多有诱惑性的创业项目面前,或者在几个可选方案面前,一定要冷静,选用最佳投资方案。这是使经济效益最大化的必要条件。

4. 客观性原则

大学生创业之前对创业项目的评估可以邀请专业人士进行,确保项目评估组人员具备相应素质、评估方法规范化、评估程序科学化。

5. 统一性原则

大学生创业并不是一件小事,一起参与评估的主体较多,但是在项目评估时,评价方式、方法,评估内容及基本格式要保持统一。

三、创业项目的评估方法

(一) SWOT 分析方法

SWOT分析方法能够分析出企业的内部因素和外部因素。S(strengths)是优势、W(weaknesses)是劣势、O(opportunities)是机会、T(threats)是威胁。通过SWOT分析,可以帮助企业把资源和行动聚集在自己的强项和有最多机会的地方,并让企业的战略变得明朗。

首先是优势,优势是组织机构的内部因素,包括有利的竞争态势、充足的财政来源、良好的企业形象等。组织机构的内部因素还有劣势,包括设备老化、管理混乱、缺少关键技术等。机会是组织机构的外部因素,它包括新产品、新市场、新需求等。而组织机构的另一个外部因素——威胁,则包括新的竞争对手、替代产品增多、市场紧缩等。通过将调查得出的各种因素根据轻重缓急或影响程度等方式进行排序,就可以构造出SWOT矩阵,进而便可以制订出相应的行动计划。

【微课】
SWOT分析方法

SWOT分析方法可以帮助公司、个人和项目分析内部的优劣势和外部因素,通过厘清这些信息,创业者可以更加专注于提升长处,改善弱点,降低威胁的风险,并利用各种机会获得最大的利益。

创业者通过回答以下这些问题简单、快速地获得自己的SWOT。优势方面,可以问自己"我们公司擅长哪方面""什么地方我们比竞争对手做得好"等。对于劣势,创业者可以问自己"公司哪方面做得不够好""竞争对手哪方面比我们做得好"等问题。机会方面,创业者可以问自己"行业中有哪些潜在的标准在发生变化""目前的经济形势会能给我们带来积极影响吗"等问题。关于威胁,创业者可以问自己"我们现在的竞争对手是谁""我们竞争对手正在做什么"等问题。

(二) 标准打分矩阵评价法

1. 标准打分矩阵评价的由来

有价值的创业机会可以成为有效商机,如何评价有效商机,创业泰斗——蒂蒙斯的创业机会评价框架一直是企业行业的通用标准。蒂蒙斯创业机会评价体系涉及了行业和市场、经济因素、收获条件、竞争优势、理想与现实的战略差异、管理团队、致命缺陷和个人标准五个方面的53项标准。蒂蒙斯创业机会评价体系,给创业者提供了一套系统的评价框架和可量化的指标体系,可以帮助创业导师和创业者,科学深入地评价创业项目的可行性及其价值性。但是,蒂蒙斯创业机会评价体系在实际运用中存在一些显著的缺陷,例如:指标过多且全面,主次不够分明;其指标内容既有定性评价项目,又有定量评价项目,且这些项目之间存在交叉现象;评价指标数量庞大,使用不够便捷;在对创业机会进行评价时,实际上难以对每个方面的指标进行精确量化并设置科学的权重,实践效果不尽人意。鉴于这些原因,人们在现实实践过程中对蒂蒙斯创业机会评价体系进行了改进,从而衍生出了标准打分矩阵评价法。

【微课】
标准打分矩阵评价法

2.标准打分矩阵评价操作方法

标准打分矩阵评价首先选择对创业机会成功有重要影响的因素,然后将创业机会评价体系的每个指标设定为三个打分标准,例如最好3分,好2分,一般1分,形成打分矩阵表。专家打完分之后,创业者求出每个指标在不同创业机会上的加权平均分,从而可以对不同的创业机会进行比较,加权平均分越高,就说明这个机会越可能成功,在打分矩阵表里面,创业者常常需要采用的评价指标包括易操作性、接受度、投资回报、专利权的状况等。在打分后,可以根据标准打分举证表求出每个指标的加权评价分。这种方法简单易懂、易操作,主要用于不同创业机会的对比评价,其量化结果可直接用于机会的优劣排序。只用于一个创业机会的评价时,则可采用多人打分后进行加权平均。其加权平均分越高,说明该创业机会越可能成功。标准打分矩阵法是侧重于客观的创业机会定量评价方法。

3.标准打分矩阵评价方法的应用

以达达集团的创始人蒯佳祺为例。2014年,蒯佳祺觉察到同城即时配送领域存在巨大的潜力和机会。为了实现自己的创业梦想,蒯佳祺毅然投身其中,创立了达达。深入调研发现,随着线上消费的兴起,尤其是外卖等业务的快速发展,对高效即时配送的需求极为迫切。于是,他坚定地将达达定位为专注同城即时配送服务的平台。运用标准打分矩阵评级法,简单地分析蒯佳祺的这个创业项目。

(1)行业和市场。市场容易识别,可带来持续收入,打上3分;顾客可接受该服务,应愿意为此付费,打上3分;产品的附加值一般,打上2分;产品对市场的影响力一般,打上2分……

(2)经济因素。该项目可在两年内达到盈亏平衡,打上3分;该项目属于劳动服务型,劳动强度不高,回报率在25%以上,回报率打上3分;项目对资金需求不大,可快速运行,打上3分……

(3)收获条件与竞争优势。项目本身是一个轻资产项目,可随时进入和退出,收获条件较为宽松,打上3分;由于项目是一个服务型项目,轻资产可运营,且目前市场上没有与本项目一同竞争的企业或团队,所以该创业项目的竞争态势非常好,可打上3分。

(4)管理团队、致命缺陷与个人标准。该创业项目的管理团队只有蒯佳祺一人,不存在团队管理可能出现的问题,可打3分。该创业项目业务模式逻辑清晰,盈利模式可行,不存在致命缺陷,可打3分。从个人标准角度来看,蒯佳祺已在行业中积累了多年的经验,对该项目的业务了如指掌,专业性不容置疑,可打3分。

综合我们之前的打分,可知道蒯佳祺创业项目的评分为2.6分,分数相当高,说明该创业项目值得做。

(三) Westinghouse 评价法

Westinghouse是美国一家历史悠久的电气设备制造商。在国内,有的人也将其翻译为西屋电气公司。

Westinghouse评价法是20世纪80年代西屋公司为了给投资决策寻找依据,提出了一个可以计算和比较各个机会优先级的公式,公式如下:

机会优先级=[技术成功概率×商业成功概率×年均销售数×(单位产品价格−单位产品成本)×投资生命周期]÷总成本

在这个公式中,技术和商业成功的概率以百分比表示,从1%~100%;年平均销售数以销售的产品数量来计算;投资生命周期是指可以预期的、年均销售收入保持不变的年限;总成本是指预期的所有投入,包括研究、设计、制造、营销等费用。对于不同的创业机会,我们将具体的数值代入公式计算之后,就可以得到机会优先级数值,这个数值越高,特定机会的优先级越高,这个机会就越有可能成功。

◆ 小贴士 ◆

假设一个创业项目的技术成功率为80%,市场上商业成功率为60%,在9年的投资生命周期中年均销售数量预计为20000个,净销售价格120元,对于每个产品的全部成本为87元,研发费用为50000元,设计费用为140000元,制造费用为230000元,营销费用为50000元,那么,该创业项目的优先级是多少?

我们将具体数值代入公式中,即:

机会优先级=[技术成功概率80%×商业成功概率60%×年均销售数20000个×(单位产品价格120元−单位产品成本87元)×投资生命周期9年]÷总成本(研发费用50000元+设计费用140000元+制造费用230000元+营销费用50000元),可计算得到6。说明该项目的创业机会优先级为6。

(四) Hanan Potentionmeter 评价法

Hanan Potentionmeter评价法可以通过让创业者填写预先设定好权值的选项式问卷，来快捷地得到特定创业机会的成功潜力指标。对于每个因素来说，不同选项的得分在−2～+2分，通过对所有因素得分的总和得到最后的得分，总分越高说明特定创业机会成功的潜力越高，只有那些最后得分高于15分的创业项目才值得创业者进行下一步的策划，低于15分的都应被淘汰。

运用Hanan Potentionmeter评价法来评估一个虚拟的创业项目。Hanan Potentionmeter评价法主要从以下几个方面入手：

1. 税前投资回报率评估。假设回报率大于等于35%，得2分；回报率在25%～35%，得1分；回报率在20%～25%，得−1分；回报率小于20%，得−2分。

2. 预期年销售额。假设年销售额大于2亿元，得2分；年销售额在1亿～2亿元，得1分；年销售额在0.5亿～1亿元，得−1分；年销售额小于5000万元，得−2分。

3. 投资回收期。假设投资回收期小于6个月，得2分；投资回收期在6个月到1年，得1分；投资回收期在1～2年，得−1分；投资回收期大于2年，得−2分。

4. 生命周期中预期的成长阶段。假设生命周期中预期的成长阶段大于3年，得2分；2～3年，得1分；1～2年，得−1分；少于1年，得−2分。

5. 从创业到销售额高速增长的预期时间。假设预期时间少于6个月，得2分；6个月到1年，得1分；1～2年，得−1分；大于2年，得−2分。

6. 占据市场领先地位的潜力。假设具有绝对超越竞争对手的持续性核心竞争力，得2分；具有与竞争对手持续、相当的核心竞争力，得1分；具有初期的竞争优势与领先者能力，但可能容易被取代，得−1分；不具备竞争优势与领先者能力，得−2分。

7. 进入市场的难易程度。假设市场不饱和，竞争不激烈，进入壁垒很低，得2分；市场一般饱和，竞争适度，进入壁垒一般，得1分；市场较饱和，竞争激烈，进入壁垒较高，得−1

【微课】
Hanan Potentionmeter 评价法

分；市场很饱和、竞争很激烈、进入壁垒过高，得-2分。

8. 商业周期的影响。假设完全不受商业周期波动或反周期的影响，得2分；对商业周期波动具有一定的抗衡能力，影响甚小，得1分；受商业周期波动影响一般，得-1分；受商业周期波动影响巨大，得-2分。

9. 产品调价的潜力。假设顾客所获得较高的价值可以弥补较高的价格，得2分；顾客所获得较高的价值尚不足以弥补较高的价格，得1分；顾客获得同等的价值能够弥补相应的价格，得-1分；顾客获得同等的价值只能弥补最低的价格，得-2分。

10. 市场试验的范畴。假设只需要进行一般的试验，得2分；需要进行接近行业平均水平的试验，得1分；需要进行超出行业平均水平一定量的试验，得-1分；需要进行超出行业平均水平很大量的试验，得-2分。

11. 初期公司人才要求。假设只需要进行一般的常规培训或不需要专业培训，得2分；需要进行接近同行水平、正常的专业培训，得1分；需要进行较长时间、大量的专业培训，得-1分；需要进行长周期、全面的专业培训，得-2分。

(五) Baty 选择因素法

Baty选择因素法可以看作是标准矩阵打分法的简化版。评价者通过对创业机会的认识和把握，按照蒂蒙斯创业机会评价体系的各项标准，看机会是否符合这些指标要求。在这个方法中，只要通过对11个因素的回答，来对创业项目进行判断。这11个因素包括：

第1个因素，这个创业机会，在现阶段是否只有你一个人发现？

第2个因素，初始的产品生产成本是否可以接受？

第3个因素，初始的市场开发成本，是否可以接受？

第4个因素，产品是否具有高利润回报的潜力？

第5个因素，是否可以预期，产品投放市场和达到盈亏平衡点的时间？

第6个因素，潜在的市场是否巨大？

第7个因素，你的产品是不是一个高速成长的，产品家族中的第1个成员？

第8个因素，你是否拥有一些现成的初始用户？

第9个因素，是否可以预期产品的开发成本和开发周期？

第10个因素，是否处在一个成长中的行业？

第11个因素，投资界是否能够理解你的产品和顾客对它的需求？

在回答完这11个问题之后，如果某一个创业项目只符合其中的6个或者更少的因素，那就意味着这个创业机会极有可能是不可取的；反之，如果某个创业机会符合其中的7个或者7个以上的因素，那么这个创业机会将会大有希望。

应用该方法时需要注意一点，如果创业项目存在"致命缺陷"，需要一票否决。致命缺陷通常是指法律法规禁止、需要的关键技术不具备、创业者不具备匹配该创业机会的基本资源等方面的系统风险。

第三节　创业资源的应用

▶ 导入

2018年6月2号，大润发与盒马鲜生诞下一个"孩子"，名为"盒小马"，出生地就在苏州高新区文体中心。

据外媒报道，在冷藏品领域，盒小马引入了盒马鲜生的主力自有品牌"帝皇鲜"，其涵盖了厄瓜多尔白虾仁、生冻白沙鱼柳、澳洲精选安格斯西冷牛排等二十余款生鲜食材。当然，大润发主打的自有品牌"大润发优鲜"的三杯土鸡等中餐半成品也被包含其中。盒马鲜生的冷藏生鲜以及大润发的生鲜半成品，从这两类主销的产品来看，盒小马通过销售蔬菜、冷冻食品、肉类、奶制品，还有少量的面包和熟食等生鲜品类，主要营造"吃"的场景来构建商品品类。

盒小马的运营方式采用了店仓合一，打通了线上线下的关键脉络，实现了一体化。此外，还配备有线上订购、线下送达的配送服务，承诺在3千米以内无门槛配送，最迟1小时送达。

新业态的盒小马被视为阿里巴巴协同旗下新零售业态的又一标志性举措！未来，盒马鲜生、大润发门店或许会成为一个城市的体验、运营中心，而盒小马将成为它们的前仓，与它们配合以更深入地了解3千米以内的消费圈。

深入了解消费者画像、消费水平、日常需求、消费时间……打通这个消费闭环，将会为大润发、盒马鲜生提供更精准的数据。

总之，盒小马的出现，加速了新型社区的落地发展，给社区超市模式带来了巨大的变革。

请思考以下问题：

1. 案例中的"盒小马"是如何获取整合资源的？

2. 谈谈整合资源对创业者整个创业过程的重要性。

一、创业资源的认知

创业资源指新创企业在向社会提供产品或服务的过程中，所拥有或者所支配的能够实现公司战略目标的各种要素以及要素组合。创业学之父蒂蒙斯经典模型创业有三个重要的元素，一个是团队，一个是机会，另外一个则是资源。

（一）特点

针对创业资源的特点，资源学派持有这样一个观点，即 VRIN。其中 V（Valuable）表示有价值的；R（Rare）表示稀缺的；I（Costly to Imitate）意味着复制成本高且不可模仿的；N（Non-Substitutable）则是不可替代的。只有资源具备这四个特征，才能够对创业以及企业起到帮助作用。

（二）分类

1. 根据资源基础论，创业资源可分为核心资源和非核心资源两大类。核心资源包括技术、管理和人力资源。非核心资源包括资金、场地和环境资源。

2. 按照资源的来源分类，创业资源可分为内部资源和外部资源两大类。内部资源：来自内部机会积累，是创业者自身所拥有的可用于创业的资源。外部资源：来自外部机会发现，而外部机会发现在创业初期起着决定性作用。

3. 创业资源还可分为资产型资源与知识型资源两大类。资产型资源：主要指投入的以资产形式存在的资源，包括金融、物质、人力、技术和市场资源。知识型资源：指企业对有形资源进行整合和转化的资源，企业的技术和产品的知识产权、品牌等以知识形式存在的资源都属于知识型资源。另外企业制定的规章制度、方针政策、战略规划等也都属于知识型资源。

（三）大学生创业资源

大学生创业资源主要可分为政府资源、高校资源和社会资源三大类。政府资源主要包括创业导向政策、创业扶持机制、创业服务平台等方面。高校资源主要包括创业教育课程、创业咨询机制、创业孵化体系等方面。社会资源包括家庭资源、企业资源、机构资源等其他社会主体提供的创业资源。

二、创业资源的获取

资源获取的方式有三种：资源购买、资源吸引和资源积累。资源购买指企业在创立过程中，为获得一些外部资源，用货币支付手段获取。资源吸引指企业在创立过程中，通过制定完善的商业计划,绘制创业蓝图,以及创业团队的人格魅力,吸引了投资者的投资,或者引起社会大众的关注。资源积累指企业在创立过程中,自己内部培育、积累、沉淀的资源。

三．创业资源的整合

(一) 定义

创业资源的整合是指寻找并有效利用各种创业资源的过程。该过程具备的基本特点为:尽可能多地发现有利的创业资源。

(二) 原则

1. 渐进原则:根据对资源的需求程度以及资源开发和利用的成本、收益和不确定性三者的综合考虑,逐步地寻找和利用各种创业资源。

2. 双赢原则:在开发和使用资源时,不能仅仅从创业企业的全身利益出发,而必须坚持双赢的原则。

3. 当前利益与长远利益相结合的原则:整合资源时要充分协调好当前利益与长远利益之间的冲突,任何基于当前利益而对创业资源的过度开发,都会给企业的长远发展带来隐患。

4. 缓冲原则:遇到困难和挫折是创业企业常有的事情,而应对这些困难和挫折可能更多的是依靠创业企业的自有资源,因此在对内部资源整合的过程中一定要留有余地,以备不时之需。

5. 比选原则:创业者要根据创业项目发展的需要、自身的实力以及这些资源的特点,选择最适合的外部资源。

6. 信用原则:在外部资源的整合过程中,信用和信誉是决定能否长期利用某些资源的关键所在。

7. 提前原则:不能等到需要的时候再去考虑外部资源的整合,应当具有一定的超前眼光,适当提前开始某些外部资源的整合。

(三) 转换

对创业资源进行转换,有三种方式,分别是步步为营、创造性拼凑和合理利用资源杠杆效应。

1. 步步为营:当处于资源匮乏的情形时,创业者可以分阶段地进行资源投入,并在每个阶段或者决策点仅投入最少的资源。具体而言,其做法有如下几种:第一种是采用外包的方式,例如将技术研发外包给专业的公司或者专业的研究所,可以通过利用他们的专业优势来降低成本,同时也能让技术更加先进且成熟。第二种是建立创业园或者孵化基地。第三种则是雇用临时工或实习生,相比正式员工,临时工或实习生在诸如法律成本等各项费用方面存在一定差异,所以在能够保证工作质量的情况下,可以雇用一部分临时工和实习生。

2. 创造性拼凑:指在资源束缚下,创业者为了解决新问题,实现新机会,整合手边现有资源,立即行动,提供独特服务,创造出价值。

3. 合理利用资源杠杆效应:用一种资源补足另一种资源,产生更高的复合价值;或者利用一种资源撬动和获得其他资源。

对于创业者来说,最重要的产生杠杆效应的资源就是人力资本和社会资本。人力资本包括创业者的教育经历、工作经验、个性品质等。社会资本就是创业者的人际关系网络。

实操任务

▶ **任务1 运用SWOT分析法分析创业项目**

【实操任务】

以SWOT分析法为基础,从优势分析、劣势分析、机会分析、威胁分析四个方面出发,分析创业项目。

【实操目的】

在实操中掌握如何使用SWOT分析法分析创业项目。

【实操步骤】

步骤1:小组内初步选择出1个可以用来创业的项目。

步骤2:使用SWOT分析法分析创业项目。

1. 优势分析

根据创业团队实际情况,列举各项优势。

身体方面:

性格方面:

知识方面:

能力方面:

家庭方面:

资源方面:

实践方面:

2. 劣势分析

根据创业团队实际情况,列举不足之处。

身体方面:

性格方面:

能力方面:

家庭方面:

资源方面:

经验方面:

3. 机会分析

收集各级政府、学校对创业的支持政策,列出团队、成本等方面的优势。

政府政策方面扶持:

教育部门的政策扶持:

学校的优惠政策:

团队组合方面:

成本方面:

4. 威胁分析

分析创业的各种威胁因素。

金融环境:

创业教育服务:

创业环境:

竞争性方面:

项目的市场风险:

步骤3:选派代表汇报。

【实操评价】

1. 评价内容

(1)学生参与度

(2)分析维度准确性

(3)分析报告合理性

2. 评价方式

学生成绩由学生自评(20%)、互评(30%)、师评(50%)综合评定,评价表具体如下所示。

小组名称:＿＿＿＿＿＿＿＿＿＿　　　　　　　　　　　　第＿＿＿＿次实操

学号	姓名	自评(20分)	互评(30分)	师评(50分)	总成绩

思考与练习

一、单选题

1. 知识经济时代的创业转型使得智慧、(　　)、创新、速度成为竞争优势的关键来源。

    A. 机遇

    B. 创意

    C. 效率

    D. 科技

2. 竞争对手的失误属于组织机构的(　　)。

    A. 优势

    B. 劣势

    C. 机会

    D. 威胁

3. 下列关于创业项目评估准则的说法错误的是(　　)。

    A. 对于创意型的创业项目,我们要更关心它的进入壁垒问题

    B. 一旦发现创业项目有问题,就要立即淘汰,避免浪费精力和财力

    C. 创业项目的初步评估一般是由创业团队成员自己进行的

    D. 创业项目评估要根据创业者的具体情况具体分析

4. 创业活动的基本条件是(　　)。

    A. 创业环境

    B. 创业机会

    C. 创业性质

    D. 创业目的

5. 好的创业项目在市场前景中,前五年的(　　)会稳步快速增长。

    A. 市场需求

    B. 经济效益

    C. 扩张速度

    D. 市场份额

二、多选题

1. 创业机会至少具备哪些特征是(　　)。

    A. 需求大

    B. 边际利润高

    C. 成本高

    D. 门槛高

2. 下列对"ST"的解释正确的是(　　)。

    A. 多种经营战略

    B. 增长型战略

    C. 减少内部劣势,回避外部威胁

    D. 依靠内部优势,回避外部威胁

3. "因时而动,选择具有前景的行业"是创业项目选择的原则之一,除此之外还有哪些(　　)。

A. 以市场为导向，了解市场需求   B. 因人而异，利用自身优势与长处

C. 量力而行，从小做起、从小利做起   D. 把握好进场的时机

4. 在选定创业项目后，还需要哪些步骤才能最终完成创业项目的选择（   ）。

A. 拟定创业计划   B. 筹集创业资金

C. 办理创业的有关法律手续   D. 创业计划的实施与管理

5. 新兴创业的优势有哪些（   ）。

A. 市场开发难度小   B. 竞争压力小

C. 市场潜力小   D. 回报周期短

三、名词解释

1. 标准打分矩阵评价法

2. 创业资源

四、简答题

1. 常见的创业项目评估方法有哪些？

2. 请简述创业机会识别的基本流程。

五、分析题

如何使用Timmons模型评估创业项目？

第六章
创业项目的策划

▶ **本章导读**

据《21世纪经济》报道：中国每天新注册1万多家企业，平均每分钟会诞生7家；同时，每年大约倒闭100万家，平均每分钟就有2家倒闭。创立起一家企业相对简单，只要遵循一定的程序，准备好材料即可。但是，真正使这个企业蓬勃发展起来、强大起来实则极为不易，这需要创业者对创业项目进行精心地谋划。如何设计产品和服务？如何设计独特的商业模式？怎么把产品和服务销售出去？怎么做出可观的业绩？在创业前进道路上存在什么样的风险？怎么去预测和防范？创业的资金需要多少？这一系列的问题不仅需要创业者有冷静的思考力、理性的判断力、果断的决策力，而且需要创业者拥有创业的系统知识。

本章主要介绍创业项目产品的定位、商业模式的设计、营销策略的选择、项目业绩的分析、项目风险的防控以及创业融资的规划。通过实操活动训练，培养创业项目策划意识，提高创业项目策划能力，从而为创新创业项目的策划打下基础。

▶ 知识结构

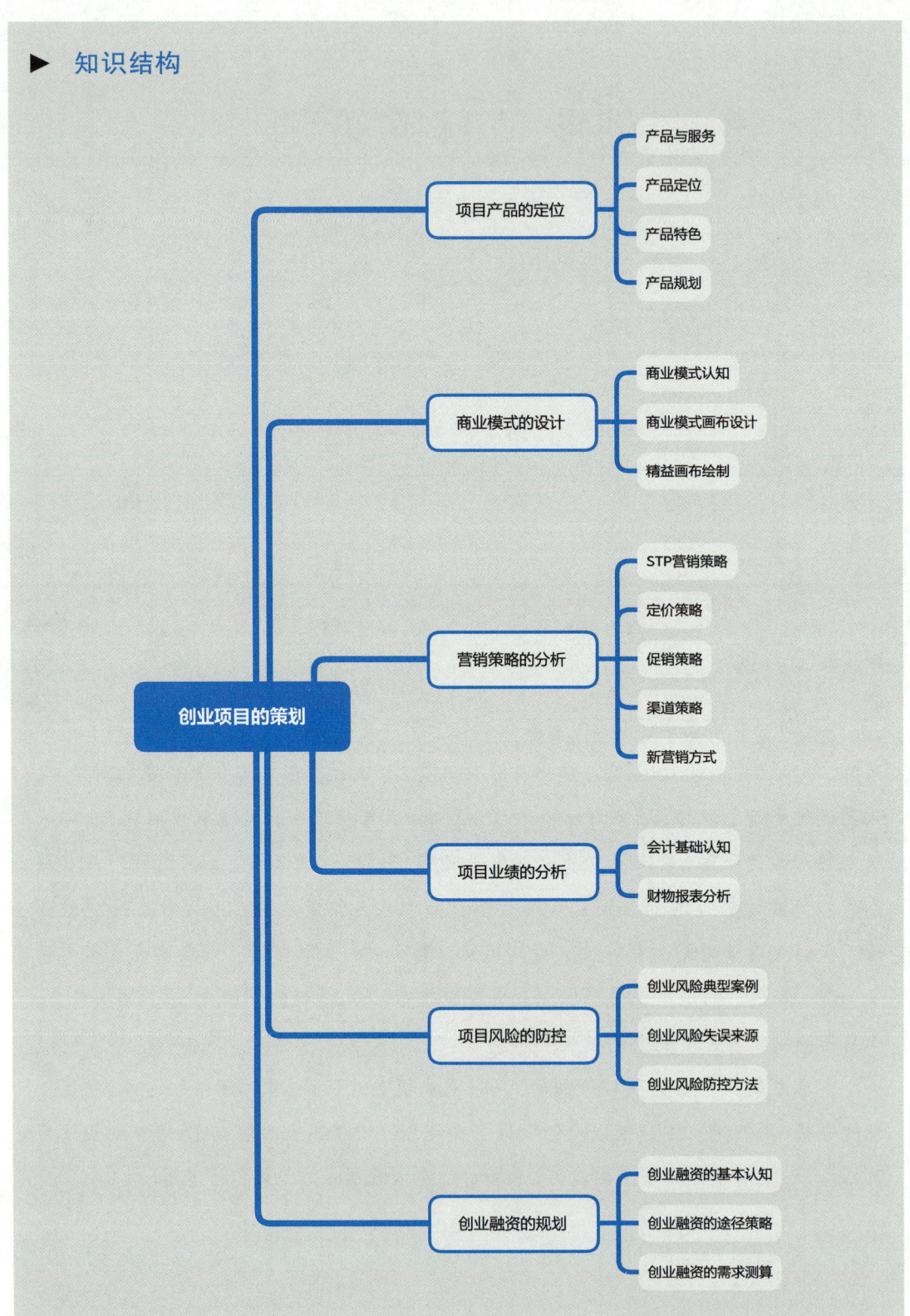

▶ 学习重点

1. 对产品与服务进行准确定位,提炼特色;

2. 设计商业模式;

3. STP营销策略;

4. 项目业绩的分析方法;

5. 创业风险的识别;

6. 融资的渠道及资金需求的测算。

▶ 学习指南

1. 通过资料阅读、慕课学习等方式掌握创业项目策划方法以及基本原理;

2. 通过模拟训练、案例分析、项目实战等方式训练创业项目策划的能力。

第一节 项目产品的定位

▶ 导入

在美国，褪黑素作为一种保健品，能够调节免疫、改善睡眠、延缓衰老。而在中国，一家企业把它命名为"脑白金"，包装成高大上的"孝心礼品"。于是价格就翻了五六倍。一个青瓷罐，在没有产品定位时，放在天猫上售卖既便宜又销量惨淡。如果把它定义为茶叶罐，可以卖29元。而如果把它定义为"宠物骨灰盒"，就能卖258元！因为它成为"爱的纪念"容器。

"孝心礼品""爱的容器"都把功能性产品赋予了情感，同样的产品价格却千差万别。这就是"定义产品的威力"。一个好的产品定位往往来自缜密的产品需求分析，背后有一整套完备的逻辑闭环，让创始人任何时候都可以依靠这个产品定义自圆其说，解答任何问题。

请思考以下问题：

1. 产品定位对产品项目有什么样的意义？

2. 该如何找到一款产品项目合适的定位？

一、产品与服务

产品是向市场提供的，引起注意、获取、使用或消费，以满足欲望或需要的任何东西。既包括有形产品，也包括服务、事件、人员、地点、组织、观念或上述内容的组合。有些产品是有形的商品，如汽车零部件供应商提供的产品主要是有形的产品；有些企业主要提供无形的服务，如管理咨询机构；还有些企业提供的产品是有形产品和无形服务的结合，如华为公司的手机。顾客购买的手机本身是有形的产品，顾客也购买了华为公司提供的无形的软件服务。本书所介绍的产品与服务实质上是有形产品和无形服务产品，后面都统称为产品。

(一) 产品的内涵

产品的内涵是指为用户提供基本的效用或者利益，满足用户的本质需求。简单点说就是我们为什么要使用这款产品？这款产品的价值在哪里？

以豆瓣阅读为例，对于普通读者而言，期望有这样一个平台能够供其进行电子书的阅读；而对于出版社和作者来说，利用豆瓣阅读能够发表原创作品，进而获得影响力以及直接的经济收益；因此，豆瓣阅读的产品内涵即为：一个数字作品的阅读与出版平台。

（二）产品的外延

产品的外延指的是用户在使用或者购买产品时所获得的附加服务或利益。比如豆瓣阅读的"代金券"，所获得的"代金券"能够直接用于购买图书，读完作品后还能赠送给好友，增进朋友之间的交流，在阅读过程中还可以查看别人的阅读标示等，这些细节都能够作为产品的附加值。

（三）产品的理念

产品的理念是指产品的信念和宗旨，是用户使用购买产品时期望得到的价值。这也是产品在用户心里的定位以及公司对于产品的终极期待。

豆瓣阅读致力于成为卓越的数字阅读和出版平台。毋庸置疑，豆瓣凭借其相对权威的书本评价以及受众流量较广的特性，在电子图书出版方面表现得较为专业，对书本的推荐也具有较强的借鉴意义，其作为出版平台已逐渐形成一定的规模和影响力。然而，若要成为优秀的阅读平台，还需要做出新的努力，毕竟其创新之处并不多，在用户的认知里，仍然主要将豆瓣视为书本推荐和评价的工具。

（四）产品的终端

产品的终端是指用户在哪些地方可以使用或者消费产品。例如豆瓣阅读的终端是智能手机、个人电脑，和各类电子书阅读器。深刻理解产品与服务的要素有助于分析产品与服务，透过现象看本质。

（五）产品的层次

企业最终的目标是交付具有真正价值的产品给顾客，成功的企业不是简单地向顾客销售产品，而是销售顾客需要的价值。这是一个产品过剩的时代。很多企业的产品几乎总能在市场上找到同类产品，或者有相似的替代品。因此，创业者开发的产品的核心价值，一定是顾客强烈需求的、与众不同的核心价值。创业者在开发产品与服务的时候需要考虑五个产品层次，即"顾客价值层次"。每个层次都增加了更多的顾客价值。

1. 核心产品

核心产品是产品最基本的层次，是满足顾客真实需要的核心内容，即顾客购买的真实动机。创业者的主要任务就是：发现隐藏在产品背后的顾客的真实需求，并把顾客所需要的核心产品和服务提供给他们。例如，酒店的顾客其实是在购买休息和睡眠。

2. 基本产品

基本产品是满足消费者核心利益的物质表现形式，也就是产品基本的有形形式，是核心利益借以实现的形式。为了满足顾客的各种核心利益，一家酒店的房间就包括了床、盥洗间、毛巾、写字台、梳妆台、衣橱等基本产品。

3. 期望产品

符合消费者喜好的，包括价格、方便性，以及产品功能表现等各个因素。不同的人对这种期望是不同的。酒店的顾客最低期望是要有一张干净的床、新的毛巾、工作台灯，以及相当程度的安静。

4. 附加产品

附加产品这一层次包括供应产品时所获得的全部附加信息和利益，创业者提供附加产品，超过顾客的期望。例如住酒店有接机送机服务、免费的迎宾水果、健身房、游泳池、免费洗衣、免押金，等等。许多企业为顾客增加的服务包括包装、服务、广告、顾客咨询、融资、送货安排、仓储以及送货上门、维修、安装、培训、指导及资金融通等。越是发达的国家，品牌定位和竞争越多发生在这个层次。

5. 潜在产品

包含所有可能在未来产生的改进和变革，公司从中寻找新的方式来更好地满足顾客并使自己与其他竞争者区别开来的新方法。例如，亚朵酒店和网易严选合作在未来会开设更多"所用即所购"的场景电商酒店。有时候也表现为向顾客提供意想不到且令人惊喜的服务，如酒店为顾客提供生日蛋糕或蜜月旅行之类的礼物。

【微课】
产品定位五步法

二、产品定位

一个产品的定位就是寻找产品自身的独特利益点所在,以与其他同类产品有明显的差异,通过这个差异让消费者或者用户能够对产品产生固定的联想。一般而言,产品定位采用五步法,具体如下。

(一) 目标市场定位

目标市场定位是一个市场细分与目标市场选择的过程,即明白为谁服务(Who)。在市场分化的今天,任何一家公司和任何一种产品的目标顾客都不可能是所有的人,对于选择目标顾客的过程,需要确定细分市场的标准,对整体市场进行细分,对细分后的市场进行评估,最终确定所选择的目标市场。

目标市场定位策略:

1.无视差异,对整个市场仅提供一种产品;

2.重视差异,为每一个细分的子市场提供不同的产品;

3.仅选择一个细分后的子市场,提供相应的产品。

(二) 产品需求定位

产品需求定位,是了解需求的过程,即满足谁的什么需要(What)。产品定位过程是细分目标市场并进行子市场选择的过程。这里的细分目标市场是对选择后的目标市场进行细分,选择一个或几个目标子市场的过程。对目标市场的需求确定,不是根据产品的类别进行,也不是根据消费者的表面特性来进行,而是根据顾客的需求价值来确定。顾客在购买产品时,总是为了获取某种产品的价值。产品价值组合是由产品功能组合实现的,不同的顾客对产品有着不同的价值诉求,这就要求提供与诉求点相同的产品。在这一环节,需要调研需求,这些需求的获得可以指导新产品开发或产品改进。

(三) 产品测试定位

企业产品测试定位是对企业进行产品创意或产品测试。即确定企业提供何种产品或提供的产品是否满足需求(IF),该环节主要是进行企业自身产品的设计或改进。通过使用服务或者实体形式来展示产品(未开发和已开发)的特性,考察消费者对产品概念的理解、偏好、接受。这一环节测试研究需要从心理层面到行为层面来深入探究,以获得消费者对某一产品概念的整体接受情况。

首先,需要进行产品概念与顾客认知、接受度的对应分析,针对某一产品或概念,主要考察其可解释性与可传播性。其次，对同类产品的市场进行开发度分析，包括产品渗透水平和渗透深度、主要竞争品牌的市场表现已开发度、消费者可开发度、市场竞争空隙机会，用来衡量产品概念的可推广度与偏爱度。再次，分析实际意义上的产品价格和功能等产品属性定位与消费者需求的关联。最后，探究消费者是否可能将心理的接受与需求转化为行为上的购买与使用，即对消费者的选择购买意向进行分析，以进行企业自身产品定位的最终效果测定。针对企业自身产品定位环节，这一层面包括新产品开发研究、概念测试、产品测试、命名研究、包装测试、产品价格研究等。

(四) 差异化价值点定位

差异化价值点定位即需要解决目标需要、企业提供产品以及竞争各方的特点的结合问题，同时，要考虑提炼的这些独特点如何与其他营销属性综合(Which)。在上述研究的基础上，结合消费者的竞争研究，进行营销属性的定位，一般的产品独特价值定位方法(USP)包括产品独特价值特色定位、产品解决问题特色定位、产品使用场合时机定位、消费者类型定位、竞争品牌对比定位、产品类别的游离定位、综合定位等。在此基础上，需要进行相应的差异化品牌形象定位与推广。

(五) 营销组合定位

营销组合定位即如何满足需要(How)，它是进行营销组合定位的过程。在确定满足目标顾客的需求与企业提供的产品之后，需要设计一个营销组合方案并实施这个方案，使定位到位。这不仅仅是品牌推广的过程，也是产品价格、渠道策略和沟通策略有机组合的过程。解决定位问题，能帮助企业解决营销组合问题。因为在产品差异化很难实现时，必须通过营销差异化来定位。往往新产品上线后如果比较畅销，很快就会有模仿品进入市场，而营销差异化要比产品模仿难得多。因此，仅有产品定位已经远远不够，企业必须从产品定位扩展至整个营销的定位。

三、产品特色

创业者应当在满足顾客基本需求的基础之上，率先推出具有较高价值以及创新特性的产品，凭借独特个性去争取到有利的市场竞争优势地位。打造特色产品的实质其实就是给予顾客一个购买的理由，即为什么购买你的产品而不购买别人的产品。这就要求创业者全力聚焦，将一件事情做到极致，依靠别人无法企及的某种特色来赢得客户。

（一）在原料方面差异化

农夫山泉的水源地位于中国的长白山、千岛湖等地,这些地方的水源具有独特的品质和口感。农夫山泉借助"我们不生产水,只是大自然的搬运工"这一广告语着重凸显其水源的纯净、天然和独特,以及对水源地的保护和管理,来吸引消费者。正是这种对原料差异化的运用以及品牌塑造的策略,让其顺利实现了产品的高定价。这不但为企业带来了更为丰厚的利润,也极大地提升了品牌的价值以及市场竞争力。

（二）在设计方面差异化

美妆品牌花西子以其创新性的产品设计而受到广泛关注。其产品设计融合中国传统文化与现代时尚,打造出具有独特风格的美妆产品。其口红设计运用中国传统微雕工艺,把精美的图案雕琢于口红之上,让口红不单是化妆品,更成为一件艺术品。另外,花西子还推出了诸多以中国传统文化为主题的眼影盘、腮红等产品,像是以中国古代名画获取灵感的眼影盘,实现了传统文化与现代美妆的完美交融。花西子的产品包装设计同样极为注重中国传统文化元素的运用。花西子的创新性产品设计不但深受国内消费者的青睐,在国际市场上也获得了认可。

（三）在制作工艺方面差异化

2017年第三届"互联网+"大学生创新创业大赛金奖的红糖馒头,创始人讲述他们在研究红糖馒头制作工艺时特地奔赴中国台湾学习制作技术,经过100多天研发改良,独创开口笑技术,200多次配比而研制成的红糖馒头大获成功。创始人用互联网产品思维和工匠精神去做馒头,这使得红糖馒头不是凉馒头,而是有温度的馒头。

（四）在渠道方面差异化

华为手机在渠道方面展现出了独特的差异化策略。其不仅拥有广泛的线下实体店和常规电商平台销售渠道,还大力开展运营商合作,推出定制版手机和合约机,借助运营商渠道有效扩大了市场份额。同时,华为极为重视线上直销模式,通过自家官方网站以及各

【拓展阅读】
王老吉的产品定位

大电商平台进行直接销售，极大降低了成本，也能够更精准地把控产品价格和库存情况。此外，华为还充分利用社交媒体平台进行产品推广与销售，通过在微博、微信等平台与消费者积极互动，持续提升品牌知名度和产品销量。在海外市场拓展方面，华为也成绩斐然，积极与当地电商平台和零售商合作，将产品成功销售到全球众多国家和地区。正是凭借这些独特的渠道策略，华为更好地满足了不同消费者的需求，不断推动着产品销量和市场份额的提升。

（五）在功能方面差异化

顾客选购商品是希望具有所期望的某种功效，如飘柔的承诺是"柔顺"，海飞丝是"去头屑"，潘婷是"健康亮泽"，舒肤佳强调"有效去除细菌"，只要在顾客需求的某方面占据顾客心智中的第一位置，就有机会在竞争中胜出。

（六）在服务方面差异化

在各个行业领域中，凡是以"服务至上"为理念的企业，往往会在竞争里占据优势地位。海底捞火锅连锁店在劳动密集型企业中为尊重和激励员工树立了典范，其管理层认为：客人的需求各式各样，仅仅通过流程和制度培训出来的服务员最多只能达到及格水平。所以提升服务水平的关键并非培训，而是去营造能让员工愿意留下来的工作环境。和谐友爱的企业文化使员工产生了归属感，进而将被动工作转变为主动工作，从"要我干"变成"我要干"，让每一位顾客从进门到离开都能够切实感受到其"五星"级的细致服务。这些付出也给海底捞带来了丰厚的回报，一直稳稳地处在所在城市"服务最佳"的榜首位置。

（七）在定价方面差异化

很多商家的降价不是为了实现差异化，而只是为了拉回销量。这样的降价手段，因为对手可以轻松跟进，所以长期来看并不能与竞争对手形成差异。而只有成本控制能力比对手强，降价才能作为实现差异化的手段。因为受限于成本，竞争对手很难持续跟进你的策略，这样低价格才能成为优势。以小米为例，小米手机单品爆款带来的规模效应和砍掉一切中间渠道的做法，已经把小米手机的成本降到了最低，再加上雷军"羊毛出在猪身上"的互联网思维，小米手机的毛利率极低，几乎以成本价出售，让只卖硬件的手机厂商无法跟进模仿。

（八）形象方面差异化

形象因素与设计和制作工艺存在一定关联，但它也能够独立呈现。江小白精准抓住了年轻人强烈的个性主张以及对生活存在感的迫切需求等特点，借助网络元素来进行包装设计,让用户在购买江小白这一行为发生的那一刻,能够安抚用户情绪,为情绪寻得一个释放的出口。表达瓶的DIY设计给予了消费者深度的参与感,满足了用户在情绪表达方面的诉求。江小白那些由用户所设计出来的海量文案,直接击中了用户的情感痛点,和其他宣泄方式相比,江小白显然更懂这群年轻群体,这些都使得江小白在同质化严重的白酒中脱颖而出,别具特色。

形象方面差异化赋予品牌精神和形象,可以满足顾客的某些精神需求,这种精神沟通以实体商品为基点,又脱离于商品实体,为顾客创造了附加的心理价值,可以建立与顾客之间更加牢固、更加密切的情感联系。

◆ 案例分享 ◆

由点及面,让"富鸟村"模式惠及更广

观鸟生态旅游是目前全球排行第二的户外活动,被国际认定为最生态的旅游形式之一。观鸟生态旅游是在不影响鸟类正常活动的前提下,在自然环境中欣赏鸟的自然美,对目的地环境影响的负面作用最小,但却能带来可观的经济效益。

2016年,三明学院毕业的杨水清及早认清了这一点商机,决定回家乡创办云海人家生态农场。彼时他目标明确:要让村民当主角,真正促进乡村振兴。他把村里几户闲置的民房盘活,打造4家观鸟民宿。村里没通公交车,他就组织村民组建"村滴"车队,负责接送观鸟者。邀请村民加入研学团队,成为民俗老师。

2017年开始,"紫云·鸟生态"项目逐步建立乡村鸟点多方位改造振兴方案,配套鸟导教学与资源对接,因地制宜开发特色产品,从而打造乡村观鸟产业链。2018年注册明溪县云海人家生态旅游开发有限公司,同时结合观鸟研学体验营、逐步完善观鸟屋等乡村旅游设施建设,以生态观鸟旅游、乡村研学体验、特色生态农业三大产业为支撑打造观鸟产业链,打响"紫云·鸟生态"品牌,开启乡村振兴新引擎。

人与鸟和谐相处的画面,吸引来了全国各个省份及海外32个国家的观鸟爱好者,也吸引了中央电视台、人民日报、新华社等众多媒体报道。

项目运营至今,已协建13个观鸟村,27个观鸟站,为乡村带来增收超过2862万元,带动277人就业,97人脱贫,累计营业额达1136万元。同时,项目积极对接在云南、江苏、吉林等地校友资源,将"紫云·鸟生态"事业拓展到省外。

对于《全国鸟类多样性观测网络(China BON-Birds)建设进展》报告显示的全国22个省市338个富鸟村来说,13个观鸟村仅是一个开始,但是"富鸟村"的运营模式,无疑提供了一个全

面推进乡村振兴的新模式。

四、产品规划

产品规划是指项目规划人员通过调查研究，在研究市场、探寻客户需求、分析竞争对手、衡量外在机会与风险，以及对市场和技术发展态势综合研究的基础上，根据公司自身的情况和发展方向，制定出可以把握市场机会，满足消费者需要的产品的远景目标以及实施该远景目标的战略、战术的过程。产品规划通常包含市场与行业研究、沟通、数据收集与分析、提出产品发展的远景目标、对产品的长期发展规划进行设计和描述等内容。那么如何进行产品规划？

首先，要根据企业发展战略来做产品规划。一家企业要想长远发展，就需要有战略规划，而产品规划是其中的一个组成部分，需要根据企业的战略规划来做产品规划。

其次，要根据市场的行情和动向来做产品规划。项目是否成功还是需要市场来验证，市场是否对自己的项目认可和支持，是否对自己的项目有排斥和否定，都是自己做规划时重要的参考内容。

再次，要组织专门的人来负责产品规划。一方面要有营销部门的人，另一方面要有生产部门的人，最好还有一些管理层参与其中，这样做出来的产品规划更全面。同时也可以聘请专业的人来帮助企业做产品规划。

最后，必须具备产品规划的详尽方案以及执行标准。进行产品规划最终需落实到实际的运作当中，因而在做产品规划时还需要拟定详细的方案和具体的执行标准，以便员工参考借鉴。

第二节　商业模式的设计

▶ 导入

UR是中国的快时尚品牌，其理念是主打"快时尚"。一般中国传统服装品牌从设计到上市往往需要较长时间，而UR最快能在两周内完成整个流程，平均一个月左右。UR是如何达成这样的效率的呢？UR有自己专业的设计团队，他们时刻关注全球时尚潮流趋势，同时会从各种时尚资讯中汲取灵感，迅速转化为设计方案，接着进入生产环节，最后推向市场。UR的店铺基本也很少补货，一款产品投放一定数量，售罄就不再追加。UR同样很少大规模投放广告，而是选择在繁华商圈开设大型店铺，凭借良好的地理位置吸引消费者。

此外，UR在中国有自己的生产基地，虽然国内人力成本也不低，但通过先进的管理和技术，实现了高效生产，保障了企业的快速运转。UR的这种模式充分展现了快时尚的特点。

请思考以下问题：

1. UR的商业模式定位是什么？

2. 如何找到一款产品项目合适的商业模式？

一、商业模式认知

商业模式就是企业创造价值的核心内在逻辑，它描述了企业如何创造价值、传递价值和获取价值的基本原理。商业模式至少要满足两个必要条件：第一，商业模式必须是一个整体，有一定的结构，而不仅仅是一个单一的组成因素。第二，商业模式的组成部分之间必须有内在联系，这个内在联系把各组成部分有机地关联起来，使它们互相支持，共同作用，形成一个良性循环。商业模式包括企业定位、业务系统、关键资源和能力、盈利模式、自由现金流结构以及企业价值六个要素，这六个要素相互影响，构成有机的商业模式体系。

（一）企业定位

企业定位简单地说就是企业应该做什么。它决定企业应该提供什么特征的产品和服务来实现客户的价值。例如，雀巢前期的目标客户定位在办公室和饭店这些商务领域，后来的定位变为以个人和家庭用户为中心，于是提供了蒸馏咖啡胶囊这种产品。

（二）业务系统

业务系统是指企业达成定位所需要的业务环节、各合作伙伴扮演的角色，与利益相关者合作交易的方式和内容。业务系统是商业模式的核心，高效运营的业务系统不仅是企业赢得竞争优势的必要条件，而且还可能成为企业的竞争优势。

（三）关键资源和能力

关键资源和能力是让业务系统运转所需要的重要的资源和能力，是指企业需要掌握和使用的一整套复杂的有形和无形资产、技术和能力。

（四）盈利模式

盈利模式是指企业通过什么方法获得收入、赚取利润。雀巢公司前期的盈利模式是通过销售咖啡机获取一定的利润，然后再通过持续的蒸馏咖啡胶囊的销售获取利润，也就是所谓的"剃须刀—刀片"模式。

（五）自由现金流结构

自由现金流结构是指企业经营过程中产生的现金收入扣除先期投资后的状况，其贴现值反映了采用该商业模式的企业的投资价值。雀巢蒸馏咖啡项目前期提供的是蒸馏咖啡全套解决方案，需要的投资规模大，现金收入扣除先期投资后的自由现金流和资本收益较低；后期仅仅负责蒸馏咖啡胶囊的品牌管理和销售，虽然现金收入规模减小了，但自由现金流和投资价值反而因此增加。

（六）企业价值

企业价值就是投资价值，是企业预期未来可以产生的自由现金流的贴现值。企业的投资价值由其成长空间、成长能力、成长效率和成长速度决定。

无论处于哪个时期的企业，都要系统设计商业模式，为创业活动提供指导，并将其作为初创企业要实现的理想目标。商业模式是关系到企业生死存亡、兴衰成败的大事。

二、商业模式画布设计

商业模式画布又叫BMC，是Business Model Canvas的缩写。它是由瑞士的亚历山大·奥斯特瓦德在《商业模式新生代》这本书中提出来的强大的通用商业模型。他认为，一个完整的商业模式应该包括4个视角和9个模块，基于此他提出了著名的商业模式画布。商业模式画布包含九大模块：客户细分(CS)、价值主张(VP)、渠道通路(CH)、客户关系(CR)、收入来源(RS)、关键资源(KR)、关键业务活动(KA)、关键合作伙伴(KP)和成本结构(CS)。这9大模块覆盖了商业的四个视角：客户、产品或服务、基础设施及财务能力。

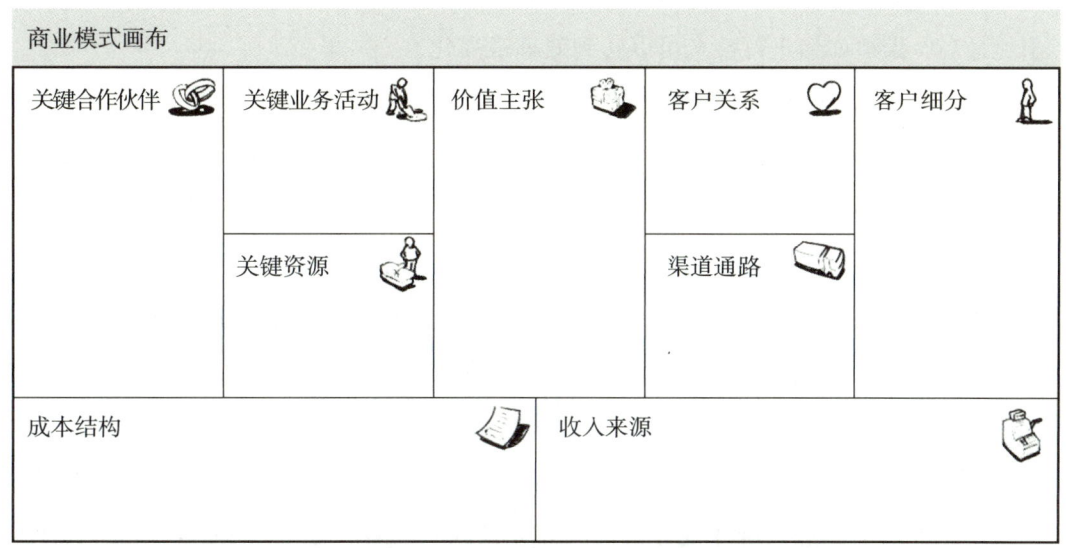

（一）客户细分（Customer Segments）

描述企业的目标用户群体是谁，这些目标用户群体如何进行细分，每个细分目标群体有什么共同特征。企业需要对细分的用户群体进行深入分析，并在此基础上设计相应的商业模式。在此模块，企业应回答两个问题：我在为谁创造价值？谁是我们最重要的客户群体？

【微课】
商业模式的构造

（二）　价值主张（Value Propositions）

描述为细分用户群体创造有价值的产品或服务。这些产品和服务能帮细分用户群体解决什么问题？满足他们的哪些需求？

（三）　渠道通路（Channels）

描述企业通过什么方式或渠道与细分用户群体进行沟通，并实现产品或服务的售卖。渠道通路应描述以下问题：接触用户的渠道有哪些？哪些渠道最为有效？哪些渠道投入产出比最高？渠道如何进行整合可以达到效率最高化？

（四）　客户关系（Customer Relationships）

描述企业与细分用户群体之间建立的关系类型。例如通过专属客户代表与用户沟通、通过自助服务与用户沟通、通过社区与用户沟通等。

（五）　收入来源（Revenue Streams）

描述企业从每个细分用户群体中如何获取收入。收入是企业的动脉，在这个模块应回答企业通过什么方式收取费用、客户如何支付费用、客户付费意愿如何、企业如何定价等问题。

（六）　关键资源（Key Resources）

描述企业需要哪些资源才能让目前的商业模式有效运转起来，关键资源可以是实体资产、金融资产、知识资产和人力资源等。

（七）　关键业务活动（Key Activities）

描述企业在有了核心资源后应该开展什么样的业务活动才能确保目前的商业模式有效运转起来，例如制造更高端的产品、搭建高效的网络服务平台等。

（八）　关键合作伙伴（Key Partnerships）

描述与企业相关的产业链上下游的合作伙伴有哪些，企业和他们的关系网络如何，合作如何影响企业等。

（九）　成本结构（Cost Structure）

描述企业有效运转所需要的所有成本。应分清固定成本和可变成本、成本结构是如何构成的、哪些活动或资源花费最多、如何优化成本等。

在运用商业模式画布时，我们只需依照顺序依次填满9个模块和方格即可，就像我们作画时对画布进行填充一样。当完成这张图的时候，企业的商业模式也就自然而然地形成了。然而需要注意的是，这九大模块的填写并非是完全随意和随机的，而是具有一定顺序的。首先需明确目标用户群体(即客户细分),接着确定目标用户的需求(即价值主张),随后制定接触用户的方式和渠道(即渠道通路),之后确定企业与客户维持何种关系(即客户关系),再接着确定企业的赚钱途径(即收入来源),而后确定实现盈利的关键资源(即关键资源),有了关键资源后制定关键业务活动(即关键业务活动),再确定并评估企业的合作伙伴(即关键合作伙伴),最后确定以上各个环节所产生的成本开支(即成本结构)。

三、精益画布绘制

精益画布是《精益创业实战》作者阿什·莫瑞亚(Ash Maurya,2013)根据亚历山大·奥斯特瓦德的"商业模式画布"方法改良而来的。精益画布更适合作为创业初期团队梳理思路的工具。精益画布是研究产品的商业模式的非常实用的一项工具,是呈现在一张纸上的可视化简明的商业计划书,体现正在进行的、可付诸行动的商业计划。

1问题	4解决方案	3独特卖点	7竞争壁垒	2用户细分
客户最需要解决的三个问题	产品最后需要的三个功能	用一句简明扼要但引人注目的话阐述为什么你的产品与众不同、值得购买	无法被对手轻易复制或者买去的竞争优势	目标用户、客户
产品的商业目标	6关键指标 应考虑哪些东西	一句话描述你的产品	5渠道 如何找到客户如何推广	
8成本分析			9收入分析	
争取客户所需花费,销售花费、网站架设费用、人力资源费用等			盈利模式,收入毛利	

精益画布由九个模块组成:

(一) 问题

目标用户最迫切需要解决的3个问题是什么? 用户有哪些痛点? 可以做一次优先级的排列和组合进行长短期的产品蓝图规划。

(二) 用户细分

你的产品目标用户是谁? 这些用户有哪些关键的特征? 把这一类用户的画像进行详尽的描述和标记,然后找到他们,接近他们,更深入地去了解他们,挖掘他们更多的需求和价值。

(三) 独特卖点

为什么用户要选择你的产品而不选竞品？能用清晰、深刻的方式阐明你的产品更加值得顾客选择吗？这里更加强调的是与同类产品的差异化发展，市面上不需要一模一样的两个产品去比较和竞争。

(四) 解决方案

你为目标客户解决问题的正确方案是什么？既然有问题就必须有对应的答案，每个竞争对手的答案都是不同的，但你一定需要有自己独特和准确的答案。

(五) 渠道

如何将产品或服务送到用户手中，如何与用户保持连接？互联网时代流量为王，不是只要产品好就能被用户发掘和火爆，一定要预先准备好分发、销售和推广渠道，保障产品上线就能直接进入后期运营工作。

(六) 关键指标

哪些数据指标能让你了解产品的真实状况？转化率？访问量？转发量？阅读量？抓住业务核心的关键指标，牢牢盯紧和优化增长。

(七) 竞争壁垒

如何为自己的产品构建护城河？不会被对手或竞品轻易复制的门槛在哪儿？很多情况下，IT技术层面的门槛其实并非是难以逾越的障碍。要不然，我国的互联网顶层服务也不可能在短短二十年内就追赶上硅谷的那些传统大厂。

(八) 成本分析

做这个产品的直接成本和间接成本都有哪些？人力、劳动力、外包费用和管理费用等。

(九) 收入分析

产品如何赚钱？收入能大于成本吗？怎么持续发展？到哪个时间点才可以达到盈亏平衡？相信这也是每个投资人非常关心的侧重点。

◀ 案例分享 ▶

生态优先，让绿水青山成为金山银山

习近平总书记曾深刻地指出，生态资源是福建最宝贵的资源，生态优势是福建最具竞争力的优势。立足三明这张"中国绿都"的城市名片,三明学院毕业生杨水清和项目团队始终牢记,"观鸟同时要保护鸟、保护鸟生态",真正做到了"尊重自然、顺应自然、保护自然"的全面建设社会主义现代化国家的内在要求。

杨水清把自己埋在各种关于鸟、摄影的书籍里,通过保护区认识了厦门大学、华侨大学等高校的教授,不断向他们请教鸟的习性、保护方式等问题,他还经常外出去各地参加各类生态保护、摄影的论坛、沙龙。

项目团队则积极探索实践,通过两年的时间,基于紫云村打造观鸟生态游与完整观鸟产业链样板,指导村民建立稳定观鸟点,围绕观鸟生态旅游建立"观—食—宿—行"一体化服务,多方位打造健全乡村鸟点体系。

团队指导村民运用科学的布景技术、保育技术等建立稳定观鸟点,不仅解决了村民乱搭乱建破坏环境的问题,还组织村民积极参与绿化自然、恢复生态环境的活动,逐步提高村民的爱鸟护鸟和生态环境保护意识。目前,已指导建设27个观鸟点,同时,与旦上村、后溪村等7个村庄合作种植了鸭间稻90亩,建立了鸟主题文化民宿4幢,培训了25名村滴司机,带动277名村民就业等。越来越多村民加入进来,一起开发观鸟点,一起接待游客,一起生产生态农产品,提高了收入,实现了精准扶贫。

为提高明溪紫云观鸟点知名度,团队通过与福建省观鸟协会、阳光鸟会等机构合作,开展了30场生态讲座、观鸟比赛等,生态多样性嘉年华进校园6期,参与活动的人数近万人,拓展了观鸟渠道,进而推进打造观鸟品牌。

项目与国家级君子峰自然保护区、全国大学生"绿色营"、闽学书院等12个机构合作,打造研学基地,开设野外自然探索、红色分享、犁田插秧、闽学文化等研学课程。同时,在君子峰国家级自然保护区紫云管理所成立学生社会实践基地,专门开设针对大学生、不同年级的中小学生的差异化生态环境实践及文化教育课,实现生态文化教育。

同时,结合地缘优势,团队改良及推广"有机鸭间稻",开展荒野茶重生共享众筹计划,发展特色生态农业,因地制宜打造特色产品。通过努力,紫云村当地农产品已经取得了对生态农产品严格把关的"古老农耕"商城合作;同年还与"京东e商城"达成合作协议,入驻"明溪扶贫馆"。

从生态观鸟、体验闽学文化、开展生态教育到地方绿色农业发展,项目从紫云出发,辐射周边区域,探索出一条"帮扶、升级、链接"的全新观鸟产业链商业模式,真正实现富鸟村的乡村振兴,也将"绿水青山就是金山银山"的理念贯彻到底。

第三节　营销策略的分析

▶ 导入

据全球著名数据调研机构Counterpoint的报告显示,小天才早在2019年就成为全球智能手表销量第三的品牌,其中前两名是针对成人市场的苹果和三星,在儿童电话手表领域,小天才的销量和市场占比皆为全球最高。中国儿童数量庞大,消费需求惊人,将儿童作为市场细分依据之一让小天才电话手表有足够的市场消费规模和潜力,创造了销售奇迹。

步步高通过大量数据分析了解到,儿童失踪是每一个家长的噩梦。据不完全统计,中国每年失踪的儿童有20万人左右,找回来的大概只有0.1%。中国儿童数量足以支撑可穿戴手表的市场需求规模和潜力,小天才以人文变量中的年龄作为市场细分依据之一,同时验证了家长作为购买者有防范孩子走丢的需求,从而确定了用户与企业的价值载体——儿童手表。而穿戴手表技术在业内已有雏形,但消费对象主要是成年人。儿童穿戴手表有很大的市场需求,相对于其他成年智能穿戴设备,小天才电话手表更突出产品的"社交"与"安全"。"社交"满足了孩子的需求,"安全"解决了家长的痛点。例如,步步高通过高效的市场细分确定儿童手表的市场机会,并结合自身资源情况开展产品开发及营销活动,取得中国前五大可穿戴设备厂商出货第4名的佳绩。

请思考以下问题:

1. 小天才电话手表取得成功的主要原因是什么?

2. 小天才电话手表是如何抓住细分市场的?

一、STP 营销策略

STP是营销学中营销战略的三要素。在现代市场营销理论中,市场细分(Market Segmenting)、目标市场(Market Targeting)、市场定位(Market Positioning)是构成公司营销战略的核心三要素,被称为STP营销。

(一) 市场细分

市场细分是指营销者通过市场调研,依据消费者的需要、欲望、购买行为和购买习惯等方面的差异,把某一产品的市场划分为若干消费者群体的细分市场的过程。

1. 市场细分的条件

市场细分的前提——消费者需求的异质性。一般情况下顾客的需求千差万别,可以按照一定的标准寻找和发现它们的相似之处,从而形成稳定的细分市场。异质性需求是指由于消费者所处的地理位置、社会环境不同,自身的心理和购买动机不同,造成他们对产品的价格、质量和款式等方面需求的差异性,这种需求的差异性就是我们市场细分的基础。

市场细分的外在条件——企业资源的有限性和市场竞争的客观性。中小企业自身资源有限,不可能同时满足所有消费者的全部需求。此外,企业面临着激烈的市场竞争,要求企业形成自己的竞争优势,也必须集中资源服务于目标市场,才能获得持续发展。

2. 市场细分的特征及作用

企业进行市场细分是通过对顾客需求差异定位,来取得最大的经济效益。但另一方面,产品的差异化必然导致生产成本和推销费用的相应增长。所以,中小企业必须在市场细分取得的收益与增加的成本之间做权衡。由此,我们得出有效的细分市场必须具备以下特征:可衡量性、可盈利性、可区分性、可实施性。

市场细分的作用在于运用市场细分手段有利于了解目标顾客群存在的需求和满足程度,从而发现市场机会,避免不必要的"机会损失";有利于中小企业精准开展市场营销,有针对性地开展营销活动,发挥优势来获取更大差别效益的市场机会;有利于中小企业精准开发适销对路产品,从而提高自身竞争力,取得最大经济效益。

(二) 选择目标市场

目标市场是企业在市场细分的基础上,根据市场潜力、竞争对手状况、企业自身特点所选定和进入的市场。为提高企业经营效益,中小企业只能在市场细分基础上,根据自己的目标、资源、特点等准备相应的产品和服务满足一个或几个子市场。

【测一测】
你的销售能力如何?

目标市场通常必须是具有最大潜力，能为自己带来最大利润的细分市场。一般企业在确定目标市场时，应考虑以下几个条件。第一，组成细分市场的顾客群体是具有类似的消费特性；第二，所选择的目标市场是竞争对手尚未满足的、尚未被竞争者控制或垄断的，企业能够占领的市场；第三，细分市场上有一定的购买力，有足够的销售量及营业额，保证企业能获得足够的经济效益；第四，企业必须有能力满足目标市场的需求。

中小企业选择了自己的目标市场后，必须在该目标市场上实施相应的市场营销策略，配合该目标市场各方面的发展。可以选择的目标市场策略如无差异性市场策略、差异性市场策略、集中性市场策略。

（三）找准市场定位

市场定位是由美国营销学家艾·里斯和杰克特劳特在1972年提出的，其含义是指企业根据竞争者现有产品在市场上所处的位置，针对顾客对该类产品某些特征或属性的重视程度，企业塑造与众不同的、给人印象鲜明的形象，并将这种形象生动地传递给顾客，从而使该产品在市场上确定适当的位置。

市场定位的核心是企业为产品或服务设计和塑造一定的个性或形象，然后通过不断的传播强化，去占领消费者的心智记忆，从而让他们记忆反射性地购买该品牌产品。中小企业可以向顾客提出一个他们应该购买的强烈理由，明确自身的竞争优势，以及能给顾客带来的核心利益和服务。

二、定价策略

（一）新产品定价策略

新产品投入目标市场中，能否占领市场，获得消费者的青睐，除了产品本身质量、性能过硬以及必要的促销策略，符合该产品定位的定价策略尤为重要。新产品入市，我们可以采取以下两种定价策略。

1. 低价渗透策略

低价渗透策略也称为渗透策略，即中小企业为了迅速占领市场、打开产品销路，尽量将该产品价格压低，采取薄利多销的方式，利用低价的优势把产品逐步渗透到市场中去。在当今市场激烈竞争的环境下，采取这种低价策略，会让竞争者产生价低利少，甚至无利可图的假象，从而抑制竞争者进入市场，保持在市场上的鳌头地位。当然使用这种策略也有不足之处，即投资回报期较长，因此，这种策略适用于技术较简单、同行易仿造、竞争较激烈的产品，或生命周期较长、价格弹性较大的产品。

2. 快速撇脂策略

快速撇脂策略，即在产品投入初期，中小企业将价格拔高，以便在短期内能获得较高的利润，尽快收回投资成本。当新产品投入市场时，由于具备技术等方面的优势，竞争对手无法快速模仿，且产品的需求弹性小。因此，只要产品质量过硬，利用高价反而可以满足部分消费者求新、求异的消费心理。当然使用高价策略时，会存在一定风险。因为价格定得过高，一旦销售不利，产品就会有夭折风险，另外高利润还会招来竞争者仿制，从而使竞争加剧。但快速撇脂策略一般适用于价格需求弹性小、产品生命周期短、更新换代快的产品。而且当采用快速撇脂策略时，往往需要配合投入大量的促销手段让产品的知名度迅速上升，这样才能快速回收投资。

(二) 产品组合定价策略

产品组合定价策略是利用不同组合产品之间的关系和市场表现进行灵活定价的策略，一般是对相关商品按一定的综合毛利率联合定价。例如对于互替商品，中小企业适当提高畅销品价格，降低滞销品价格，以保证后者销售，使两者销量能够相得益彰，从而提高中小企业盈利水平；对于互补商品，有意降低购买率低、需求价格弹性高的商品价格，同时提高购买率高而需求价格弹性低的商品价格，从而达到互补商品销售量同时增加的良好效果。

1. 产品线定价策略

目前市面上一家公司销售的产品往往是一个产品线而非单一产品。例如，某服装店对某类型女装制定三种价格：188元、358元、498元，在消费者心目中形成低、中、高三个档次，消费者自然会在购买时根据不同的消费水平选择不同档次的服装。中小企业可以根据实际情况相应设计"引流款""利润款"。采用这一定价策略需留意商品档次划分得当，商品档次既不可划分得过细，也不可划分得过粗，价格档次之间的差距既不能过大，也不能过小，而要具备一定的层次性。

2. 产品束定价策略

产品束定价也可以称为套餐定价，就是把相关产品组合成一个套餐，套餐的总价比单独购买套餐中的每个产品的单价之和更低，有较大的折扣，这种定价称为产品束定价。例如，某小型游乐场共有5个游乐项目，每个项目票价分别为30元、40元、30元、50元、50元，通票定价为120元。如果消费者并不打算购买其中所有的产品，那么这一组合产品的价格必须有较大的降幅，才能推动消费者购买。

3. 副产品定价策略

副产品定价策略一般是制造业常用的定价方法，在其主产品的副产品可以销售的状况下使用。例如在生产加工肉类、石油产品和其他化学品的过程中，经常有副产品产生。这种定价法强调，当副产品的价值比较低、销售或处理的成本又比较高时，最好不要让副产品影响主产品的定价，或者制造商确定的价格必须能够弥补副产品的处理费用。相反，如果副产品的价值相当高，制造商可以让主产品定一个很有竞争性的低价位，占领更多的市场份额，然后通过副产品的销售赚取利润。

4. 补充产品定价策略

某些产品的使用除了产品本身，还需要其他的配套产品，而这种配套产品通常是易耗品，在这种前提下，中小企业可以把这种产品的价格定得低些，仅有微利甚至不考虑其成本和利润，使它的互补产品需求增加，以达到利润最大化。例如：将彩色喷墨机的价格降低，而提高其配套的墨盒价格，以此来补贴喷墨机的利润。当然，如果这个商家只生产该产品而没有生产配套产品，则不适合该定价策略。

三、促销策略

促销是营销者向消费者传递有关本企业及产品的各种信息，说服或吸引消费者购买其产品，以达到扩大销售量目的的一种活动。中小企业把产品或服务通过各种形式向目标市场上的消费者进行说明，从而唤起消费者的购买欲望、促进和影响消费者采取购买行为的活动。

（一）推式策略

推式策略即人员推销策略，指中小企业以中间商为主要促销对象，把产品推入分销渠道，最终推向市场。这种推式策略要求人员针对不同客户、不同产品采用相应的推销方法。

（二）拉引策略

拉引策略指以最终消费者为主要促销对象，中小企业运用营业推广、公共关系等促销方式，向消费者展开强大的促销攻势，激发消费者对商品的兴趣，使其向经销商询问这种商品，从而达到扩大销售的一种策略。

(三) 推拉结合策略

当前市场竞争愈加激烈，单独采用推式策略或拉引策略还不能完全满足中小企业促销的要求，因此，在营销预算足够的情况下，中小企业应把上述两种策略结合起来。中小企业采用先推后拉、先拉后推或推拉同步进行，来展开对中间商和消费者的促销攻势，均称为推拉结合策略，以此来达到实现中小企业的营销目标。

四、渠道策略

渠道是商品分销活动的载体，渠道的形成和运作受到许多方面因素的影响和制约。营销渠道是产品或服务在生产环节之后所经历的一系列途径，终点是被最终使用者购买并消费。根据产品在流通过程中经过的流通环节的多少，可以把渠道划分为直接渠道和间接渠道两种类型。

(一) 直接渠道

直接渠道指中小企业没有通过中间商，直接将产品销售给消费者。一般来说，工业品和线上模式均会采用直接渠道进行分销，例如大型设备、专用工具及技术复杂需要提供专门服务的产品，都采用直接分销的方式；消费品中有部分也采用直接形式。其优点为：

1. 产需双方可以有效地直接对话，实现沟通，让生产企业可以按需生产，更好地满足目标顾客的需要。

2. "没有中间商赚差价"，由于去掉了产品流转的中间环节，减少了中间环节的层层分润，可以更好地让利于终端消费者。

3. 购销双方的合作比较稳定，生产企业的市场掌控力更强。一般来说，按直接渠道进行商品交换，交易双方的信息交互比较及时和稳定，双方的合作关系比较稳定。

4. 促销效果较好。企业进行上门推销，可以直接推进用户订货，同时又扩大了企业和产品在市场中的影响力，又进一步促进企业的销售。

直接渠道也有其缺点：

1. 销售渠道建设周期较长；

2. 市场占有率不高；

3. 广告宣传力度不够。

(二) 间接渠道

间接渠道指中小企业经过一个以上的中间商向消费者销售产品的分销渠道。目前市面上消费品的销售以间接渠道居多。其优点如下：

1. 有助于中小企业迅速地占领市场。中间商往往在当地具有一定资源，中间商介入，能够节省中小企业的营销成本，减少中小企业资金占用和耗费。

2. 有助于中小企业扩大产品销售区域。中间商的介入，能够帮助中小企业扩大销售区域，甚至占领生产企业无法到达的市场区域，有利于整个社会生产者和消费者。

3. 有利于中小企业的专业化协作。现代工业化大生产的专业化分工日益精细，中小企业之间只有广泛地开展专业化协作，才能更好地集中精力进行生产，促进中小企业间的专业化协作，提高生产经营的效率。

间接分销渠道的缺点：

1. 可能形成"需求滞后差"；

2. 可能导致终端销售价格的提高；

3. 不便于直接沟通信息。

伴随互联网的迅猛发展，任何一家中小企业都已无法置身于互联网之外，因此，在中小企业构建渠道网络的进程中，必须将线上与线下渠道予以综合考量，使线上和线下渠道相互融合，我们将此称为立体渠道。不管是传统企业还是现代企业，都要依据自身的实际状况建好线上和线下渠道，如此方能在市场竞争中屹立不倒。

五、新营销方式

（一）精准营销

所谓精准营销，是指使用信息技术精准定位客户，在企业获得客户信息、市场反馈信息后，再进行全面的分析和筛选，结合精细化营销流程分类市场，并基于客户喜好精准投放广告，提高客户点击率和产品销售率的一种营销方法。运用精准营销数据，企业能够建立个性化的客户关系管理，保持和客户的永久关联。同时，还能帮助企业实现低成本、高回报的营销渠道，提高企业的市场竞争优势。精准营销主要包含三个内容：

1. 客户的精准

从企业的经营层面而言，资源是有限的，不论企业具备怎样庞大的体量与规模，都不可能满足消费者的所有需求，毕竟顾客的需求始终处于不断变化之中。企业在营销过程中，为了能够获取更多消费者的关注并激发其购买欲望，就不得不大力加强宣传、促销以及开展活动来吸引客户。然而，每个公司在销售费用上的投入都是有限的，所以如何把有限的资源投放到真正能够产生效益的地方就显得极为关键。选择精准的客户人群,展开精准营销,以减少浪费,明确目标客户的需求与消费习惯,利用有限的资源进行广告、活动、促销的组合投入,由此提升品牌在消费者中的曝光度与美誉度,进一步激发消费者购买的可能性。市场的竞争极为激烈,从竞争的视角来看,企业必须对客户进行剖析,在目标市场中,通过定位后集中资源进行投入,才能够获取更大的收益。例如知名的汽车品牌蔚来汽车,在确定了顾客群体为男性精英阶层之后,所进行的从产品到品牌宣传,再到顾客服务等一系列操作都围绕着男性精英阶层展开,倡导"创造愉悦的生活方式",围绕这一主题,开展了各式各样的线下活动,并在腾讯体育这一男性收视率极高的体育赛事直播软件上进行了精准的广告投放。

2. 产品的精准

产品是企业实施精准营销的载体,而精准营销的目的在于让真正具有购买需求的消费者能够体验到企业的产品。产品所指的是能够提供给市场,能够满足人们欲望和需求的任何事物,涵盖实物、服务、场所、组织、思想等。为了能更好地满足市场需求,提升质量、改进包装形象以及加大宣传力度都是必要的。故而,能够让企业所服务的客群更好地体验到企业的产品服务,并对此形成依赖,这是一家企业成功营销的前提条件。倘若只有大力的宣传,而产品却无法满足客户的需求,那么就会导致老顾客失望,对品牌产生负面的影响。例如新兴品牌元气森林,在经过充分的调研后,发现存在大量年轻人热衷于喝碳酸饮料,却担忧发胖这一需求。针对这一消费需求,它率先推出元气森林零蔗糖、零卡路里、零脂肪的概念产品,完美契合了这部分消费者的需求,其销量在2020年达到了20亿元。

3. 技术的精准

精准营销离不开当下的互联网技术,精准定位客户的前提是必须有互联网技术作为支撑。借助互联网大数据能够提供顾客的年龄、性别、购物习惯等信息,进而精准确定目标群体。利用LBS定位系统,在开展O2O时便能够给目标顾客推荐附近的门店,从而方便消费者进行购买以及门店进行配送。在进行广告投放时,同样离不开互联网技术,广告投放可以运用大数据资源将广告推送至目标年龄、性别的消费者,以此达到提升广告转化效果的目的。在进行老客户维护时,通过会员系统,能够实现查询老客户购买记录,从而实现跟踪消费者购买频次的功能,对沉默客户进行唤醒,对新客户进行及时回访,间接地提升了复购率。

(二)　短视频营销

伴随着信息碎片化以及时间碎片化的趋势,短视频因其制作简单、具有较强的互动性和社交性,迅速成为一种新型的网络营销载体。Quest Mobile发布的《2021中国移动互联网年度大报告》表明,截止到2021年12月,短视频行业的月活跃用户数已达9.20亿人,同比增长5.5%,月人均使用时长为3192分钟。这些数据显示,短视频的使用时长已然超越了即时通信,成为占据人们网络使用时间最长的娱乐项目,其增长势头极为迅猛。短视频的产生与流行是符合大众行为模式的。

短视频营销的概念分为狭义和广义两种。狭义的短视频营销是指通过数码技术将产品营销现场实时视频图像信号和企业形象视频信号传输至互联网上;广义的短视频营销是指企业将各种视频短片以各种形式放到互联网上,达到一定宣传目的的营销手段。视频广告的形式类似于电视广告,但投放的平台却是互联网。短视频的内容可以是企业产品、企业形象等直观内容,也可以是一些间接信息,如公益宣传、动画影像等。目前短视频营销主要有四种模式:贴片广告、"病毒"营销、UGC模式和视频互动模式。

1. 贴片广告模式

贴片广告指的是在短视频片头片尾或插片播放的广告,以及背景广告等。作为最早的短视频营销模式,贴片广告可以算是电视广告的延伸,其背后的运营逻辑依然是媒介的二次售卖原理。现在比较流行的是网络独播中定制的相关产品视频广告,因为定制化、趣味强,受到用户喜爱。

2. "病毒"营销模式

"病毒"营销是另一种重要的短视频营销模式,借助好的视频广告,企业的营销活动可以实现无成本的互联网广泛传播。短视频"病毒"营销的发生原理可以概括成"内容即媒介",好的短视频自己会传播,能够不依赖需要购买的媒介渠道,靠无法阻挡的魅力俘获无数网友作为传播的中转站,以病毒扩散的方式蔓延。如何找到品牌诉求的"病毒"是企业营销人需要重点思考的问题,最好的办法就是在进行短视频创意时尽力使广告更加软性化、可乐化、轻松化,这样才能更好地抓取消费者眼球并促成"病毒"。

3. UGC营销模式

UGC(User Generated Content)是用户产生内容,简而言之,这种模式就是调动民间力量参与视频的积极性,主动产生作品。最简单的形式就是以征文的形式征集与企业相关的视频作品。虽然UGC营销模式超越了普通的单向浏览模式,让用户与品牌高度互动,将品牌传递方式提升到用户参与创造的高度，增加了品牌黏性，深化了广告效果。但是UGC这种网络视频营销模式也有一些潜在的"风险"，例如那些希望借力网络视频的公司必须放弃一些对于言论的控制，而且必须为观众可能发出的回应做好准备。

4.视频互动模式

视频互动模式类似于早期的Flash动画游戏。借助技术，企业可以让短视频里的主角与网友真正互动起来。用鼠标或者键盘就能控制视频内容，这种好玩有趣的方式，往往能让一个简单的创意取得巨大的传播效果。随着手机、无线网络的加入，这种互动模式还在继续开发中。

(三) 直播营销

直播营销是一种以直播平台为载体，在直播的同时发生和传播直播事件的营销方式。让观看者与主播实时互动的同时，可以实现购买行为。与其他在线营销方式相比，网络直播的营销方式更实时、更有趣、更具互动性，可以显著提高客户留存率。网络直播是一种新的营销形式，可以通过直播取代传统媒体，可以利用网络数据了解和把控产品的售前、售中、售后环节。直播营销目前主要有以下三种经典模式。

1.品牌+直播+名人

名人进驻直播间为品牌进行直播带货是目前相对成熟，且更容易取得营销效果的一种模式。名人本身具有很强的号召力，拥有庞大的粉丝群体。名人效应能够快速的吸引消费者的关注，在直播过程中产生巨大的流量，为品牌带来真金白银的销量，同时直播品牌运营商通过直播活动获得了庞大的直播用户群体。因此，很多企业的第一优选便是通过选择和自身品牌形象定位一致的名人进行直播，以此来塑造和强化自己的品牌。名人也可以通过直播获得物质的奖励，同时也可以提升自己的直播影响力。

2.品牌+直播+发布会

传统的新品发布会是我们常见的各种大型的线上和线下媒体联合举办的活动。在这个过程中，企业需要为发布会场所支付高额的租金，邀请各类名人和媒体机构等，整体的成本较高。随着网络直播的发展，越来越多的企业已经开始慢慢转型，转向以线上网络直播的形式举办发布会。直播平台上的发布会与之前的发布会大不相同，发布会地点可以是企业的某个办公室，而不必局限在会场，这样大大降低了企业的成本。

与此同时，参与的观众覆盖面更广，大家的互动方式也多样化，更有趣。这种纯粹在线直播的新品发布会除了实现原有的发布会的效果，它还是一场成功的营销活动，实现较强的品牌话题性。

3. 品牌+直播+企业日常

在这个人人直播的时代，我们生活中的各种日常活动均可用于直播，以打造和宣传个人IP。同样，对于企业而言，伴随网络直播的发展，直播同质化的问题愈发突出。消费者对直播的套路已然颇为了解，对于企业精心制作的宣传视频已缺乏新鲜感，反倒是真实记录企业日常活动的直播愈发受到消费者的青睐。企业的日常包含企业研发或生产的过程、企业开会的情形、员工的工作环境等，这些都能够作为直播的素材。消费者借助网络直播，能够更好地知晓企业的产品详细信息，洞悉企业的"机密"。网络直播在吸引观众注意力、满足消费者好奇心的同时，也实现了出色的企业品牌营销，取得了良好的宣传成效。

第四节 项目业绩的分析

▶ **导入**

　　A公司是本行业的标杆企业,但近两年公司的盈利情况却不大理想。为了找出原因,董事长决定让各部门经理出言献策。身为财务总监的王某,决定从财务角度来探究原因。在调查中,王某通过分析利润表与各项总分类账,查出了带动公司盈利的"标兵"产品以及造成公司亏损的"拖油瓶"产品;通过分析现金流量表,发现了现金使用的短板与不合理之处;通过将各类资产明细账与预算资料相结合进行分析,总结出了各类资产在使用中存在的问题。王某将上述信息进行整理后,对相关问题提出了相应的解决办法,然后连同问题与解决方案一同提交董事会。公司董事会经过研究讨论后,采用了王某的部分建议。经过一番整改后,公司的盈利情况大有好转,王某也因此得到了加薪奖励。王某成功地找出企业存在的问题并提出决策建议,就是对所掌握会计知识的运用,也是会计在企业经营管理中经济意义的体现[①]。

　　请思考以下问题:

　　1.什么是财务会计? 财务会计包含哪些要素?

　　2.财务报表主要有哪些作用?

一、会计基础认知

(一) 会计的定义

　　会计是以货币为主要计量单位,采用专门方法和程序,对企业和行政、事业单位的经济活动进行完整的、连续的、系统的核算和监督,以提供经济信息和反映受托责任履行情况为主要目的的经济管理活动。

(二) 会计的要素

　　会计要素是根据交易或者事项的经济特征所确定的财务会计对象和基本分类。会计要

---

① 曾勤. 新编会计业务从入门到精通 [M]. 北京:人民邮电出版社,2017:473.

素按照其性质分为资产、负债、所有者权益、收入、费用和利润，其中，资产、负债和所有者权益侧重于反映企业的财务状况，收入、费用和利润侧重于反映企业的经营成果。

1. 资产

资产，是指企业过去的交易或者事项形成的，由企业拥有或者控制的，预期会给企业带来经济利益的资源。根据资产的定义，资产具有以下三方面特征：资产应为企业拥有或者控制的资源；资产预期会给企业带来经济利益；资产是由企业过去的交易或者事项形成的。

2. 负债

负债，是指企业过去的交易或者事项形成的，预期会导致经济利益流出企业的现时义务。根据负债的定义，负债具有以下三方面特征：负债是企业承担的现时义务；负债预期会导致经济利益流出企业；负债是由企业过去的交易或者事项形成的。

3. 所有者权益

所有者权益，是指企业资产扣除负债后，由所有者享有的剩余权益。公司的所有者权益又称为股东权益。所有者权益是所有者对企业资产的剩余索取权，它是企业的资产扣除债权人权益后应由所有者享有的部分，既可反映所有者投入资本的保值增值情况，又体现了保护债权人权益的理念。所有者权益的来源包括所有者投入的资本、留存收益等，通常由股本(或实收资本)、资本公积(含股本溢价或资本溢价、其他资本公积)、盈余公积和未分配利润等构成。

4. 收入

收入，是指企业在日常活动中形成的、会导致所有者权益增加的、与所有者投入资本无关的经济利益的总流入。根据收入的定义，收入具有以下三方面特征：收入是企业在日常活动中形成的；收入是与所有者投入资本无关的经济利益的总流入；收入会导致所有者权益的增加。

5. 费用

费用，是指企业在日常活动中发生的、会导致所有者权益减少的、与向所有者分配利润无关的经济利益的总流出。根据费用的定义，费用具有以下三方面特征：费用是企业在日常活动中形成的；费用是与向所有者分配利润无关的经济利益的总流出；费用会导致所有者权益的减少。

6. 利润

利润，是指企业在一定会计期间的经营成果。通常情况下，如果企业实现了利润，表明企业的所有者权益将增加；反之，如果企业发生亏损(即利润为负数)，表明企业的所有者权益将减少。

(三) 会计等式

会计等式，又称会计恒等式、会计方程式或会计平衡公式，是表明会计要素之间基本关系的等式。资产表明企业拥有什么经济资源和拥有多少经济资源，负债和所有者权益表明经济资源的来源渠道，即谁提供了这些经济资源。因此，资产和负债、所有者权益三者之间在数量上存在下列恒等关系，用公式表示如下：

$$资产＝负债＋所有者权益$$

这一等式反映了企业在某一特定时点资产、负债和所有者权益三者之间的平衡关系，因此，该等式被称为基本会计等式或静态会计等式，它是复式记账法的理论基础，也是编制资产负债表的依据。

企业进行生产经营活动的目的是获取收入，实现盈利。企业在取得收入的同时，必然要发生相应的费用。通过收入与费用的比较，才能确定一定期间的盈利水平，确定实现的利润总额。在不考虑利得和损失的情况下，它们之间的关系用公式表示如下：

$$收入－费用＝利润$$

这一等式反映了企业利润的实现过程，被称为经营成果等式或动态会计等式。收入、费用和利润之间的上述关系，是编制利润表的依据。

二、财务报表分析

(一) 财务报告及内容

1.企业财务会计报告

企业财务会计报告，是指企业对外提供的反映企业某一特定日期的财务状况和某一会计期间的经营成果、现金流量等会计信息的文件，是会计工作的最终产品。企业的财务

【微课】
财务报表的结构

会计报告主要有以下三方面作用：是管理当局了解企业资金、成本、盈利情况及进行经营决策和计划的重要依据；是投资者和金融机构进行投资决策和贷款决策的信息来源；是财税部门监督检查企业财经纪律遵守情况和经济管理部门加强宏观调控的主要依据。

2. 财务会计报告的内容

企业的财务会计报告，由会计报表和财务状况说明书等内容组成。

(1) 会计报表

企业的会计报表，是根据日常会计核算资料编制，用以反映企业财务状况和经营成果的综合指标体系。会计报表按其用途，可分为向外提供的会计报表和企业内部管理需要的会计报表。

企业向外提供的会计报表，由财政部统一规定报表的格式及填制指标项目，所有的企业都必须按期编制并提供给有关部门。按照现行会计制度的规定，采用企业会计制度的企业向外提供的会计报表，有资产负债表、利润表、现金流量表、所有者权益变动表、会计报表附注五种。

企业内部管理需要的会计报表，由企业根据实际需要自行制定，一般包括在建开发产品成本表、已完成开发产品成本表等。

(2) 财务状况说明书

财务状况说明书，又称财务情况说明书，是对企业的生产经营情况、利润实现分配及亏损情况、资金增减和周转情况、所有者权益（或股东权益）增减变动情况、以后年度的业务发展情况及市场分析等所做的归纳和总结。编写财务状况说明书要求行文简洁、数据充分、条理清晰。

在实际工作中，人们往往将财务报告和会计报表混为一谈。财务报告是用于综合反映单位财务状况和经营成果的书面文件，由会计报表和财务情况说明书两大部分构成，而会计报表是财务报告的主体组成部分。根据我国当前法规的规定，会计报表是指资产负债表、利润表、现金流量表、所有者权益变动表和会计报表附注以及相关附表。

(二) 财务报表分析及方法

1. 财务报表分析

财务报表分析是会计报表使用者以企业财务报告及其他相关资料为依据，采用专门的财务分析方法，系统分析和评价企业过去和现在的财务状况及经营成果，预测企业未来发展趋势，为做出正确决策提供依据的一项管理活动。

财务报表分析的根本目的是充分利用会计报表及其分析所提示的信息作为决策的依据。概括起来就是：评价项目过去的经营业绩；衡量项目现在的财务状况；预测项目未来的发展趋势。不同的信息使用者进行分析的具体目的和侧重点有所不同。

2. 财务报表分析方法

常见的财务报表分析的基本方法包括：比较分析法、比率分析法、因素分析法和趋势分析法。项目业绩的分析方法最常用的是比率分析法。

(三) 项目业绩分析

1. 项目业绩综合分析指标体系的构成

项目业绩分析通常以财务报表为基础进行综合分析，是以企业财务报表等核算资料为基础，通过盈利能力、偿债能力、营运能力及发展能力等各项指标的计算与分析，系统、全面、综合地说明企业的财务状况、经营成果以及现金流量等情况，从而对企业整体的财务形势和经济效益做出全面、客观、准确评价的分析方法。

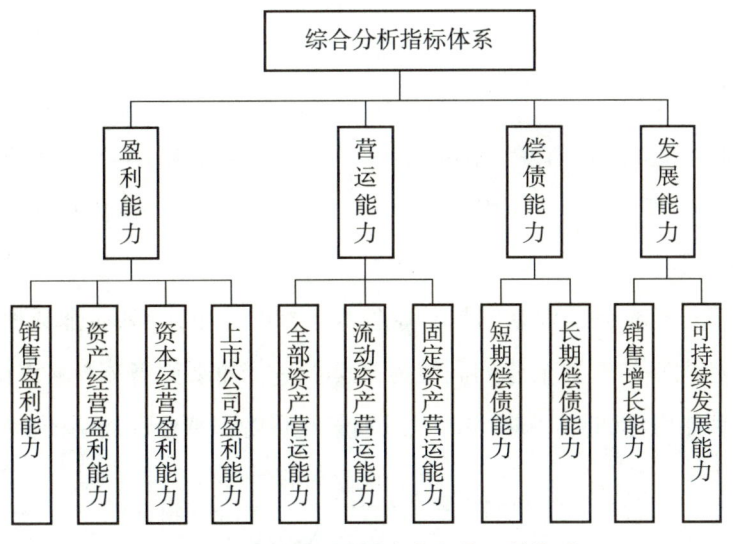

图1　项目业绩综合分析指标体系的构成

盈利是企业重要的经营目标，也是企业生存、发展的物质基础。所以，盈利能力分析是企业财务报表综合分析的核心。其主要内容包括四个方面(见图1)，其指标计算过程以销售盈利能力为例。

2. 销售盈利能力分析

销售盈利能力指标是财务报表使用者最为关注的能力指标，也是考核企业管理水平的重要依据,反映销售盈利能力的指标主要有以下三个。

(1)营业毛利率

营业毛利率是指营业毛利与营业收入净额的比率。营业毛利是企业(项目)营业收入扣除营业成本与税金及附加后的差额,反映了企业(项目)在销售环节的获利水平。通常,营业毛利率指标越高,企业(项目)的销售盈利能力越强,其产品在市场上的竞争能力也越强。营业毛利率的计算公式为:

$$营业毛利率 = \frac{营业毛利}{营业收入净额} \times 100\%$$

【例1】欣东公司20××年营业收入为2 030 000元,发生营业折扣与折让30 000元,营业成本为1 490 000元,税金及附加为10 000元,其营业毛利率是多少?

$$\begin{aligned}营业毛利率 &= \frac{营业毛利}{营业收入净额} \times 100\% \\ &= [(2\,030\,000 - 30\,000) - 1\,490\,000 - 10\,000] \div \\ &\quad (2\,030\,000 - 30\,000) \times 100\% \\ &= 25\%\end{aligned}$$

该指标反映企业(项目)销售环节的获利水平,因其指标高低不仅与企业的成本管理工作密切相关,而且与所处行业密切相关,因此,在分析时必须同时结合上述两个因素来进行。

(2)营业利润率

营业利润率是指企业营业利润与营业收入净额的比率,反映企业成熟产品的销售盈利能力。营业利润率是衡量企业创利能力高低的一个重要财务指标:该指标越高,表明企业的营业创利能力越强,未来收益的发展前景越可观。营业利润率的计算公式为:

$$营业利润率 = \frac{营业利润}{营业收入净额} \times 100\%$$

【例2】欣东公司20××年营业利润为300 000元,营业收入净额为2 000 000元,其营业利润率是多少?

$$\begin{aligned}营业利润率 &= \frac{营业利润}{营业收入净额} \times 100\% \\ &= 300\,000 \div 2\,000\,000 \times 100\% \\ &= 15\%\end{aligned}$$

该指标反映企业(项目)营业活动为社会创造价值的多少,也是衡量企业创利水平的一个重要指标。该指标越高,表明企业营业活动对社会的贡献越大,企业创利水平越高。同样,分析时也应结合行业特点来做评价。

(3)营业净利率

营业净利率是指企业净利润与营业收入净额的比率。通常,营业净利率指标越高,说明企业的销售盈利能力越强。但也并非营业净利率越高越好,因为除此之外还必须看企业的销售增长情况和净利润的变动情况。营业净利率的计算公式为:

$$营业净利率 = \frac{净利润}{营业收入净额} \times 100\%$$

【例3】欣东公司20××年净利润为100 000元,营业收入净额为2 000 000元,其营业净利率是多少?

$$营业净利率 = \frac{净利润}{营业收入净额} \times 100\%$$

$$= 100\,000 \div 2000\,000 \times 100\%$$

$$= 5\%$$

该指标反映企业(项目)全部活动的获利水平。一般情况下,该指标越大越好,由于净利润的形成受多种因素的共同影响,因而不能单独根据该指标的高低来判断企业的盈利能力和管理水平,而应结合销售规模的增长及净利润结构的变动情况做出客观的评价。

第五节　项目风险的防控

▶ **导入**

1987 年，出生于湖北仙桃的 18 岁小伙雷军，明明有机会进入清华北大，却因想和好友作伴，而选择了武汉大学计算机系。

进入大学后，雷军并没有懈怠，反而比高中时还要努力，他仅用 2 年时间就修完了 4 年的大学学分。在剩下的 2 年里，他编写程序，将市场上自己感兴趣的软件代码写了个遍，包括杀毒软件、办公软件等，还曾做过一段时间的黑客。在此期间，他设计了 2 套软件，其中一套卖了 50 元，另一套杀毒软件"免疫 90"则赚了几千元，还获得了湖北省大学生科技成果一等奖。此外，他不仅设计软件，还为一些企业解决 IT 方面的问题，在行内的名气也逐渐大了起来。

大学期间，雷军受《硅谷之火》中计算机爱好者创业故事的影响，与同学一起创办了三色公司。他们仿制了联想的汉卡——一种存储常用汉字的芯片。第一单生意就赚了4000 多元，在当时这是一笔相当可观的收入，但后来由于山寨产品泛滥以及公司内部的权力争斗问题，雷军的首次创业以失败告终。

请思考以下问题：

1. 雷军大学时代创业失败的原因是什么？

2. 大学生创业面临的风险有哪些？

一、创业风险典型案例

创业风险就是企业在创业的过程中所存在的风险，是指由于创业环境的不确定性，创业机会与创业企业的复杂性，创业者、创业团队与创业投资者的能力与实力的有限性而导致创业活动偏离预期目标的可能性及结果。其主要类型有机会成本风险、创业的技术风险、创业的市场风险、创业过程中存在资产风险、创业的管理风险、环境风险以及由于我们所处的行业的不同而引发的各类其他创业风险。例如法律风险、供应链风险、库存风险，等等。

创业的过程充满风险、艰辛和坎坷，同时也充满激情和喜悦。如何尽量规避和防范可能出现的创业风险，让创业过程更顺利，尽早掘得第一桶金，是每个创业者都十分关心的问题。本书选取了创业不同阶段的典型风险案例和规避方法，供大学生参考。

1. 选择创业阶段，如果不熟悉相关政策、法律法规，将有一定风险

案例：魏先生想在医院设立大屏幕药品广告播放系统，合作医院已经找到，药品生产厂家也十分愿意投放产品广告，正在紧锣密鼓地实施过程中，却遭遇了相关执法部门的制止。

分析：不熟悉新修订的《药品管理法》，是该项目失败的直接原因。

规避办法：不管从事哪一行业，必须先了解相关的政策、法律法规，这是项目可行性分析首先要研究的问题，如果遭禁，只有另行选项。

2. 创业阶段，如果对产品技术的成熟度了解不深入，将有一定风险

案例：张先生与开发出计算机远程控制全色护栏灯的朋友合作，注册了一家公司，准备进行产品的推广。刚制作出样机，就有客户主动找上门来，在观看了计算机模拟演示效果后，便签订了一个大额工程订单。由于工期较为紧张，他们便直接开始大批量生产，并投入工程安装。然而，由于产品的抗干扰性能不过关，导致客户退货，从而造成了巨大的经济损失。

分析：没有进行充分的产品可靠性试验，尤其是缺乏模拟现场工况的试验，是该项目失败的主要原因。

规避办法：凡是在创业选项中选择新发明、应用新技术或投资于高科技新产品时，产品的可靠性和技术的成熟度都是必须重点考核的可行性指标。在产品投入市场之前，必须进行产品质量的相关测试，出具产品质量检测报告。如有条件，应提供给部分客户使用，并做出客户使用报告，使客户的使用情况得以全面、客观地反映出来，以便我们能够正确地做出是否可以投入市场的决定，有效规避贸然进入市场所带来的经济风险和信用风险。

3. 对所选行业未来发展趋势不了解，将有一定风险

案例：金先生某次出差去深圳，看到深圳很多闹市区的路边正在立一些停车计费咪表，于是投入资金，研制停车计费咪表。尽管他很快研制出号称当代最先进的车载式咪表，但是公司却因为没有订单而长期亏损，两年后倒闭。

分析：路边停车收费，不符合中国国情。于是，咪表计费行业便成为陷阱行业。仅深圳就有70余家咪表研制企业先后倒闭，成为闯入陷阱行业的牺牲者。

规避方法：不管进入哪一行业进行创业，都必须对该行业的未来发展趋势做出正确

判断,如果把握不准,宁可不进入。

4. 对渠道建设的难度估计不足,将有一定风险

案例:王先生研制出一种矿泉水直饮机,水质好,使用方便且成本低,并自建销售渠道。由于没有一个好的营销策略,又缺乏营销渠道的建设经验及资金,市场始终没有打开,勉强坚持了两年,最终企业还是倒闭了。

分析:没有一个好的市场营销方案,是王先生失败的原因。市场营销渠道建设是一件似易实难的事,项目持有人或发明人在创业中常常会漠视渠道建设的难度而盲目创业,最终导致失败的案例不胜枚举,比比皆是。

规避办法:如果企业创办人没有市场营销方面的经验,就一定要吸纳一位有市场营销经验的人加入创业团队,如果没有合适的人选,就一定要请教专业咨询机构,花一点钱在营销策划上是十分必要的;但是,现实中却有很多创业者为节省一点咨询费而前仆后继地牺牲在渠道建设的路上。

5. 在创业项目实施阶段,易出现经营风险

案例:孙先生开发出一种新型节电装置,找到一位颇有营销经验的李先生合作,创办了公司,李先生市场拓展能力很强,很快打开了市场,订单源源不断,却因为产品质量不稳定遭遇客户大量退货,致使企业倒闭。

分析:营销队伍与研发、生产队伍不平衡,是创业失败的直接原因。

规避办法:对于生产、研发型企业创业者来说,组建一支研发、生产与市场营销相平衡的团队,是创业者必须思考的问题,否则,轻者会使企业的发展速度受到影响,重者会导致创业的失败。

二、创业风险失误来源

大学生创业活动近年来得到了国家和社会的高度支持与重视,教育部大力推进高等

【微课】
创业风险及类型

学校创新创业教育和大学生自主创业。政府有关部门出台了一系列政策,为大学生自主创业活动提供资金技术支持,但创业过程充满风险。大学生的创业风险失误来源主要有以下几个方面。

(一)　创业意识风险

创业意识上的风险是大学生创业过程中最内在的风险。这种风险无形,却有强大的毁灭力。主要表现在以下几个方面。

1. 创业的风险评估能力偏差

由于大学生社会阅历较浅、对现实情况认知不足,因此,他们在创业机会的把握以及创业项目的选择上,未能充分认识到项目潜在的风险。这导致当创业过程中出现新情况时,他们往往无法做出准确的风险评估,从而给创业带来了更多的不确定性。

2. 创业的风险决策能力偏弱

刚从高校毕业的创业新手,其创业动因大多来自中外创业成功的案例、学校的创业教育、各种创业比赛的激励以及媒体的炒作所激发的创业热情。然而,在他们内心深处,并没有对自身的创业能力进行全面评估,很多人并没有真正理解自己为何要创业,创业意识也并非十分强烈。此外,他们没有任何创业经验,因此,他们的创业面临着风险。在需要做出决策时,他们可能会产生一些不理性和不全面的决策行为,这给创业带来了更大的不确定性。

(二)　市场风险

市场风险是指新产品批量生产后不能打开市场、销售不出去而导致企业经营失败的可能性。高校毕业生创业者为了避免市场风险,往往会选择市场比较成熟的行业和运营模式,但成熟的市场竞争却是异常激烈的。对初创企业而言,创业之初,极有可能受到同行的强烈排挤,是否能竞争得过同行,就要看创业者的能力和策略。大部分大学生由于对市场的认知和决策能力偏弱,他们往往不能正确地评估市场的风险,这给创业增加了更多的风险。

(三)　项目风险

项目风险就是在实现项目目标的活动中具有的不确定性和可能发生的危险。由于大学毕业生的创业风险评估意识较弱、创业知识和经验欠缺,因此,在进行创业项目的选择方面,往往会凭个人的喜好或一时的热情决定投资方向,没有认真去开展市场调研,在不了解市场行情的基础上草率选择创业项目。这就很容易造成项目选择不准、市场把握不清、项目进度安排不合理等一系列问题,极有可能造成项目中途失败,甚至会血本无归。

(四) 财务风险

财务风险是指由于多种因素的共同作用,导致企业无法实现预期的财务效果,从而产生经济损失的可能性,使企业面临风险的威胁。一方面,大多数非财务管理专业的大学生创业者往往缺乏财务管理知识和经验;另一方面,大学生新创的企业规模通常较小,不可能在财务制度建设方面投入过多的精力。因此,财务通常由老板单线控制,如果没有建立起系统有效的财务控制体系,而老板又缺乏财务管理知识,那么新创企业的财务管理将面临失控的风险,企业可能会遭受重大损失。

(五) 团队风险

创业团队是指在创业初期,由一群才能互补、责任共担、愿意为共同的创业目标而奋斗的人所组成的特殊群体。由于大学生的创业动因各有不同,团队成员的选择与组合具有很大的随意性和偶然性,他们初始的创业目标并不十分清晰,有的只是一个朦胧的发展方向,因此,当创业面临外界环境变化需要做出决策时,如果团队成员之间的意见不能达成一致,就很容易发生解散的风险。

三、创业风险防控方法

有效防范风险的主要方法有四种:减少可避免的风险,实行损失管理计划,分散风险,非保险方式的转移风险。

(一) 减少可避免的风险

当创办企业发现从事某一项活动会涉及过高的风险时,可决定减少或放弃这项活动,以便减少甚至完全避免风险。避免风险有两种方式:一种是完全拒绝承担风险,另一种是放弃原先承担的风险,但是这种方法的适用性很有限。

(二) 实行损失管理计划

损失管理计划分为防损计划和减损计划。防损计划旨在减少损失的发生频率或消除损失发生的可能性。建造防火建筑物、质量管理、驾驶技术考核、颁布安全条例、提供劳动保护用品、检查通风设备及产品改进等,均属于降低损失频率的措施。

(三) 分散风险

俗话说"不要把鸡蛋放在一个篮子里",讲的就是分散风险的道理。分散风险是指通过增加风险单位的个数来减少风险损失的波动。这样,企业一方面可以比较准确地预测风险损失,另一方面可以减少预防风险所需预备的资金。

(四) 非保险方式的转移风险

在风险管理中,较为普及使用的非保险转移风险的方式是合同、租赁和转移责任条款。例如,一家公司在与某建筑承包商签订新建厂房的合同中规定,建筑承包商对完工前厂房的任何损失负赔偿责任;计算机租赁合同中规定租赁公司对计算机的维修、保养及损坏负责;出版商在出版合同中加入转移责任条款,规定作者对剽窃行为自负法律责任。

第六节 创业融资的规划

▶ 导入

深圳街电科技有限公司成立于2015年11月，总部位于深圳市前海深港合作区，主营移动充电解决方案的研发及服务。2016年开始在中国深圳、中国广州、中国长沙、美国西雅图、日本东京等城市布局"Anker街电城市移动电源租借服务"，并正在全球范围推广。Anker街电是一种全新的移动充电解决方案。在合作商户放置充电箱设备，为店内外消费的顾客提供移动电源租借服务。与传统的租借服务不同，Anker街电的租借服务完全由用户自主完成。用户只需要扫描机箱上的二维码，根据提示操作即可借出移动电源为手机充电。街电科技采用的是机柜模式，类似于B2B2C模式。街电科技将其Ankerbox分布于如商场、餐厅等场所，用户线上下单后，通过扫描Ankerbox上的二维码解锁并借走充电宝，用完之后将其归还至任意机柜位即可。2017年4月，街电科技获得亿元级别的A轮融资，由IDG资本、欣旺达领投。

请思考以下问题：

1. 除了案例中提到的融资方式，还有哪些融资渠道？

2. 资金需求量的测算方法有哪些？

一、创业融资的基本认知

（一）概念

创业融资是指创业者为了创办企业筹集资金和运用资金的活动。资金作为企业的血脉，必不可少，因此融资问题对新创企业来说显得尤为重要。创业融资过程是一种以资金供求形式表现出来的资源配置过程。其具体行为包括在一定的融资风险下取得资金，同时使融资成本最小，创业企业所获价值最大。目前，在学术领域，关于大学生创业融资的主要内涵还没有达成较为广泛的共识。一般来说，大学生创业融资主要是指在大学生创业过程当中，通过相关的方式、方法、渠道获得创业资金的过程。

（二）特点

相比较其他商业融资而言，大学生创业融资呈现出其自身的一些特点。

首先，创业融资大多是启动资金。大学生具备一定的知识和头脑，在进行创业的过程当中，主要缺乏较为充足的创业前的资金准备。所以，在大学生进行创业融资的过程当中其融资的方向大多是启动资金。所以，大学生创业是否成功，在一定层面上取决于其前期的融资效果。

其次，创业融资呈现出阶段性特征。在大学生创业的过程当中，围绕创业前、创业中以及创业后等诸多的阶段，其创业融资也呈现出了不同的特点。例如，在创业融资的初期，其主要是为了开启创业项目；在创业融资的中期其主要的目的是扩大规模；在创业融资的后期，主要是为了更好地完善自身的市场运营体系等。

最后，创业融资处于弱势地位。在大学生进行创业的过程当中，由于自身以及外部环境等诸多层面的原因，整个市场对于大学生创业融资的支持力度并不是很大。这就在一定层面上影响了大学生创业融资的进度与效果，也导致了大学生在创业过程当中处于不利的地位。

二、创业融资的途径策略

（一）途径

1. 自有储蓄

由于初创企业规模较小，收入极不稳定，因此很难获得信贷资金。所以，大学生们想要通过银行借款、发行债券等更为传统的融资方式来获取创业资金是非常困难的，他们通常会用自己的积蓄作为启动资金。自有储蓄的优势在于融资速度快、使用时间长且无利息，从而降低了成本等。然而，前提是大学生们必须确保有足够的资金来维持企业的运营，否则可能会在业务的初始阶段出现资金短缺、资金链断裂的情况，进而导致创

【微课】
选择合适的金融渠道

业失败。此外,毕业生的储蓄一般较少,可能无法满足创业所需的金额,也不能为创业初期的融资提供长期保障。

2. 合伙人出资

"众人拾柴火焰高",大学生们会集在一起协作创业,这种形式的合作不仅可以更迅速和有效地获得资金,而且能减轻前期创业基金的压力。此外,合伙创业的显著优点是可以分散业务风险,因为它由全体合伙人共同出资,所以企业获利则根据他们的投资比例分配利润,若企业亏损,根据投资比例分担损失和负债,对于创业者个人来说,降低了损失,也降低了整体创业风险。缺陷在于,若企业按照出资比例分配利润,有的合伙人出资比例低,投入的是无法用货币衡量的劳动力和知识储备等,那么在分配利润时就无法获得相匹配的利润,容易产生心理上的不平衡现象。

3. 亲情融资

在创业初期,借助亲友融资是年轻人最常用、最简单且最有效的方式之一。亲情融资基于感情基础,其优点是无须支付利息或仅需支付较低的利息,且不需要任何担保。其缺点在于如果创业失败,无法按时偿还亲戚和朋友的钱款,可能会破坏年轻创业者与亲戚朋友之间的合作关系,甚至导致家庭破裂的后果。因此,此后若再想向亲戚朋友求助,几乎是不可能的。

4. 创业大赛资金

除了获得创业大赛提供的相应奖金外,如果能将参赛项目迅速投入生产并产生效益,还可以直接申请免除评审,即刻获得大学生创业融资基金。但是获胜的团队毕竟是少数,并非每个项目和创业团队都能在比赛中获奖并获得奖金。若想通过大赛获得融资,需要付出长期的努力并具备独特的创新点。然而,奖金是一次性的,金额也有限,无法提供持续的支持。因此,对于初露头角的年轻企业家来说,这是一件好事,但如果你需要大额且持续的资金,这并不是一个好方法。

5. 天使投资

天使投资者通常对企业风险的程度认识不足,他们的投资决策往往基于个人心情,而且这种投资规模较小,通常是一次性的前期投资。当企业家在创业过程中用尽储蓄、银行贷款或借来的资金时,以个人名义出现的天使投资者可能是一个很好的资金来源。然而,如果天使投资公司认为企业的发展不如他们预期,他们可能不会继续追加投资,这可能导致企业后期资金供应不足,最终导致创业失败。

6. 银行小额贷款

根据中国人民银行发布的数据,当前小额贷款的利率最低是4.35%。创业者们可以申请一些低利率的贷款来减轻压力;同时,创业者不需要提供同等抵押品或担保,还款方式灵活。低利率贷款也意味着市场需求量大,申请门槛较高,所以成功获得批准的小额贷款很少。

7. 众筹

通过股权众筹,创业企业获得资金支持,同时获得出资人背后的各类可用资源。通过奖励众筹,筹资人可以通过众筹平台推介创意项目,设置合理融资层次。出资者则根据偏好和可承受的金额有选择地进行投资。奖励众筹可以帮助创业企业在产品未生产前就获得足够的资金支持,更加可以为新产品圈定粉丝群和消费群,还可以为首次的生产提供合理的销售数量支持("互联网+农业""互联网+影视"多采取此种模式)。除此之外,债权众筹也可以帮助创业企业获得企业发展资金支持。

8. 平台贷款

在创业初期有时可以直接借助电商平台提供的融资渠道,常见的平台有京东和阿里小贷。京东为其平台的店铺提供了相应的供应链金融服务,其中包括了订单融资、入库单融资、应收账款融资等。在对客户进行筛选时,平台依托电商数据对融资申请者的信用水平、偿还意愿、还款能力进行有效分析,制定准确度极高的用户画像,进而选择可贷对象。针对创业者小额、分散、抵押担保不足的融资要求来说,是非常有效的支持。

9. 融资租赁

融资租赁可以解决创业企业初期资金不足,进而无法购买所需要的设备进行生产的问题,是融资与融物相结合的筹资模式。它的主要优势有三点:首先,这种融资租赁模式对于租赁者本身的资金和担保要求不高。其次,通过融资租赁形式获得的设备或物资,后期将通过租金形式向外转移,降低了企业一次性付清的资金压力。最后,融资租赁属于资产负债表外融资,不会影响公司的整体资产状态,便于企业后期通过其他形式进行融资。这种融资模式在"互联网+制造业"类型企业中较常见。

10. 风险融资

风投在对投资的项目进行选择时会考察得十分细致,态度也极为谨慎。对于那些仅有出色创意或者刚刚处于起步阶段的公司,风投通常兴趣不大。风投的优势在于:即便创业失败也不会引发债务问题;风投资金较为充足,能够满足后续的发展需求;风投能够凭借自身的力量助力项目成长；风投能够为创业企业提供更多的综合性服务。风投的核心目的是获取利润，在投资实现获利后，风投往往倾向于从创业企业中退出，然而我国当前并没有为风投的退出构建起合理且高效的平台，所以致使风险投资者对于那些渴望资金的创客空间创业项目虽然关注较多，但实际行动却非常谨慎。

（二）策略

1. 提升创业项目的可行性

在大学生创业过程当中，无论是从创业的初衷出发，还是从创业项目的发展前景出发，都应该反复地论证项目自身所具有的可行性。在项目的前期准备阶段，反复地分析市场的需求以及自身项目的价值。通过项目运营的综合模拟，来了解创业项目未来的市场发展前景。只有积极地在自身项目的可行性方面加大分析力度，从而做好充分准备，才能更好地符合整体创业融资的需求，也为今后的融资工作的开展奠定良好的基础。需要强调的是，论证创业项目的可行性，不仅需要大学生自身在相关的行业发展方面进行充分的调研，还需要高校相关的创业指导部门围绕大学生创业项目的诸多因素进行必要的指导和支持，进一步提高项目的综合价值。

2. 提升大学生创业者的综合素养

在大学生创业的过程中，无论是创业的倡导者还是参与者，都应积极提升自身的创业素养。一方面，大学生创业者要具备良好的创业前期准备能力，在创业所需的理论和实践经验方面积极学习与提升，以满足新时期市场对大学生创业者的相关要求；另一方面，还应不断关注整个行业的发展趋势，在大学生自身的市场融资路径和渠道的选择与拓展方面进行完善。通过综合提升大学生自身的创业能力，使其更好地适应新时期创业融资的需求，从而为大学生创业融资提供更大的助力与支持。

3. 优化大学生创业融资环境

国家、学校和企业可以根据自身的岗位和职责，为大学生融资创业提供良好的支持

【拓展音频】
草根创业者的助推器

环境。在具体的环境优化过程中,国家应在现有扶持政策的基础上,进一步加大支持力度。尤其要结合大学生创业项目的特点,在扶持政策的个性化和针对性方面进行提升。此外,相关企业也要看到大学生创业项目的前景,在资金扶持和产业合作方面形成良好的互动循环机制,以满足市场发展的需求;高校也应从大学生创业发展的整体角度出发,为大学生创业融资提供经验和方法上的指导,促进大学生创业融资的形成。

4. 促进创业融资的常态化发展

对于大学生而言,创业融资并不能一蹴而就,它需要建立在较为完善的平台和载体的基础上。为了更好地实现更大化的创业融资价值,大学生创业融资还需要不断地在创业融资平台进行搭建,对创业融资产品选择以及创业融资安全保障体制方面进行完善。一方面,国家相关部门,尤其是市场监管部门应该围绕大学生在创业的过程当中可能面临的诸多融资风险,健全必要的风险预警机制;另一方面,还应该围绕大学生创业融资中的相关不足,提供制度体系的保障。通过这种方式来促进大学生创业融资保障体系的完善以及常态化发展。

总之,在大学生创业融资过程当中,围绕创业融资的自身因素、项目因素、社会因素以及相关的保障体系等方面都应该进行完善,借助这种全面的发展来更好地应对新时期大学生创业融资过程当中可能面临的诸多挑战。

三、创业融资的需求测算

资金需要量是融资的数量依据,应当科学合理地进行预测,并不是融资数量越多越好。融资数量预测的基本目的是保证筹集的资金既能满足生产经营的需要,又不会产生多余资金而闲置。

(一) 因素分析法

因素分析法又称分析调整法,是以有关项目基期年度的平均资金需要量为基础,根据预测年度的生产经营任务和资金周转加速的要求,进行分析调整,来预测资金需要量的一种方法。这种方法计算简便,容易掌握,但预测结果不太精确。它通常用于品种繁多、规格复杂、资金用量较小的项目。因素分析法的计算公式如下:

资金需要量=(基期资金平均占用额-不合理资金占用额)×(1+预测期销售增长率)÷(1+预测期资金周转速度增长率)

例如,甲企业上年度资金平均占用额为2200万元,经分析,其中不合理部分为200万

元,预计本年度销售增长5%,资金周转加速2%。则:

预测本年度资金需要量=(2200−200)×(1 + 5%)÷(1 + 2%)= 2058.82(万元)

(二) 销售百分比法

销售百分比法是假设某些资产和负债与销售额存在稳定的百分比关系,根据这个假设预计外部资金需要量的方法。企业的销售规模扩大时,要相应增加流动资产;如果销售规模增加很多,还必须增加长期资产。运用销售百分比法首先需要假设某些资产与销售额存在稳定的百分比关系,根据销售与资产的比例关系预计资产额,根据资产额预计相应的负债和所有者权益,进而确定融资需求量。销售百分比法的基本步骤如下。

1. 确定随销售额变动而变动的资产和负债项目

随着销售额的变化,经营性资产项目将占用更多的资金。同时,随着经营性资产的增加,相应的经营性短期债务也会增加,如存货增加会导致应付账款增加,此类债务称为“自动性债务”,可以为企业提供暂时性资金。经营性资产与经营性负债的差额通常与销售额保持稳定的比例关系。经营性资产项目包括库存现金、应收账款、存货等,而经营性负债项目包括应付票据、应付账款等,不包括短期借款、短期融资券、长期负债等融资性负债。

2. 确定有关项目与销售额的稳定比例关系

如果企业资金周转的营运效率保持不变,经营性资产项目与经营性负债项目将会随销售额的变动而呈正比例变动,保持稳定的百分比关系。企业应当根据历史资料和同业情况,剔除不合理的资金占用,寻找与销售额的稳定百分比关系。

3. 确定需要增加的融资数量

预计由于销售增长而需要的资金需求增长额,扣除利润留存后,即为所需要的外部融资额。即有:

$$外部融资需求量=\frac{A}{S_1}×\Delta S-\frac{B}{S_1}×\Delta S-P×E×S_2$$

式中,A表示随销售而变化的敏感性资产;B表示随销售而变化的敏感性负债;S_1表示基期销售额;S_2表示预测期销售额;ΔS表示销售变动额;P表示销售净利率;E表示利润留存率;$\frac{A}{S_1}$表示敏感性资产与销售额的关系百分比;$\frac{B}{S_1}$表示敏感性负债与销售额的关系百分比。

需要说明的是,如果非敏感性资产增加,则外部融资需要量也应增加。

例如，光华公司2021年12月31日的简要资产负债及相关信息如表1所示。假定光华公司2021年销售额为10 000万元，销售净利率为10%，利润留存率为40%。2022年销售额预计增长20%，公司有足够的生产能力，无须追加固定资产投资。

表1　光华公司资产负债及相关信息表(2021年12月31日)

资产	金额(万元)	与销售关系(%)	负债与权益	金额(万元)	与销售关系(%)
现金	500	5	短期借款	2500	N
应收账款	1 500	15	应付账款	1000	10
存货	3 000	30	预提费用	500	5
固定资产	3 000	N	公司债券	1000	N
			实收资本	2000	N
			留存收益	1000	N
合计	8 000	50	合计	8000	15

首先，确定有关项目及其与销售额的关系百分比。在表1中，N表示不变动，是指该项目不随销售的变化而变化。

其次，确定需要增加的资金量。从表1可以看出，销售收入每增加100元，必须增加50元的资金占用，但同时自动增加15元的资金来源，两者差额的35%产生了资金需求。因此，每增加100元的销售收入，公司必须取得35元的资金来源，销售额从10 000万元增加到12 000万元，增加了2000万元，按照35%的比率可预测将增加700万元的资金需求。

最后，确定外部融资需求的数量。2022年的净利润为1200万元(12000×10%)，利润留存率为40%，则将有480万元利润被留存下来，还有220万元的资金必须从外部筹集。

根据光华公司的资料，可求得对外融资的需求量为：

外部融资需求量=50%×2 000－15%×2 000－10%×40%×12 000 =220(万元)

销售百分比法的优点，是能为融资管理提供短期预计的财务报表，以适应外部融资的需要，且易于使用。但在有关因素发生变动的情况下，必须相应地调整原有的销售百分比。

实操任务

▶ **任务1　某商品调研**

【实操任务】

选择某个商品进行实地调查,分析该产品的定位、特色、盈利模式和营销策略,分析存在的问题,提出解决方案。

【实操目的】

通过产品调研,掌握产品定位、产品特色提炼方法,学会分析商业模式,理解各类营销策略,能初步进行创业项目的策划。

【实操步骤】

步骤1:和小组同学讨论选择一个具体商品,选取某一企业为代表作为调查对象,明确现有商品的定价情况。

步骤2:选取5个超市开展实地调查。

步骤3:分析调研结果,分工撰写产品调研报告。

步骤4:汇报该商品的现状和项目策划解决方案。

【实操评价】

1. 评价内容

(1)学生参与度

(2)分析内容实用性、准确性

(3)报告分析丰富度

2. 评价方式

学生成绩由学生自评(20%)、互评(30%)、师评(50%)综合评定,评价表具体如下所示。

小组名称:＿＿＿＿＿＿＿＿＿　　　　　　　　　　第＿＿＿＿次实操

学号	姓名	自评(20分)	互评(30分)	师评(50分)	总成绩

▶ **任务2 商业模式画布设计**

【实操任务】

选择一个目标企业,体验它的某一款产品,并用商业模式画布进行分析。

【实操目的】

通过针对具体产品的分析,在实操中掌握商业模式画布的操作方式。

【实操步骤】

步骤1:确认要分析的产品对象。

步骤2:按九大步骤进行分析。

关键合作伙伴	关键业务活动	价值主张	客户关系	客户细分
	关键资源		渠道通路	
成本结构			收入来源	

步骤3:汇报该产品的商业画布。

【实操评价】

1. 评价内容

(1)学生参与度

(2)分析内容实用性、准确性

(3)汇报的逻辑性、条理性

2. 评价方式

学生成绩由学生自评(20%)、互评(30%)、师评(50%)综合评定,评价表具体如下所示。

小组名称:_____ 第_____次实操

学号	姓名	自评(20分)	互评(30分)	师评(50分)	总成绩

▶ 任务3 数字营销策划撰写

【实操任务】

为某产品撰写短视频营销、直播营销方案。

【实操目的】

通过短视频营销、直播营销方案策划,掌握新时期营销新方式。

【实操步骤】

步骤1:锁定营销对象,明确营销目标。与小组成员讨论确定一个产品作为营销对象,明确本次营销的目标。

步骤2:选择营销方式,开展营销策划。在充分分析产品的基础上,从短视频营销、直播营销中选择1种方式,结合产品实际制定1份可行的营销策划。

步骤3:制作汇报材料,选派代表发言。按照"什么企业、什么产品、什么方式、怎么策划"四个部分制作汇报材料,选派代表分享策划方案。

【实操评价】

1. 评价内容

(1)学生参与度

(2)策划方案的创意性

(3)汇报的逻辑性、条理性

2. 评价方式

学生成绩由学生自评(20%)、互评(30%)、师评(50%)综合评定,评价表具体如下所示。

小组名称:_____ 第_____次实操

学号	姓名	自评(20分)	互评(30分)	师评(50分)	总成绩

思考与练习

一、单选题

1. 下列各项中,反映企业一定时期经营成果的会计要素是(　　)。

    A. 收入　　　　　　　　　　　　B. 权益

    C. 利得　　　　　　　　　　　　D. 收益

2. 同一细分市场的顾客需求具有(　　)。

    A. 绝对的共同性　　　　　　　　B. 较多的共同性

    C. 较少的共同性　　　　　　　　D. 较多的差异性

3. 将市场划分为城镇市场和农村市场,其划分变量是(　　)。

    A. 人口因素　　　　　　　　　　B. 地理因素

    C. 行为因素　　　　　　　　　　D. 心理因素

4. 促销策略不包含(　　)

    A. 推式策略　　　　　　　　　　B. 拉引策略

    C. 推拉结合策略　　　　　　　　D. 低价策略

5. 某公司2021年度资金平均占用额为4 500万元,其中不合理部分占15%,预计2022年销售增长率为20%,资金周转速度不变,采用因素分析法预测的2022年度资金需求量为(　　)万元。

    A. 4590　　　　　　　　　　　　B. 4500

    C. 5400　　　　　　　　　　　　D. 3825

二、多选题

1. 下列各项中,影响利润金额的有(　　)。

    A. 收入　　　　　　　　　　　　B. 直接计入当期损益的利得或损失

    C. 费用　　　　　　　　　　　　D. 直接计入所有者权益的利得或损失

2. 下列各项中,属于企业财务报告可以提供的信息有(　　)。

    A. 财务状况　　　　　　　　　　B. 经营成果

    C. 劳动状况　　　　　　　　　　D. 现金流量

3. 与债务筹资相比,下列各项中,属于"吸收直接投资"与"发行普通股"筹资方式共有的缺点有(　　)。

A.筹资数额有限   B.财务风险大

C.影响控制权   D.资本成本高

4.消费者市场划分的标准有(　　　)。

A.地理因素   B.人口因素

C.心理因素   D.动机因素

E.行为因素

5.目标市场的选择方式(即市场覆盖模式)有(　　　)。

A.产品市场集中化   B.产品专业化

C.市场专业化   D.有选择的专业化

E.完全市场覆盖

三、名词解释

1.STP营销

2.创业融资

四、简答题

1.简述商业模式的六大要素。

2.简述大学生创业融资的途径。

五、分析题

小红书品牌构建中的整合营销传播策略

小红书最新的宣传语是"一切小美好,都值得被标记",鼓励用户分享生活中各方面的点点滴滴,契合它的企业宗旨,满足用户各方面的需求。"专业、精致"的宣传精神与品牌形象不谋而合。除对普通用户日常生活分享的鼓励,明星、网红进行内容营销的同时,分享内容也较为日常,种草自然,呼应"分享生活"的主题,提高用户参与性。在渠道方面,用户接收信息的渠道即小红书商品售卖的渠道,用户在接触内容的同时自发性完成销售过程,实现了传播内容与渠道的完美融合,从而创造品牌资产。

小红书通过传播媒介一体化的方式,合理地将品牌接触渠道和品牌传播媒介进行结合,虚拟社区承担的就是传播媒介的角色。在小红书虚拟社区中,用户对于好物的分享可以随时随地进入其他用户视野中,但其他用户又感受不到"被营销",而是主动接收信息,并对信息进行二次传播。后台运营所收集的数据经分析可以清晰地感受到用户的行为和态度,用户在分享信息的同时承担着传播媒介的责任,完美地契合麦克卢汉的观点——媒介：即人的延伸。小红书在创建品牌形象的过程中，将本体与用户完美结合，最大效率地进行传播媒介的整合，实现品牌信息的有效传达。

小红书社区既是一个"种草"平台，又是一个"爆款制造机"，通过用户普通生活的分享来吸引其他用户的关注，同时产生购物的渴望；小红书商城又是针对社区"种草"的供货平台，让用户方便地获得好物，一系列消费转化过程都在小红书中完成，创建了推荐—购买—分享的消费转化闭环，形成了小红书在用户心中所独有的品牌形象，同时也形成了小红书的品牌理念——用口碑促成消费。

1. 小红书的营销过程体现了哪些营销传播策略？

2. 如果是你，你会怎样利用小红书的特点进行营销传播？

第七章
创业项目的展示

▶ **本章导读**

有人认为一份优秀的商业计划书是初创企业成功的开端，但也有人觉得商业计划书只是为了融资，仅供投资人阅览。实际上，商业计划书并非单纯为了融资，在企业创业初期，需要进行大量的调研和准备工作，如行业状况、项目优势、产品目标、客户等。创业者在付诸行动之前，需要明确从何处着手，而商业计划书则是初创企业厘清所有行动步骤的最佳工具和语言。项目路演方式是对商业计划书的讲解和介绍，可以说商业计划书是项目路演最重要的支撑材料，而项目路演则是商业计划书最主要的对外应用场景。

本章主要介绍了商业计划书的撰写、内涵和框架以及项目路演的相关准备，要求大学生掌握撰写商业计划书的方法、项目路演的技巧，通过实际训练，学习撰写商业计划书、锻炼路演能力。

▶ 知识结构

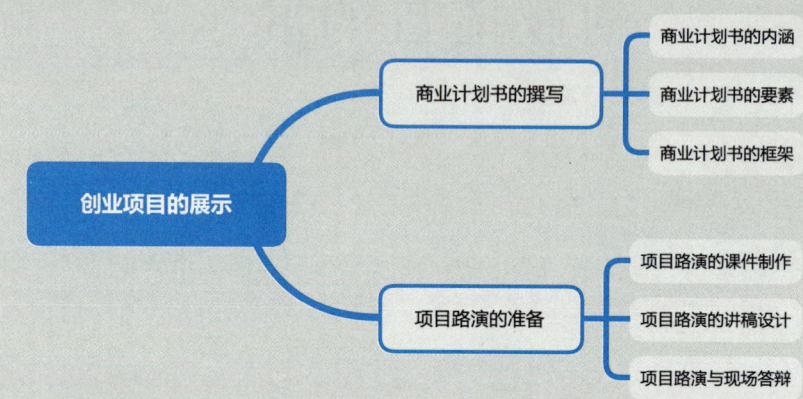

▶ 学习重点

1. 商业计划书的撰写技巧;

2. 项目路演的准备材料与流程。

▶ 学习指南

1. 通过资料阅读、慕课学习等方式掌握商业计划书的基本知识;

2. 通过模拟训练、案例分析、项目实战等方式训练撰写商业计划书、模拟路演现场。

第一节 商业计划书的撰写

▶ 导入

　　2015年的任书豪33岁，他曾这样说："创业要创新，要打持久战。"任书豪名片上的身份是河北东方凯誉通信技术有限公司董事长。他的"持久战"始于2003年，当时他还是石家庄经济学院一名大二学生。

　　"那次，我代表学生会到河北网通石家庄分公司拉赞助。恰好碰上了西门子(中国)的销售代表，正在向网通公司推销一种通信智能网设备。"任书豪回忆当年创业的缘起说，当时，网通的工作人员没有对这种设备表现出多大的兴趣，"旁听"的他却被这种设备所具有的神奇功能"瞬间击中"。

　　当时，省会大学生还不知道通信智能网为何物，任书豪凭直觉判断：该设备如果引入大学，必然会是校园通信和各种支付活动的一场"革命"。这次巧遇，促成了西门子(中国)公司将设备以免费试用的方式首先在石家庄经济学院安装运营。没过多久，这款能通过手机卡完成多个项目统一支付的"精灵E线"获得了超出预想的成功，任书豪争取到了网通"精灵E线"在省会高校的推广代理权。2004年8月，任书豪所带领的团队以他们的亲身经历为蓝本制作了商业计划书，一举夺得全国大学生"挑战杯"大赛铜奖。以此为起点，他们注册了东方凯誉公司，"我们的业务当年就覆盖省会十几所高校，公司的年收入已超300万元。""从那之后的10年里，我做了很多事，但所有事都没有偏离以通信为基础的增值服务这个轨道。"任书豪说。

　　创业梦是美好的，而创业后如何拓展，来为社会创造更多的财富？这个更大的梦想已经成为任书豪和他带领的年轻团队"穿云破雾"的原动力。

　　请思考以下问题：

　　1.任书豪创业成功的原因有哪些？

　　2.一份优秀的商业计划书关乎什么？

一、商业计划书的内涵

(一) 概念

商业计划书(Business Plan)是公司、企业或项目单位为实现融资及其他发展目标,在前期对项目进行科学调研、分析、收集与整理相关资料的基础上,根据特定格式和内容要求编辑整理而成的全面展示公司及项目状况、未来发展潜力与执行策略的书面材料。商业计划书是一份全面的项目计划,它从企业内部的人员、制度、管理以及企业的产品、营销、市场等多个方面对即将开展的商业项目进行可行性分析。商业计划书是企业融资成功的关键因素之一,同时也能帮助创业者有计划地开展商业活动,提高成功的概率。专家评委能够迅速判断商业计划书是否套用模板,是否用心编撰。商业计划书的质量直接影响评委对团队和项目的看法。因此,正在撰写商业计划书的同学们不要盲目或走捷径编制商业计划书,而应考虑寻求专业老师的帮助,用心钻研并打磨出高质量、专业的商业计划书,从而达到事半功倍的效果。

(二) 类型

目前商业计划书最常见的是用于各类创新创业大赛、政府项目的申报、入驻孵化器和园区、招募合作伙伴,部分用于融资、招商策划、商业企划、私募并购等。主要有项目计划书、商业策划书、招商计划书、创业计划书、私募计划书、并购计划书。

1. 项目计划书(Project Plan)是指项目方为了达到融资和其他发展目标等目的而制作的计划书。

2. 商业策划书是创业者手中的武器,是提供给投资者和一切对创业者的项目感兴趣的人,向他们展现创业的潜力和价值,说服他们对项目进行投资和支持。

3. 招商计划书是项目建设单位根据项目定位、项目所在地经济发展情况、项目本身基本情况发起的对商户的共同合作的招募行为的构想,是对项目发展、执行的框架性的总体构建,主要从宏观上论述项目的定位及策略,具体地制定招商的各项执行方式,将项目的宏观构想变为实实在在的行动。

4. 创业计划书是创业者叩响投资者大门的"敲门砖",是创业者计划创立的业务的书面摘要,一份优秀的创业计划书往往会使创业者达到事半功倍的效果。这种类型也是目前我们接触最多的商业计划书。

5. 私募计划书是说明企业目前情况以及未来发展,私募计划书会对企业自身商业模式进行阐述,并预测未来市场机遇,以及实现与私募股权基金共赢的商业计划的论证。可见,私募计划书实际上是企业未来3～5年发展的规划图和论证方案。成功撰写一份商业计划书,不仅可以启动私募股权融资程序,而且也有助于企业家形成正确的企业发展方案。

6.并购计划书是并购方为了对特定的项目进行并购而出具的一份并购方案,以供集团内部审核和被并购企业评估决策。

(三) 作用

1.助力创业融资

一份优秀的商业计划书是获得贷款和投资的关键因素之一。那么,如何吸引投资者,特别是风险投资家参与创业投资项目呢? 答案是一份高质量且内容丰富的商业计划书。它能够让投资者更快、更有效地了解投资项目,使他们对项目充满信心,并愿意投资参与该项目,最终实现为项目筹集资金的目标。

2.厘清创业思路

许多创业者往往没有真正地厘清思路,对公司未来发展规划不够清晰。相比大公司,一个需要生存下去的初创公司更需要商业计划书。因为商业计划书可以从各个角度来审视公司的业务和发展计划,使其可以"在纸上犯错",从而避免在现实世界中犯错。

3.引领创业实践

随着公司不断发展,商业计划书是创业者评估和调整公司实际状况的一个工具和蓝本。例如商业计划书中的财务计划可以作为后续计划的基础,用于监控预算执行和在未来实施调整。

二、商业计划书的要素

(一) 答题要素

一份好的商业计划书需要包含"2H6W"基本要素,回答好这些问题。

【微课】
商业计划书的核心要素

1. 第一个 "H"："How to do"

即商业计划书中要体现打算怎么做。例如，一个有关跨境电商平台的创业项目可用这样一句话来总结：我们将在两年内打造一个面向全球60亿人的跨境电商服务平台，通过建立全球化采购渠道、快速运输配送网络，以区块链技术克服语言沟通、物流配送、质量保真等方面的痛点，让天下没有难做的跨境生意。

2. 第二个 "H"："How much"

即在商业计划书中一定要讲清楚资金问题。包括需要多少钱、能赚多少钱、盈利空间有多大等。同样以跨境电商平台项目为例，计划书中可以这样写：我们需要2000万美元，占股10%~20%，主要用于区块链系统研发、采购渠道打通、物流网络搭建等。项目上线后一年内可实现盈亏平衡，第二年的盈利能力将超过3000万美元，项目上线后三年内将实现纳斯达克上市，投资回报率将达1000倍等。

3. 第一个 "W"："Why"

即为什么要做这个项目。例如，行业的痛点和问题是什么，为什么这么说；用户需求是什么、频次如何，是真需求还是伪需求。

4. 第二个 "W"："Where"

即开展这个项目的必要市场要素在哪里。例如，目标市场和周边市场在哪、规模多大，市场发展的未来趋势如何；供给方面，目前市场上的痛点满足方案是什么、有没有做到最好，替代方案的市场占有率如何；客户方面，种子客户与核心客户在哪里。这三方面的答案可通过分析政府数据、行业数据、同行数据来获取。

5. 第三个 "W"："Which"

即行业里的竞争对手以及彼此差异有哪些？例如，竞争对手分析，哪些是核心竞争对手，哪些是潜在竞争对手，判断标准是什么，他们提供什么产品或服务；差异性分析，彼此商业模式的差异性在哪儿，自身弯道超车的机会在哪儿。

6. 第四个 "W"："What"

即项目的运营。例如，模式和产品体系。运营模式，如何开发种子客户、获得核心客户，如何做用户运营，定价、市场、宣传、人才等各项运营策略是什么；产品体系，呈现给市场的产品是什么，产品研发如何规划。

7. 第五个 "W"："When"

即项目实施过程中的各时间节点。例如融资的时间节点规划是什么，计划融资多少轮,每轮融资多少钱;花钱计划,本轮融资的盈亏平衡点将出现在何时。

8. 第六个"W":"Who"

即说明谁在做这个项目、优势如何。一是团队成员简介:实际参与运营的团队成员是谁,如何分工,组织架构是否健全;二是已有股东简介:股东投资情况如何,股份是否清晰合理;三是周边关键人物简介:是否有相关领域的权威"背书",是否有后续力量等。

(二) 故事要素

创业者的故事、业务以及如何开展业务,要把这些内容转化为精彩的故事元素,以讲故事的方式娓娓道来。优秀的创意能带来令人心潮澎湃的故事,而艰辛的工作终将通向成功。要使创业者的故事完整且生动,可以通过以下方式展开:

1. 好故事的开头要素

商业计划书的开头铺陈商业故事展开的场景,通过阐述业务背景,以及创业者是如何走到今天这一步的,包括市场环境、市场竞争态势、市场服务需求、创业项目选择等部分内容。

2. 好故事的主体要素

商业计划书的主体部分要用来阐述项目的独特之处,包括产品与服务研发、商业盈利模式、市场营销策略等,特别要突出项目计划中的创新亮点。创业者需要说出自己的竞争优势,证明创业者和投资人为什么能在这个项目中获得成功。

3. 好故事的收尾要素

创业者要讲如何实现创业计划,并且指出可能的风险以及应对方式,同时别忘了强调回报。包括创业团队建设、项目融资筹划、项目财务分析、项目风险分析与控制等。

总之,创业者可以通过讲故事的方式将这些内容串联起来。故事要有主线,也要有细节描写,同时还要有令人眼前一亮或打动人心的独特之处。这样的商业故事才能像小说一样跌宕起伏、引人入胜,让投资人甘愿为创业者的商业计划书"买单",也就是为创业者的项目投资。

(三) 逻辑要素

商业计划书要通过一定逻辑推理过程,来向投资人证明,商业项目是可行的,并且是可以成功的。因此,商业计划书也是有逻辑结构要素和相应的事实依据要素。商业计划书一般首先抛出观点和结论,然后用一定的过程、方法、数据来证明项目的商业价值。

1. 项目概要

简明概括重要信息和价值，让读者有清晰的整体认识。

2. 市场分析

对市场需求、市场规模等进行调研和行业竞争分析。

3. 技术论证

支撑产品和服务的相关技术，创新性和可行性的研发依据。

4. 政策论证

相关行业的政策，可获得的准入资质或资格。

5. 财务分析

销售预测和经营数据、成本和利润、融资需求。

(四) 证据要素

投资人在阅读商业计划书时会去寻求佐证，他们会搜寻那些让他们确信的证据，因此商业计划书要尽量提供可证实的事实依据。这些证据可以是上下文间能够互相印证的数据，它们能够支持后续计划中的预测。言必有据，所以，我们要为商业计划书提供充足的依据。但是大学生创业项目通常很难用事实去支撑，其原因之一是能够支持他们所言的事实依据非常有限，这也是新业务开创者的真实问题。但是站在投资人视角去看这个问题，如果创业者无法让他们相信创业者所描述的是正确的，并且具备取得成功的证据，那么他们就不会投资创业者。所以，创业者需要从以下几个方向入手，去收集事实和依据。

1. 市场环境要素

包括经济环境、政治环境、社会环境、技术环境、文化环境等。

2. 市场规模数据

包括总体和细分市场规模、增长态势，以及整个市场的占有率情况等。

3. 行业生命周期

包括启动、成长、成熟和衰退四个阶段，企业在不同阶段的不同策略。

4. 行业结构分析

包括行业的资本结构、市场结构，主要的行业进入壁垒和行业竞争程度分析。

5. 市场营销分析

市场需求的性质、市场容量有多大，以及行业的分销模式等。

6. 行业组织分析

行业的专业化、一体化程度，以及行业规模的经济水平，还有组织结构变化。

7. 用户研究分析

目标用户是什么人，群体特征是什么，以及客户群体的解决方案。

8. 企业优势分析

企业的优势、不足、机会以及潜在威胁。

投资人会查找商业计划书中关于项目销售和预测的实证信息，这些信息可能来自真实的交易记录或者来自潜在客户的预售订单，这些内容都是投资人想要看到的，商业计划书要尽可能提供丰富的支撑信息，包括市场调研报告、公开发布的信息、企业的财务报告、客户名单和订单信息等。

小贴士

从哪里收集证据

可以获得商业计划书证据的来源有以下多种渠道，以可靠度降序排列为：

1. 政府相关公报

政府的公报数据是最好的依据，其中的数据可以追溯出处，目前在相关政府部门的信息公开网站都可以找到。

2. 行业研究报告

专业的行业研究机构会定期或不定期发布相关行业研究报告，企业可以通过公开的渠道获取免费或收费行业研究报告。

3. 文献研究报告

运用文献研究方法，对行业相关研究主题进行文献收集分析，文献研究报告可能时效性不如行业研究报告，但是系统性和完整性会更强。

4. 行业协会

行业协会是同一行业内的企业法人和自然人自愿参加的非营利性社团法人，通过拜访行业协会，或者通过行业刊物来获取信息是非常有用的。

5. 新闻报道

正式出版的杂志或行业新闻媒体有相关新闻报道，可以通过公开的方式搜索到，或者联系主编能获得更多背后的数据。

6.竞争对手的资料

挂牌或上市公司的公开资料,其中都有翔实的报告和财务数据,还有竞争对手的官方网站、最新产品和服务内容等。

7.专业人士拜访和交流

从行业人士的相关采访和评论中,能发现行业内有哪些专业人士是可以获得更多信息的来源,通过引荐和进一步沟通交流,可以获得更多有用信息。

8.网络搜索引擎

互联网上有无数网页可供浏览,可能找到所需信息有些费时,理想情况下是能找到原始数据,要多试几个不同的搜索引擎,因为不同搜索引擎的算法不同。

三、商业计划书

(一) 商业计划书的框架

由于商业计划书的用途各异,其具体内容也会有很大差异。不过,对于大多数商业计划书来说,都包含以下经典框架:封面、目录、执行摘要、项目背景、产品(服务)、市场与行业分析、营销计划、管理团队、生产与运作、财务计划、其他重要数据、支持性文件。

1.封面

封面为读者呈现了企业的第一印象,也传递了商业计划书的目的。封面应显得专业,并在版面设计上具备特色,从而吸引读者的目光。

2.目录

目录应清晰明了、井然有序,主要部分以及副标题按照顺序列出,并且要使用粗体铅字;不同部分的相应页码也要包括在内。准确的目录索引能够让读者迅速找到他们想看的内容。

3.执行摘要

本部分至关重要,是"销售"创意的一个机会,需要确保能吸引读者的关注。它是商

【微课】
商业计划书框架

业计划书各部分的简要总结,并且是最后才写的。执行摘要需要传达产品或服务的市场潜力、管理团队的专业性,以及风险项目的利润潜力等。这一部分还应该包括企业的现状、产品或服务、顾客的利益、财务上的预测、所需的融资数目以及投资者将如何受益。一个好的执行摘要,关键在于简练,最好要用数据、事实来加强可信度。

4.项目背景

在介绍项目背景时,要从痛点、市场规模、政策法规、发展趋势等方面进行阐述。同时,要确保介绍具有针对性,与所做的事情紧密相关,避免泛泛而谈、空洞无物。

5.产品(服务)

介绍产品线或服务时,要说清这种产品的用途、使用方法、独特之处和目标用户,包括产品或服务的独特性,这样才能吸引读者的关注,主要包括以下内容:

(1)产品的名称、特征及性能用途;

(2)产品的开发过程;

(3)产品处于生命周期的哪一阶段;

(4)产品的市场前景和竞争力如何;

(5)产品的技术改进和更新换代计划及成本。

6.市场与行业分析

主要分析市场的规模大小和行业前景。这里需要展示出行业现有的规模以及未来的增长趋势,因为只有具备相当规模和增长潜力的市场才会引起投资人的关注。在分析时需要运用数据和预测来呈现,可以借助一些市场分析工具,收集各类数据信息,将自己的市场分析因素一一罗列出来。

目标市场的阐述,应解决以下问题:

(1)细分市场是什么?

(2)目标顾客群是什么?

(3)5年生产计划、收入和利润是多少?

(4)拥有多大的市场?目标市场份额为多大?

(5)营销策略是什么?

行业分析,应该回答以下问题:

(1)该行业发展程度如何?

(2)现在发展动态如何?

(3)该行业的总销售额有多少？总收入多少？发展趋势怎样？

(4)经济发展对该行业的影响程度如何？

(5)政府是如何影响该行业的？

(6)是什么因素决定它的发展？

(7)竞争的本质是什么？你采取什么样的战略？

(8)进入该行业的障碍是什么？你将如何克服？

7. 营销计划

本部分主要分析产品或服务的竞争情况和市场潜力，并基于此制定相应的营销战略。在进行产品或服务的市场评估时，不仅要识别并描述目标市场，包括顾客群体及其对产品或服务的偏好、购买原因等，还要对顾客行为和趋势进行分析。此外，还需进行市场调研和分析，以确定产品或服务的市场潜力。同时，要了解行业本身，确定其趋势和增长潜力，并对竞争情况和竞争优势进行评估。在为产品或服务制定营销战略时，首先要回答"公司为何存在"这一问题，以明确企业的市场和产品目标(财务目标和非财务目标)，找出目标顾客群体、渗透目标，阐述产品或服务的特性、市场定位等。同时，要对企业的营销行动计划进行描述，包括如何成功进入市场并进行经营，如品牌策略、价格策略、促销策略、物流配送策略、客户服务等。

8. 管理团队

清楚识别管理团队的技能和能力、专业领域及其在企业中的作用，描述管理团队在企业里将要扮演的角色，并在支持性文件部分提供每一个成员的完整简历。

9. 生产与运作

包括生产运作的过程、时间进度以及研发情况。说明产品是在哪里研制的，以及是否为其研制或改进进行了开发。

10. 财务计划

本部分主要体现风险项目的利润潜力，是商业计划书的重要组成部分之一。通常情况下，财务报表包括未来3～5年的损益表、资产负债表和现金流量表预测。由于难以做出精确的预测，建议根据最佳情况、最可能情况和最坏情况分别制定三个不同版本的财务计划。在商业计划书中，需要明确企业的财务需求和资金运用，制定收益计划，并说明与竞争者以及整体行业相比，本项目对投资者的潜在回报。一个好的财务计划应该易于理解且合理。

11. 其他重要数据

制定一个时间进度表,用以识别出项目进程中重要的里程碑及其完成的先后次序。描述你的企业或许会遭遇的重大风险,以及怎样去规避这些风险,并且如何做到使其对企业的影响降到最低,这一点是极为重要的。另外,制定意外计划来应对危机以及可能出现的问题,这也是十分必要的。

12. 支持性文件

包括商业计划书中主要陈述所参考的所有文件,例如人口统计市场考证、法律合同、管理团队的所有成员简历、公司或合伙企业的协议条款、组织结构图等。

(二) 制作商业计划书的注意事项

一份完善的商业计划书不但能够帮助创业者分析计划实施过程中可能存在的关键影响因素,让商业计划书起到指南的效用,并且还能够展现出创业者的素养。以下这七个问题尤其值得我们去特别留意。

1. 证明自己了解市场需求

对微观经济环境的深入理解对于一份优秀的商业计划书而言至关重要。所以需要在商业计划书中呈现出市场中所有推动需求上升或者下降的关键要素。

2. 使用合理数字

商业计划书中的财务预测应简单明了,让投资人一眼能看出企业能否盈利。不需要复杂详细的电子表格,制作一些图表可更快地传递关键信息。

3. 展示项目的特别之处

在清晰地描绘完市场之后,就应该在计划书中向投资人清晰地展示出你的业务是如何适应市场的,比如:你的可持续性竞争优势在哪里、你的想法为何与众不同、你又为何能够为投资人带来具有吸引力的回报。

4. 正视风险

项目风险是投资人最关心的问题之一,因而在商业计划书中无须惧怕提及这个问题。要向投资人展示企业所面临的风险,诸如来自市场需求、竞争、战略定位、资源配置等方面的问题,同时提出减轻和规避风险的相应解决办法,甚至在有可能的情况下说明如何让投资人获得保障。

5. 时刻记住目标受众

商业计划书的内容都应该针对目标受众,确定潜在支持者可能关心什么,并着手解决问题。

6. 做好未来可能需要的资源准备

只要有大目标，便会需要更多资源以及帮助，准确地列出可能需要的资源和伙伴关系，包括场地、设备、雇员、经理、供应商、顾问、代理商和分销商等，并预测这些资源需求的增长率。

7. 不隐瞒、重诚信

当投资人对业务感兴趣并打算给予支持时，他们会尽职尽责地与客户、员工甚至竞争对手交谈。在这个过程中会不可避免地揭露一些不利消息，因此不要试图掩盖坏消息。当投资人自己去发现这些不利消息时，信任就会崩塌，甚至失去合作伙伴。

第二节　项目路演的准备

饶胖有幸参与了一场由汉理资本开办的A轮学堂所组织的创业项目路演竞赛。这个路演竞赛要求参与组织方A轮学堂学习的学员将自身的创业项目或事业拿出进行模拟路演。

组织方邀请了一群资深投资人进行点评打分，其规则为一人有15分钟的路演时间，以及5分钟与投资者的互动时间。一共有12个项目，都十分精彩，结束之后由投资人和嘉宾进行点评。

轮到饶胖时，饶胖并未对项目本身予以评论，而是针对路演技巧提出了一则建议。

饶胖说："听了一下午，4个多小时，这12个项目个个都很精彩，然而，令人遗憾的是，我一个故事都没有听到。我坚信，各位创业者和企业家在创业过程中一定有精彩的故事，有成功的喜悦以及失败的彷徨，而这才是最能够打动人心的部分。"

上述场景中的路演属于融资路演，其本质就是表达与传播，即将你想要表达给他人的事情和观点传递到他人的脑海中，让他人相信你所表达的内容，相信你的项目是有前景并值得投资的。

换句话说，路演只是表达和传播的一种特殊场景，我们人类无时无刻不在表达和传播着自己的想法，人类是社会性生物，需要通过合作才能生存，而表达、传播以及得到别人的信任是合作的核心。

请思考以下问题：

如何完成一场优秀的项目路演？

"路演"一词源自国外的"Roadshow"，这是国际上被广泛运用的证券发行推广方式。路演作为一种促进投融资的关键活动，有益于加强投资者对项目的全方位认知。项目路演，即创业者利用非常短的时间将自己的项目清晰阐述，其形式类似演讲，把项目的亮点凸显出来，吸引投资人的关注，最终达成在路演结束后有投资人愿意与你深入探讨交流的目标。要准备好一场精彩的路演，就需要制作一份精美的路演课件、一份逻辑严谨的讲稿、一场精彩的演说以及一场出色的答辩。

一、项目路演的课件制作

(一) 制作技巧

1. 模板与背景

尽量简洁大方,不宜使用色彩过多、花哨的模板背景,以免影响内容阅读。借用现成模板务必去除或替换原模板的网址、公司标志等,换成自己创业公司的素材。为增添美感和行业特色,可加入一些行业符号或有象征意义的图案。

设计背景需考虑四个要点,即要素、空间、颜色和可读性:

第一,模板背景中的图片要素要与商业计划书的主题相关。

第二,模板背景的空间要足够留白。

第三,颜色的选取要简单及相关。

第四,要注意模板背景的可读性。

2. 文字设计

(1)注重字体的选择。商业计划书PPT的字体应选用阅读性强的,好看和艺术性应置于其次。

(2)注意字号的使用。用于投影时,最小字号尽量采用28号;若是作为阅读文档使用,最小字号也要是9号。

(3)注意字数的把握。对于投影文档,应尽量减少字数;对于阅读文档,应适当增加字数;而在商业计划演示PPT中,需灵活处置,最佳思路是图片或表格加上尽量少的关键文字。

(4)文字强调的方法。可以通过颜色进行强调,也可以使用荧光笔,在现场演示时将想要强调的文字圈出来。此外,还可使用下划线的方式来加以强调。

【微课】
制作精美的路演PPT

(5)其他注意事项。注意文字输入方式,绝对避免错别字,标点符号也不要出现在行首。

3. 图表设计

(1)柱形图的使用:与时间相关的柱形图一般用于展示销售量、收益等,会随着时间推移在公司年报里频繁出现;而与时间无关的柱形图是通过其高矮来对不同项目之间的差异进行比较。基于此,还能变形为簇状柱形图、堆积柱形图以及百分比柱形图。

(2)折线图的使用:折线图可用于呈现项目的趋势,能够随着时间的变化体现出项目的改变,可将其视作柱形图顶部连接起来所产生的效果。

(3)饼图的使用:饼图用于表示局部占整体的比例,各项比例之和等于100%。要注意并非所有出现百分号的数据都得使用饼图,在演示市场份额、股权结构等内容时比较适用。在此前提下,若要对某一块做进一步细分,则可运用复合饼图。

(4)条形图的使用:条形图可被理解为柱形图旋转90°后的产物,但是条形图不具备时间属性,也不具备比较功能。

4. 动画及其他

商业计划演示PPT里的动画不需要很多,尽量越少越好,让投资人的注意力集中在演示者和演示内容上。

一般在商业计划演示PPT中可能有几处会用到动画。例如,在封面上可用简单的出场动画,展示公司标志和团队名称等;在图表中也可以适当采取一些极其简单的动画。例如可以使用擦除,让柱状图一个一个地按顺序上升。对折线图也可以这样使用,让折线一段一段地延伸出来;有时为了介绍产品和其特殊性能时需要动画和视频。

此外,除非演示产品具有声音的特性,一般也不要采用任何的音效。

(二) 内容组织

1. 封面

在演示PPT的封面中需要给出公司名称、标志、联系人及联系方式。此外,在封面上需要给出关于创业项目的一句话描述或"口号",也就是要用最简洁的描述开门见山地向投资人交代这是什么项目。假如项目符合他的偏好,或者描述得非常有抓力,投资人就会对后面的演示内容更感兴趣。本部分内容可以用1页PPT阐述。

2. 导入

这一部分主要和"痛点"问题相关。需要讲清楚用户存在什么"痛点"问题,而创业项目为客户创造了什么价值。这里就涉及发现了用户的痛点问题(最好能具体列点说明)、有多少用户有同样的问题、他们急切解决这个问题吗、目前他们如何解决这个问题、目前的解决方案存在什么问题。本部分内容可以用1～2页PPT阐述。

3. 解决方案

项目准备用什么方案或产品来解决用户的这些痛点，解决方案具备哪些优势、解决方案进行到了哪一步。此外，还需要对解决方案所依附的产品或服务进行详细介绍。本部分内容可以用3～5页PPT阐述。

4. 商业模式

在这一部分需要介绍所构建的价值系统是一个怎样的商业体系，具体内容包括价值系统由哪些要素构成和如何形成商业的闭环。此外，还要向投资者说明在整个价值系统中的哪些环节能够赚钱，也就是盈利点在哪里，以及未来收入的延伸。本部分内容可以用1～2页PPT阐述。

5. 市场与竞争分析

在执行层面，需要介绍在营销推广方面有什么独特的方式来应对市场竞争。在竞争分析方面，需要说明产品或服务有哪些有代表性的竞争对手？本项目依据什么能够存活下来并且能够做大做强？在这一部分一定要讲清楚项目的差异化定位和商业模式差异等问题。本部分内容可以用2～3页PPT阐述。

6. 管理团队

应该尽量突出创业团队的完善性、团队成员之间的互补性，以及每个团队成员有哪些漂亮的业绩，而不仅仅是告诉投资人每个团队成员的从业或求学经历。本部分内容可以用1～2页PPT阐述。

7. 财务分析与融资方案

在这部分需要给出创业项目的发展规划，3～5年的财务预测指标、融资计划和用途、退出方式等。本部分内容可以用3～4页PPT阐述。

8. 结尾

如果一个创业项目能为用户解决"痛点"问题，那就一定存在着商业价值和社会价值。在结尾处最好抒发一下情怀和抱负，升华一下投资人对创业项目和团队的认知。本部分内容可以用1页PPT阐述。

二、项目路演的讲稿设计

(一) 作用

在项目路演时,所说内容极为重要,稍有不慎说错一两句话都有可能影响到评委对项目的评价,因而在路演前务必要写好路演稿。路演稿不仅能够帮助我们从容地完成路演,避免现场因紧张而乱说、甚至无话可说的情形,还能够凭借对内容的精心设计,让路演变得更为精彩、更能触动人心。所以,要想顺利晋级省赛、国赛的项目,切不可吝惜对路演稿的精力投入。

(二) 内容

路演稿的内容结构可划分为三部分:开场、项目介绍、结尾。本书通过金奖项目的实例为大家拆解每部分具体怎么写。

1. 开场词

路演的开场非常关键,它决定了听众对项目的第一印象。好的开场一定是能立马引人注意的,能让人乐意继续往下听的。设计项目路演的开场可以有以下几种方法:

开门见山式:(最常见)

先问好,再介绍自己或项目情况,主要采用公司+路演人+学校+项目介绍形式展开项目介绍:

介绍公司,介绍我担任什么(职位+姓名),来自哪里(学校),带来什么(项目介绍)

项目实例①:

来自第六届金奖项目【eDNA精准生物监测与生态健康诊断】

我是某科技的创始人××,我来自×学校,今天给大家带来一项革命性的生物监测技术……

项目实例②:

来自第六届金奖项目【5G通信氮化镓功放芯片】

我是来自清华大学的××,也是×科技的创始人和CEO,今天我带来的项目是……

设置悬念式:

通过设置悬念来牢牢抓住听众的注意力,这个悬念可以是一个问题、一句话,也可以是现场做一个实验(结果需要等路演结束时揭晓),还可以是其他创新方式。

项目实例①:

来自第六届金奖项目【星网测通】

各位专家大家下午好,在随后的时间里,我想请大家和我一起,把眼光投向太空……

项目实例②:

来自第五届金奖项目【声控大师—离线智能声控开关】

大家看到这个题目会非常奇怪……为什么要搞一个离线智能声控开关呢……

情景代入式:

讲个故事,让听众产生情感的共鸣,仿佛置身某个场景之中。有了这层共鸣后,后面的路演也更能打动听众。

项目实例:

来自第六届金奖项目【NASH美育】

各位评委好,我是NASH美育的项目负责人,首先我想先跟大家分享一个冷知识……

视频导入式:

简单问好后,通过视频介绍,先引起评委兴趣且让评委对项目有直观的了解,后续介绍时会更得心应手。

项目实例:

来自第六届金奖项目【磁晶科技—国内首创光电通信器件的核心材料供应商】

大家好,我是磁晶科技的联合创始人(职位+姓名),接下来请大家通过一段视频来了解我们的项目……

2. 项目介绍

项目介绍是路演稿最为重要的部分,是评委了解项目并进行打分的主要依据。好的项目介绍,能够使人听完后对项目有着清晰的认知。要写好项目介绍部分的路演,在内容上需要做到与路演PPT相互呼应,在逻辑上要做到清晰且明确。接下来进行各部分内容的撰写,具体内容会结合往届金奖项目的路演稿来展开实例讲解。

市场痛点:

市场痛点部分的路演稿,是项目介绍不可或缺的部分,要做到让评委认可,肯定项目存在的价值及意义,并对后续的路演有一定的期待。

可通过报告或数据等统计信息(背景说明),整理出行业存在的问题,并阐述解决问题的必要性和急切性(痛点介绍),最后引出本项目提出的解决方案以及具备的独特优势等信息(解决方案及优势)。

项目实例：

来自第六届金奖项目【eDNA精准生物监测与生态健康诊断】

报告显示……作为一个负责任的大国……（大背景下的行业痛点说明）急需有效的生物监测技术……面对困难，我们建立起……（顺势提出解决方案），首先我们全球首创了……接着，我们构建了……让效率提升超过300倍……（详述项目优势）。

商业模式：

商业模式是赛道评审要点明确的考核内容，好的商业模式是决定项目能否长远的因素之一。

项目运营模式、盈利模式等元素可放在商业模式板块介绍。注意，有些项目的商业模式以模型展示，需在路演稿中进行逻辑清晰的阐述，避免路演时因"即兴发挥"而出现"看图忘字"的情况。

项目实例：

来自第五届金奖项目【超菌克星—细菌性疾病诊断全球领跑者】

我们的目标客户是医疗卫生机构，销售模式参考打印机模式，以试剂盒为主，仪器为辅，前期我们通过学术推广对产品进行宣传，后续将实现直销和代销……

项目亮点：

项目亮点必须有，这是项目能脱颖而出的条件之一，根据往届金奖项目情况，亮点的来源大家可参考以下几方面：

①国家助力成就项目亮点：

项目实例：

来自第六届金奖项目【eDNA精准生物监测与生态健康诊断】

我们首先获得了国家的独家授权，我们是国内唯一……也是国家环境监测总站唯一指定开展……国家还对我们投资3000万元……

②竞品分析凸显项目亮点：

项目实例：

来自第六届金奖项目【新"净"界——用"芯"打造空气净化安全网】

我们的产品在性能上，除了在超微粒子的过滤……领先我们的竞争对手，同时我们的价格也仅为竞争对手的50%……

③核心技术阐明项目亮点：

项目实例：

来自第六届金奖项目【新"净"界——用"芯"打造空气净化安全网】

××技术发展至今，有三大核心技术常伴我身，一、……率先突破了……；二、通过……实现了……；三、……大大拓展了……

④专利证书侧面凸显项目亮点：

项目实例：

来自第六届金奖项目【5G通信氮化镓功放芯片】

目前公司已有核心专利发明×项，在申请核心专利×项……

⑤获奖情况放大项目亮点：

项目实例：

来自第六届金奖项目【5G通信氮化镓功放芯片】

在2020年，我们获评了中关村高新技术企业，同时获得了多项创新创业大赛的奖项……

现状及规划：

现状及规划也是路演稿必备的内容，其能让评委清晰地看到项目已获得价值和团队已做努力，也能侧面反映团队成员的商业思维。

这部分内容主要有：融资需求、股权分配、盈收现状、未来规划等。需注意大多融资情况均以图示表达，路演稿中要有针对图示的讲解。

项目实例：

来自第六届金奖项目【新"净"界——用"芯"打造空气净化安全网】

公司成立至今，从……成长为……未来我们会……预计营业收入可以突破××元，已达成了××元，计划释放××的股份，融资××元，目前已获得××集团的××元融资……

团队介绍：

优秀、凝聚力强的团队是项目的核心竞争力，也是项目中唯一不能复制的存在，其重要性不言而喻。

如果团队有首席科学家、创业顾问等人员，且有较契合项目的身份背景、工作经历，建议详细介绍以凸显项目的专业性。

项目实例：

来自第六届金奖项目【eDNA精准生物监测与生态健康诊断】

我是公司的主要创始人……我的联合创始人是……他也是国际上最知名……我们还拥有一支……推广团队……

3. 结尾词

与开头类似，结尾词的作用也不容忽视，一场高分路演一定是有头有尾、头尾分明的。通过观看往届金奖项目路演后可以发现，很多优秀项目都会选择在介绍结束时，喊出自己的项目口号与愿景，大家在撰写自己的路演稿时也可参考。

项目实例①：

来自第六届金奖项目【eDNA精准生物监测与生态健康诊断】

××科技，开创生态环境基因检测新时代，助力我国生态大保护！

项目实例②：

来自第六届金奖项目【新"净"界——用"芯"打造空气净化安全网】

同呼吸，共担当，××引领专业净化，做健康空气的守护者，谢谢大家！

项目实例③：

来自第六届金奖项目【星网测通】

星网测通，让全人类尽快用上太空Wi-Fi，让世界见证卫星互联网测量的中国力量！谢谢大家！

（三）路演稿撰写技巧

合理的路演稿形式，可以推动高效的路演练习，从而催生高分路演。为了呈现出更好的路演效果并实现路演目标，需要留意以下这些要点。

1. 时间限制

大学生创新创业大赛的路演答辩通常采用"6+4"或"5+3"模式，即6分钟或5分钟的路演以及4分钟或3分钟的答辩。大赛对路演有严格的时间要求，但很多团队由于时间把控失误，会出现讲太慢内容没讲完，只能草草结尾的情况，这其实是非常影响评委对项目的印象的。因此，路演时一定要把控好时间，避免超时给评委留下不好的印象！

建议参赛团队在准备路演稿前，先明确所在地区的路演限制时间，一般为5~8分钟，再对每页PPT的演讲时间按照重要性进行初步规划，在每页路演PPT的路演稿部分加入演讲用时，让路演人开展时间及内容的辅助练习，规避正式路演时出现突发状况。

2. 加入动作语气标注

路演并不是路演人的独白,而是一场有情绪的演讲,这样的路演会很加分。可以通过语气、语调、肢体动作来调动现场情绪。备赛时可根据路演稿对应内容,对情绪要求、肢体动作进行标注。

例如:讲到项目唯一性、卓越数据等亮点信息时,音量可以适当提高,自信地讲解;讲到商业模式时可适当放慢语速,给评委一定时间思考;讲到项目愿景时,情绪可适当激昂,辅以手部动作,展示出项目的宏大愿景。

3. PPT内容简略、不需要全部描述

PPT内容较多,但路演时间有限,不用将全部内容都叙述一遍,将每页重点阐述出来即可。路演是考验大家在有限时间内传达重点信息的能力,如果按照PPT念一遍文字,那提前准备好的路演稿、路演就失去意义了。

例如讲到竞品分析时,可直接将自己的产品优势用百分比、提高倍数等数据表示出来,不用逐项进行对比再得出结论,那样很浪费时间。

4. 从事实出发

诚实是必需的,一定不能造假,如果造假,肯定会在答辩环节露出马脚。例如,在竞品分析部分,实事求是地展示出自己的优势即可,不要出现过分比较、提高数据、试图猜测等情况。

5. 反复修改

在真正路演前,路演稿要反复修改、精益求精。项目、PPT的不断优化、路演人的练习反馈都会使路演稿反复修改。大赛未至,修改不止,好的路演稿都是修改而来的。

6. 熟记于心

路演人一定要对路演稿熟记于心,正式路演前要多背、多练,时间、内容、衔接语句等都要很熟练,以达到看见路演PPT页面,就能想起当前页面所要传达的重点、时长要求等。

三、项目路演与现场答辩

(一)项目路演

1. 全局把握

内容把握上,要说出项目特色。创业者可以结合项目特点来突出项目优势,不管是产

品技术、核心团队、市场渠道、商业模式等都有可以挖掘的特点，把产品的细节特点和独特价值作为亮点，充分展示，这是内容上要把握的。

路演人选上，要核心人员上台。核心人员是项目的灵魂，亲自上台做路演，是确保项目路演能获得良好结果的重要前提之一。核心人员要将项目理念以及创业激情充分展现出来。通常而言，能够打动他人的并非是演讲者滔滔不绝的言辞，而是专业且务实的创业团队核心人员。

项目团队上，要突出优势资源。投资者不仅关注项目，更关注做项目的人。要把与企业核心竞争力紧密相关的人力资源以及能够解决什么问题清晰表述出来，并非只是简单地描述简历，而是要以图示和故事化语言将团队成员之间的合作关系呈现出来。

路演方式上，要适当创意设计。每个人都有好奇心，为了让路演项目吸引投资者的注意，在遵循项目路演规则的基础上，可以尝试做一些创意或创新带给现场的投资者别样的感受，加深他们对路演项目的印象。

现场气氛上，要激发听众兴趣。在演讲过程中适度制造悬念，激发投资者聆听和参与的兴趣，以确保内容信息能够准确传达。要突出与投资相关的利益，通过画面植入的方式，使投资者形成记忆点和联想点，从而加深印象。

突发事件上，要能够随机应变。在进行项目路演时，难免会出现一些意外情况，在演讲中应该做好心理准备，在现场能够化被动为主动，机智地应对突发事件，将不利局面转化为有利局面，或者适当进行自我解嘲，也可以顺势而为，同时要学会自我调节，转移尴尬。

 案例分享

在中国创业服务峰会暨中国创业咖啡联盟年会上，"边学边问"App项目在"挑战120秒"环节亮相，吸引了众多投资人的目光。而就在不到两个月前，他们通过5分钟的项目路演，获

【微课】
掌握路演技巧

得了来自武汉博奥投资有限公司的300万元投资。

考研复习中发现创业商机

李凯是武汉纺织大学大四学生，与他同龄的古望军，就读于湖北工业大学。两人是高中同学，双双由外地考到武汉读书。去年，两个好兄弟又决定一起考研。在考研复习数学时，古望军每当遇到难题不会解答，就会上网搜索，但常常找不到答案。各大考研资料社区大多是文本材料下载，没有题库搜索能力；论坛发问，得到的答案却并不权威……古望军和李凯碰面交流时"吐槽"：为什么中小学都有这样的问答类App，唯独在大学这一块是空白？两人灵光一闪：能不能做一个大学生的学习问答社区，方便大家在考研、英语四六级考试，乃至各种考证的过程中实现互助学习？"边学边问"应运而生。

他们开发的这款App，是针对大学生群体打造的问答平台，使用者可以将问题发到App，由系统、网上高手或老师给出解答过程和思路。同时，还可以为用户提供高质量的考试考证经验、课程视频、学习笔记等干货内容，以及周边院校的讲座、选课指南及老师在线课程等。同时，App附加社交功能，设有"学霸圈""留学圈""四六级圈"等多个圈子，供大学生"扎堆"。

5分钟路演吸引投资人

今年1月考研结束后，李凯、古望军正式开始创业。李凯回忆，创业初期，他们没有贸然开始App开发，而是进行充分的市场调研。他们将市面上可以找到的所有问答类App，都下载在手机上试用，最后选择了5个进行详细"解剖"，逐一分析各自的优劣。一个月后，他们决定在采用文字录入模式的同时，加入一键拍照的方法，采取图像识别技术，从图片中提取文字，再匹配题库。

1月中旬，项目团队正式入驻光谷创业咖啡，准备参加今年首场青桐汇路演，路演时间5分钟。为了准备路演，他们特地撰写了创业计划书并制作PPT，并在光谷创业咖啡工作人员指点下，对PPT进行了三次大改。1月24日，古望军穿着租来的西装登上路演舞台，由于创业"角度习"、项目特点突出，当场就有投资人表达了投资意向。

2. 精彩演说

项目路演虽然不是演讲，但演讲却是项目路演的主要部分，其重要性不言而喻，为了讲好还需要把握好以下技巧：

状态上，要镇定显专业。 路演是创业者向投资者推销自己的项目，创业者要坚信自己在项目上比投资者更为专业，听众期望从创业者的路演中获取到他们所不知道的内容。不管在路演时是否感到紧张，都要保持镇定从容，不能让人感觉不专业，对项目缺乏底气。

在声音上，要洪亮有重点。如果整个演讲始终保持同一语气语调，便会令人感觉毫无重点。对于语气语调的轻重缓急以及抑扬顿挫，是能够加以训练的，可针对需要强调之处做出一些变化，以此来引发注意。

在眼神上，要正视敢交流。项目路演是难得的与投资人面对面交流的契机，演讲者不能只盯着自己的项目PPT讲个不停，而应面向观众，了解观众的情况，并及时调整自身的状态。

在陈述上，要脱稿展自信。如果在项目路演现场只是照着PPT念，会让人感觉创业者对自己的项目都不了解。项目路演的PPT内容仅是辅助手段，创业者借助它来体现自身的表现力、思维能力、应变能力等。

在表情上，要自然助表达。创业者在台上的面部表情、手势以及眼神也是信息的传达途径。一般来说，站在台上时双手应自然地垂于身体两侧，可适当加入手势，需注意与内容同步，眼神也要和手势同步。在站姿方面，要保持挺拔身姿，还可以适当移动站位，做到动静结合。

（二）现场答辩

1.提前准备问题，模拟演练

创业项目本身很难做到十全十美，投资人在选择项目时，同样需要去挖掘、评估以及考察这些项目潜在的缺陷，以及这些缺陷给项目带来的危害。面对投资者的这些考验，对于创业者而言，最重要的是能拿出应对之策。所以，针对这些问题预先做好答辩准备，是非常有必要的。以下是在项目路演答辩时，投资人或者专家常常会问到的方向以及具体问题。

（1）项目的定位认知

能否用一句话说清楚整个项目是做什么的？定位是什么？

项目的使命、愿景、价值观是什么？

项目的成功关键是什么？项目团队有匹配的能力吗？

项目的最大风险是什么？如何规避和应对？

项目目前面临的首要问题和困难是什么？

（2）项目的目标客户

项目目标用户群体有哪些？目标客户有什么特征？

项目解决了目标用户什么需求痛点？

为什么目标客户有刚性需求？如何证明？

项目可能的应用场景有哪些？项目聚焦的是什么场景？

目标客户市场规模有多大？怎么测算出来的？依据是什么？

市场调研、市场分析做得充分吗？如何证明分析结果有效性？

（3）项目的产品和技术

项目的产品和解决方案有何种明显的特色和优势？

产品实际的使用效果如何？

目标客户中有多少人使用过产品？有什么反馈和评价？

产品的技术原理和技术路径是什么？有何优势和门槛？

是否有专利和版权等知识产权保护？

产品核心技术专利是项目团队核心人员持有吗？有授权吗？

产品和研发到了什么程度？何时能实现产品规模化量产？有时间表吗？

产品的综合成本是多少？如何测算出来的？利润空间多大？

产品是自生产还是代加工？

（4）项目的营销和运营

商业模式是什么？利益相关方的交易结构是什么？

盈利点有哪些？哪个是最主要的收入来源？

产品如何定价？有价格优势吗？用户对这个价格的接受度如何？

如何搭建销售体系？线上和线下的营销怎么做的？

怎样快速获得客源？有什么主要的客户名单吗？

主要销售计划有哪些？销售预测的数据准确吗？

（5）项目的团队资源

项目创始人有什么优势？

项目核心成员在过去有过哪些成就？

创业团队在这个项目领域有哪些能力、资源和经验？

为什么这个项目其他人做不了，你们可以做得了？

项目的股权结构上,有技术占股、资源占股、专家占股吗?

本项目有哪些外部资源支持? 具体给了哪些支持?

(6)项目的现状和未来

创业团队何时成立? 项目的启动以及具体时间过程?

项目已经实现的产品研发、销售收入、融资有哪些?

目前项目的难点和问题在哪里?

未来的发展规划设想有哪些? 要实现哪些目标?

项目在未来一年、三年、五年的财务指标是如何规划和预测的?

如果保证未来的目标可以实现? 有什么具体措施和行动?

项目未来可持续发展的空间在哪里? 依据是什么?

(7)项目的融资计划

需要融资多少钱? 计划出让多少股份?

之前有融过资吗? 融资的情况怎样?

融资款项主要用在哪些地方?

如果融资到位,可以支撑公司运营多长时间?

有没有考虑其他的融资方式? 钱花完了怎么办?

融资可以接受对赌条款吗?

投资人未来如何退出? 能获得怎样的收益?

2. 注意答辩礼仪,细节取胜

(1)礼貌

在答辩开始、结束时,需礼貌地向听众(投资人、评委老师)问好并鞠躬,以此展现出自身良好的素质与修养。

(2)谦虚

在回应听众(投资人、评委老师)的问题时,切不可端高姿态。对于他们给出的意见或建议,要诚恳地接受。如果他们对你的项目表示质疑,而对另一个项目予以肯定,建议先认可他们所提出的质疑,接着阐述两者之间的差别,进而体现出自己产品的核心竞争力。

(3)诚实

如果听众(投资人、评委老师)询问到自己未曾考虑到的问题且自己不知该如何作答,此时可以大胆地表明没有考虑到,并向他们请教有何意见建议;切不可胡乱牵扯,再牵强地自圆其说,这样只会给他们留下不好的印象。

(4)退场

答辩时的退场也是需要练习的。事先需观察主持人进场和退场的方向与位置,妥善安排好团队成员退场的方向和秩序,实现快速且有序地退场,切勿耽误大家的时间。

实操任务

▶ 任务1 撰写一份商业计划书

【实操任务】

分组并模拟撰写一份"商业计划书"。

【实操目的】

通过实操,掌握商业计划书的内涵、撰写框架。

【实操步骤】

步骤1：确定创业团队。

在同学中寻找合作伙伴,形成一个创业团队。

步骤2：选择创业项目。

从不同类型的创新创业项目中,结合创业团队的实际情况选择一个可行的项目。

步骤3：评估创业项目的可行性。

盘点创业团队的所有创业资源,评估分析创业项目的可行性。

步骤4：研讨策划创业项目。

对拟创业的项目开展产品定位、产品特色、产品规划、团队管理、营销策划、运营模式、盈利模式、财务规划、风险防控等方面的策划。

步骤5：撰写商业计划书。

商业计划书的内容包含封面、目录、执行摘要、项目背景、产品(服务)、市场与行业分析、营销计划、管理团队、生产与运作、财务计划、其他重要数据、支持性文件等,可以根据项目实际进行调整。

【实操评价】

1. 评价内容

(1)学生参与度

(2)项目的可行性

(3)商业计划书的完整性

2. 评价方式

学生成绩由学生自评(20%)、互评(30%)、师评(50%)综合评定,评价表具体如下所示。

小组名称：＿＿＿＿＿＿＿＿　　　　　　　　　　　　　　　　　第＿＿＿＿次实操

学号	姓名	自评(20分)	互评(30分)	师评(50分)	总成绩

▶ 任务2　撰写项目路演讲稿

【实操任务】

撰写项目路演的演讲稿。

【实操目的】

通过训练，掌握项目演讲稿的撰写技巧。

【实操步骤】

步骤1：讨论演讲稿提纲。

步骤2：分工撰写演讲稿。

步骤3：根据讲稿设计问题，模拟提问后根据问题进行修改。

【实操评价】

1. 评价内容

(1)学生参与度

(2)演讲稿的完整度

(3)演讲稿的精彩性

2. 评价方式

学生成绩由学生自评(20%)、互评(30%)、师评(50%)综合评定，评价表具体如下所示。

小组名称：＿＿＿＿＿＿＿＿　　　　　　　　　　　　　　　　　第＿＿＿＿次实操

学号	姓名	自评(20分)	互评(30分)	师评(50分)	总成绩

▶ 任务3　制作一份项目路演课件

【实操任务】

根据上述模拟创业项目,制作一份项目路演课件。

【实操目的】

通过模拟创业项目路演课件的制作,掌握项目路演课件的技巧和注意事项。

【实操步骤】

步骤1: 设计路演课件的内容。

1. 封面

2. 导入

3. 解决方案

4. 商业模式

5. 市场与竞争分析

6. 管理团队

7. 财务分析与融资方案

8. 结尾

步骤2: 挑选路演课件的模板。

步骤3: 开始设计路演课件各个页面。

步骤4: 邀请专家、学长学姐点评课件。

步骤5: 美化项目路演课件。

【实操评价】

1. 评价内容

(1)学生参与度

(2)课件内容的完整性

(3)课件整体的美观度

2. 评价方式

学生成绩由学生自评(20%)、互评(30%)、师评(50%)综合评定,评价表具体如下所示。

小组名称:＿＿＿＿＿＿＿＿　　　　　　　　　　　　　第＿＿＿＿次实操

学号	姓名	自评(20分)	互评(30分)	师评(50分)	总成绩

思考与练习

一、单选题

1.以下内容可以不作为商业计划书的阐述重点的是(　　)。

　　A.竞争对手情况　　　　　　　　B.行业发展历史

　　C.技术研发历史　　　　　　　　D.财务计划

2.商业计划书的主要阅读对象是(　　)。

　　A.老师　　　　　　　　　　　　B.学生

　　C.行政审批部门　　　　　　　　D.创业者和风险投资商

3.商业计划书的基本内容包括(　　)。

　　A.产品、服务、市场　　　　　　B.财务和风险

　　C.管理、营销　　　　　　　　　D.以上都是

4.商业计划书的基本要求包括(　　)。

　　A.内容完整　　　　　　　　　　B.操作可行

　　C.汇报合理　　　　　　　　　　D.以上都是

5.商业计划书摘要应该(　　)。

　　A.重点介绍企业文化　　　　　　B.通常放在正文前面

　　C.先于正文完成　　　　　　　　D.篇幅在2000字以上

二、多选题

1.商业计划书可以分为(　　)。

　　A.项目计划书　　　　　　　　　B.商业策划书

　　C.招商计划书　　　　　　　　　D.创业计划书

2.路演讲稿的项目构成是(　　)。

　　A.开场　　　　　　　　　　　　B.创业资金

　　C.项目介绍　　　　　　　　　　D.结尾

3.介绍产品或服务时,主要包括下列哪些内容(　　)。

　　A.产品的名称、特征及性能用途　　B.产品的开发过程

　　C.产品处于生命周期的哪一阶段　　D.产品的市场前景和竞争力如何

　　E.产品的技术改进和更新换代计划及成本

4.商业信息的收集可以通过以下哪些途径实现(　　)。

A.网络数据　　　　　　　　　　B.问卷调查

C.官方统计数据　　　　　　　　D.第三方研究报告

5.市场分析包括(　　)。

A.目标客户　　　　　　　　　　B.行业动态

C.市场份额　　　　　　　　　　D.营销策略

三、名词解释

1.商业计划书

2.路演

四、简答题

1.请简述现场答辩的注意事项。

2.请简述商业计划书的框架。

五、分析题

张华毕业于某名牌大学,多年来一直利用业余时间进行研究,终于在室内环境污染治理领域取得了重要突破。这项技术一旦在实际中得到应用,前景将十分广阔。因此,张华毅然辞去了原来的工作,打算自主创业。然而,多年的积蓄都已经投入了室内环境污染治理的研究中,在东拼西凑注册了一家公司后,他已经没有能力再招聘员工、购买实验材料了。无奈之下,张华想到了风险投资基金,希望通过引入合作伙伴来解决当前的困境。为此,他撰写了一份简单的创业计划书,并与一些风险投资机构或个人投资者进行接洽商谈。尽管张华反复强调他的技术有多么先进,应用前景有多么好,但计划书中却没有提供任何具体数据。例如市场需求量具体是多少? 一年可以有多大的销售量? 投资后半年的回报率有多高? 甚至连招聘一些技术骨干都比较困难,因为这些人总是对公司的前景缺乏信心。这时,曾经在张华注册公司时给予过他帮助的一位从事管理咨询的朋友的一句话点醒了他:"你的那些技术有几个投资者能懂? 你的创业计划书里什么都没有,怎么让别人相信你? 投资者凭什么相信你? "

于是,张华向相关专家请教咨询后,又查阅了大量的资料,然后平心静气地从公司的经营宗旨、战略目标出发,对公司的技术、产品、市场销售、资金需求、财务指标、投资收益、投资者的退出等方面进行了深入的分析和论证,很快就拿出了一份全面的创业计划书。经过几位相关专家的指导,他又对内容进行了修正和完善。凭借着这份出色的创业计划书,张华不久就与一家风险投资公司达成了投资协议,获得了风险投资的支持,员工招聘问题也迎刃而解。

现在,张华的公司经营得蒸蒸日上,年销售利润已达500万元。回忆往昔,张华感慨万千:"创业计划书的编制与我所从事的环境污染治理材料的要求如出一辙,绝非随便写一篇文章的事。编制计划书的过程,就是我不断梳理自身思路的过程,只有自己思路清晰,才有可能让投资者和员工信服。"

1. 张华的商业计划书应包括哪些内容?

2. 张华的商业计划书的特色和亮点应该如何体现?

第八章
走进创新创业大赛

▶ **本章导读**

　　大学生创新创业大赛的设计理念为"以赛促学，以赛促教，以赛促创"，旨在激励大学生紧跟时代步伐，顺应发展潮流，在创业实践中锤炼各项基本能力，深入了解国情，积极践行创新驱动发展战略，增加就业机会。为推动高校毕业生实现更高质量的创业和就业，学校应积极号召学生参与创新创业大赛，这是培养大学生创业能力的重要渠道，也是提升大学生创新创业能力的关键平台。创新创业大赛以竞赛为表现形式，实则是一个整合知识、技术、资金、人才、管理经验等生产要素的综合性市场。研究表明，大学生创新创业大赛能够切实有效地培养学生的创新和创业能力。通过科学合理的组织、备赛，以及系统的学习和培训指导，让学生在具体的创业情境中模拟并解决问题，能够有效培养学生的创新思维和创新意识，提高学生的实践能力和创业能力。

　　本章主要介绍了三类创新创业大赛的相关基础知识，通过实际训练，要求大学生模拟各类赛事的参赛流程，进一步了解大学生创新创业大赛，掌握创新创业大赛的基本原理，避开参赛误区。

▶ 学习重点

1. 大学生创新创业训练计划参赛流程和要求；

2. 中国国际大学生创新大赛参赛流程和要求；

3. "挑战杯"全国大学生创业计划大赛参赛流程和要求。

▶ 学习指南

1. 通过资料阅读、慕课学习等方式了解三大赛事的基本情况；

2. 通过模拟训练、案例分析、项目实战等方式训练模拟三大赛事。

第一节　大学生创新创业训练计划

一、赛事概述

(一) 项目简介

大学生创新创业训练计划于 2006 年由教育部高教司设立，并于 2012 年将其调整为"国家级大学生创新创业训练计划"(以下简称"大创"项目)。这一计划是针对全国大学生而建立的，是影响力最强以及涵盖范围最大的高校创新创业活动。大学生创新创业训练计划不仅是高校本科教学"质量工程"的重要组成部分，而且延伸和发展了大学生创新性实验计划。该计划从级别上由高到低分为国家级、省级、校级三个级别。从研究内容的侧重上分为三个类别，创业方面包括创业实践项目与创业训练项目两类，创新方面为创新训练项目。

(二) 项目目标

"大创"项目坚持以学生为中心的理念，遵循"兴趣驱动、自主实践、重在过程"原则，旨在通过资助大学生参加项目式训练，推动高校创新创业教育教学改革，促进高校转变教育思想观念、改革人才培养模式、强化学生创新创业实践，培养大学生独立思考、善于质疑、勇于创新的探索精神和敢闯会创的意志品格，提升大学生创新创业能力，培养创新型国家建设需要的高水平创新创业人才。

(三) 项目类型

1. 创新训练项目

该项目要求本科生个人和团队，在导师指导下，自主完成创新性研究项目设计、研究条件准备和项目实施、成果(学术)交流等工作。

2. 创业训练项目

该项目要求本科生团队，在导师指导下，团队中每个学生在项目实施过程中扮演一个或多个具体角色，完成商业计划书编制、可行性研究、企业模拟运行、撰写创业报告等工作。

3. 创业实践项目

该项目要求学生团队，在学校导师和企业导师共同指导下，采用创新训练项目或创新性实验等成果,提出具有市场前景的创新性产品或服务,以此为基础开展创业实践活动。

(四) 项目要求

1. 全日制在校本科生均可申请,原则上项目负责人为二、三年级学生,鼓励新生以项目组成员身份参与申报。申请者以团队为主(团队人数一般不超过5人)。

2. 项目研究时间原则上不超过1年,一般应在项目负责人毕业前完成项目。

3. 创新训练项目需配备1名指导教师;创业训练和创业实践项目需配备至少2名指导教师,其中1名为校内导师,另1名为校外指导教师。

4. 项目来源可以是:

①学生自主确定的选题;

②教师科研项目,可有学生独立开展的部分;

③承担社会、企业委托的项目;

④结合本科毕业论文(设计)选题;

⑤学院结合专业发布的选题指南;

⑥经创新创业学院审核批准的其他来源项目。

5. 创新训练项目要求选题适当、研究内容新颖、研究目标明确、研究方案和技术路线科学、实施条件有保障;创业训练和创业实践项目选题要求范围适当、目标内容清晰、技术或商业模式有所创新,具有一定技术含量、商业价值和市场前景,实施条件有保障。

(五) 项目阶段

1. 学生申报环节:学生根据申报书模板填写项目申报书进行申报。

2. 学院立项孵化环节:不限制名额。

3. 晋级评审环节:学校按照上一年学院的市级、国家级项目执行情况分配名额。

4. 中期检查:主要考察项目进展情况和经费使用情况。

5. 结题答辩:原则上项目负责人参加答辩,如有特殊情况项目组成员参加也可以。结题答辩评审结果分为优秀、良好、合格、不合格四个等级。评定为"优秀"的项目有机会入选"全国大学生创新创业年会"(每年举办)(A类)和"省级大学生创新创业训练计划成果展"(每两年举办)(B类)。

(六) 经费支持

国家级大学生创新创业训练计划面向中央部委所属高校和地方所属高校。中央部委所属高校直接参加,地方所属高校由地方教育行政部门推荐参加。国家级大学生创新创业训练计划由中央财政、地方财政共同支持，参与高校按照不低于1:1的比例，自筹经费配套。中央部委所属高校参与国家级大学生创新创业训练计划，由中央财政按照平均一个项目1万元的资助数额，予以经费支持。地方所属高校参加国家级大学生创新创业训练计划，由地方财政参照中央财政经费支持标准予以支持。各高校可根据申报项目的具体情况适当增减单个项目资助经费。对中央部委所属高校创业实践项目，每个项目经费不少于10万元，其中，中央财政经费应资助5万元左右。

(七) 组织实施

1. 各高校制定本校大学生创新创业训练计划学生项目的管理办法。规范项目申请、项目实施、项目变更、项目结题等事项的管理。中央部委所属高校直接向教育部高等教育司提交工作方案，非教育部直属的中央部委所属高校同时报送至其所属部委教育司(局)。地方教育行政部门将推荐的地方所属高校的工作方案汇总后，一并提交给教育部。教育部组织专家论证，通过论证后即可实施。

2. 各高校在公平、公开、公正的原则下，自行组织学生项目评审，报教育部备案并对外公布。项目结束后，由学校组织项目验收，并将验收结果报教育部。验收结果中，必需材料为各项目的总结报告，补充材料为论文、设计、专利以及相关支撑材料。教育部将在指定网站公布项目的总结报告。

3. 国家级大学生创新创业训练计划项目面向本科生申报，原则上要求项目负责人在毕业前完成项目。创业实践项目负责人毕业后可根据情况更换负责人，或是在能继续履行项目负责人职责的情况下，以大学生自主创业者的身份继续担任项目负责人。创业实践项目结束时，要按照有关法律法规和政策妥善处理各项事务。

4. 中央财政支持国家级大学生创新创业训练计划的资金，按照财政部、教育部《"十二五"期间"高等学校本科教学质量和教学改革工程"专项资金管理办法》(另行制订)进行管理。各高校参照制订相应的专项资金管理办法，负责创新创业训练计划项目经费使用的管理。项目经费由承担项目的学生使用，教师不得使用学生项目经费，学校不得截留和挪用，不得提取管理费。

5. 教育部对各高校实施国家级大学生创新创业训练计划进行整体评价。每年组织一次分组评价，根据评价结果，适度增减下一年度的项目数。

二、申报与实施

(一) 项目申报书撰写

项目申报书的撰写是整个大学生创新创业计划项目中至关重要的一环。在一定程度上,计划项目能否申报成功与所在团队申报书的撰写质量密切相关。申报书的撰写要掌握以下几个原则。[①]

1. 创新性

无论什么样的课题都必须有创新性,即在前人研究的基础上进行再创造或者研究别人没有研究的东西,可以是新设想、新思路,也可以是新见解、新发现,还可以是某个领域、行业等方面的新突破。

2. 前瞻性

21 世纪是知识经济全球化的时代,任何研究课题应充分适应并反映这种变化趋势。经过认真思考、理性分析的具有预见性和前瞻性的课题,对未来的策划和现状的改善具有引导作用,有重要的理论和现实意义。

3. 针对性

课题选择不宜过泛、过大,应集中于某一问题之上。它要求所在团队根据自身条件选择适合本团队的课题,且该课题能够反映出团队对某一学科基本理论与专业技能的掌握程度。

4. 科学性

任何课题的选择都要有一定的理论根据,符合自然科学规律。一般而言,科学性的课题既有实践基础,又有理论基础。大学生通过实施创新创业计划,能够加强对理论知识的学习与掌握,不断充实自己。

5. 可行性

创新研究团队要从实际出发,考虑自己的实验基础、知识水平以及学校环境等因素,选择切实可行、力所能及的课题。

在以上几个原则基础上,撰写申报书之前还要做好充分调研,以了解和把握该研究领域在国内外的研究现状、研究进展及存在问题,根据自己的特色及优势确定主攻方向

---

① 赵建军,李宗群,刘伟. 大学生创新创业计划的申报与实施[J]. 长春师范大学学报, 2018, 37 (2):98-100.

和目标。申报过程中,尽可能把课题的意义、拟解决的关键问题和创新点等充分表达出来。同时,要着重在"新"字上下功夫。申报课题的新颖性是专家评委所关注的重点,有条件的可以通过提交现状调查报告来确定其新颖性。没有新颖性,项目也便失去了研究意义。除项目负责人、项目组成员及指导老师的基本信息,需要填写的申报书内容还包括:申请理由、项目简介、项目特色及创新之处、进度安排、拟利用资源、经费使用计划及预期成果等几个方面。

下面就这几个方面的撰写作一简要陈述。

申请理由部分一般要写出项目组每个成员,尤其是项目主持人的特长、对相关知识的掌握程度以及与该研究课题相关的实践经历等。同时,也要表达出整个团队在该项目相关方面的实践及知识积累。通过这些内容的表达,给评委以本项目组成员有能力保障该项目顺利实施的印象。

项目简介部分一般要求字数不多,类似但又不同于研究论文摘要。在创新创业计划申报书中,该部分内容要力求用简洁的语言表达出项目的研究背景、研究意义、研究内容。要力求给项目评委表达出该课题立项的可行性及必要性。

项目特色及创新之处是不同于以往研究的部分,特色及创新之处一般不宜过多,2～3个即可。大学生创新创业计划研究周期一般为1年。因此,项目研究进度安排可据此分为三个时间段。另外在填写经费使用计划时,项目主持人应充分听取指导教师的意见及建议,避免一些不必要的麻烦。项目预期成果,即通过项目实施所获得的成绩,一般以发表学术论文、申请实用新型专利或发明专利的形式得以体现。申报书的编写相当重要,需要申报人不断推敲、仔细修改,多向指导教师请教。需要注意的是,这个过程中一定不要出现指导教师代劳的现象,这会影响到项目实施时学生的兴趣、积极性和主动性。

(二) 项目实施

大学生创新创业计划的实施是项目执行的关键环节,也是对大学生知识运用能力和耐力的综合考量。在大学生创新创业计划项目实施过程中我们主要会遇到以下问题:

1.课题实施时间的保障

大学期间的知识学习不再像中小学那样带有强制性,大学生可以规划自己的学习和生活时间。充分利用课余时间,有利于大学生未来职业的发展。但在校大学生的主要任务仍旧是学习,且以课堂教学为主。平衡课堂时间与开展创新创业计划项目时间存在着一定的难度。因此,在创新创业计划课题的实施过程中,项目实施者要科学合理地规划自己的时间,以保障课题的顺利实施。

2. 团队兴趣、积极性和主动性的变化

青少年心理活动易受到外部因素的影响,进而影响到其成就感、积极性。在项目实施过程中,项目实施者要适当地激励自己,使自己保持原有的兴趣、积极性和主动性,以更饱满的状态参加到项目实施中去。

3. 承受挫折的能力

大学生创新创业课题的实施是一项系统且相对独立完整的工作,需要项目实施者在一定时间内持续投入时间和精力。这就要求项目实施者在创业过程中具备承受挫折的能力,敢于面对挑战。

第二节　中国国际大学生创新大赛

一、赛事概述

(一) 大赛简介

中国国际大学生创新大赛,原名为中国"互联网+"大学生创新创业大赛,首届赛事于2015年举办,如今已成为覆盖全国所有高校、面向全体高校学生、影响力最大的赛事活动之一。2019年12月,在教育部召开的工作研讨会上,第六届大赛正式更名为中国国际"互联网+"大学生创新创业大赛;2023年12月,第九届大赛正式更名为中国国际大学生创新大赛。这一更名旨在更强调"创新"这一关键词,以推动大学生们创新的热情,并适应未来时代的发展需求。该大赛由李克强总理提议举办,由教育部等十余个部委、省份联合主办。截至2023年,已成功举办九届中国国际大学生创新大赛。它是目前全国知名度最高的大学生创新创业大赛之一。大赛的核心要素为"敢闯敢创",旨在激发大学生的创造力,培育"大众创业、万众创新"的生力军。中国国际大学生创新大赛具有五个"最"的特点,即全国知名度最大、覆盖院校最广、申报项目种类最多、参与学生最多、国家重视度最高且涉及国际项目的大学生创新创业大赛。

(二) 大赛赛制

本书以第十届中国国际大学生创新大赛为例介绍本赛事。

1. 大赛主要采用校级初赛、省级复赛、总决赛的三级赛制(不含萌芽赛道以及国际参赛赛道)。在校级初赛、省级复赛基础上,按照组委会配额择优选项目进入全国决赛。

2. 大赛共产生4250个项目入围总决赛(港澳台地区参赛名额单列),其中高教主赛道2300个(国内项目1800个、国际项目500个)、"青年红色逐梦之旅"赛道650个、职教赛道650个、萌芽赛道200个、产业命题赛道450个。

3. 高教主赛道每所高校入围总决赛项目不超过5个,"青年红色逐梦之旅"赛道、职教赛道每所高校入围总决赛项目各不超过3个。产业命题赛道每道命题每所院校入选项目总数不超过3个。萌芽赛道每所学校入围总决赛项目总数不超过2个。

（三）参赛组别

高教主赛道

1. 本科生组

a. 创意组

（1）参赛项目具有较好的创意和较为成型的产品原型或服务模式，在大赛通知下发之日前尚未完成工商等各类登记注册。

（2）参赛申报人须为项目负责人，项目负责人及成员均须为普通高等学校全日制在校本专科生（不含在职教育）。

（3）学校科技成果转化项目不能参加本组比赛（科技成果的完成人、所有人中参赛申报人排名第一的除外）。

b. 创业组

（1）参赛项目须已完成工商等各类登记注册（在大赛通知下发之日前注册）。

（2）参赛申报人须为项目负责人且为参赛企业法定代表人，须为普通高等学校全日制在校本专科生（不含在职教育），或毕业5年以内的全日制本专科学生（即2019年之后的毕业生，不含在职教育）。企业法定代表人在大赛通知发布之日后进行变更的不予认可。

（3）项目的股权结构中，企业法定代表人的股权不得少于10%，参赛团队成员股权合计不得少于1/3。

2. 研究生组

a. 创意组

（1）参赛项目具有较好的创意和较为成型的产品原型或服务模式，在大赛通知下发之日前尚未完成工商等各类登记注册。

（2）参赛申报人须为项目负责人，须为普通高等学校全日制在校研究生。项目成员须为普通高等学校全日制在校研究生或本专科生（不含在职教育）。

（3）学校科技成果转化项目不能参加本组比赛（科技成果的完成人、所有人中参赛申报人排名第一的除外）。

b. 创业组

（1）参赛项目须已完成工商等各类登记注册（在大赛通知下发之日前注册）。

（2）参赛申报人须为项目负责人且为参赛企业法定代表人，须为普通高等学校全日制在校研究生，或毕业5年以内的全日制研究生学历学生（即2019年之后的研究生学历毕业生)。企业法定代表人在大赛通知发布之日后进行变更的不予认可。

(3)项目的股权结构中,企业法定代表人的股权不得少于10%,参赛团队成员股权合计不得少于1/3。

青年红色筑梦之旅赛道

1. 公益组

(1)参赛项目不以营利为目标,积极弘扬公益精神,在公益服务领域具有较好的创意、产品或服务模式的创业计划和实践。

(2)参赛申报主体为独立的公益项目或社会组织,注册或未注册成立公益机构(或社会组织)的项目均可参赛。

2. 创意组

(1)参赛项目基于专业和学科背景或相关资源,解决农业农村和城乡社区发展面临的主要问题,助力乡村振兴和社区治理,推动经济价值和社会价值的共同发展。

(2)参赛项目在大赛通知下发之日前尚未完成工商等各类登记注册。

3. 创业组

(1)参赛项目以商业手段解决农业农村和城乡社区发展面临的主要问题、助力乡村振兴和社区治理,实现经济价值和社会价值的共同发展,推动共同富裕。

(2)参赛项目在大赛通知下发之日前已完成工商等各类登记注册,项目负责人须为法定代表人。项目的股权结构中,企业法定代表人的股权不得少于10%,参赛成员股权合计不得少于1/3。

职教赛道

1. 创意组

(1)参赛项目具有较好的创意和较为成型的产品原型、服务模式或针对生产加工工艺进行创新的改良技术,在大赛通知下发之日前尚未完成工商等各类登记注册。

(2)参赛申报人须为团队负责人,须为职业学校的全日制在校学生或国家开放大学学历教育在读学生。

(3)学校科技成果转化项目不能参加本组比赛(科技成果的完成人、所有人中参赛申报人排名第一的除外)。

2. 创业组

(1)参赛项目在大赛通知下发之日前已完成工商等各类登记注册。

(2)参赛申报人须为企业法定代表人,须为职业学校全日制在校学生或毕业5年内的学生(即2019年之后的毕业生)、国家开放大学学历教育在读学生或毕业5年内的学生(即2019年6月之后的毕业生)。企业法人在大赛通知发布之日后进行变更的不予认可。

(3)项目的股权结构中,企业法定代表人的股权不得少于10%,参赛团队成员股权合计不得少于1/3。

萌芽赛道

普通高级中学在校学生。参赛学生须为项目的实际成员,鼓励学生以团队为单位参加(团队成员不超过15人),允许跨校组建团队。

产业命题赛道

(1)本赛道以团队为单位报名参赛,每支参赛团队只能选择一题参加比赛,允许跨校组建、师生共同组建参赛团队,每个团队的成员不少于3人,不多于15人(含团队负责人),须为揭榜答题的实际核心成员。

(2)项目负责人须为普通高等学校全日制在校生(包括本专科生、研究生,不含在职教育),或毕业5年以内的全日制学生(即2019年之后毕业的本专科生、研究生,不含在职教育)。参赛项目中的教师须为高校教师(2024年8月15日前正式入职)。

(四) 参赛项目类型

1. 高教主赛道

(1)新工科类项目:大数据、云计算、人工智能、区块链、虚拟现实、智能制造、网络空间安全、机器人工程、工业自动化、新材料等领域,符合新工科建设理念和要求的项目;

(2)新医科类项目:现代医疗技术、智能医疗设备、新药研发、健康康养、食药保健、智能医学、生物技术、生物材料等领域,符合新医科建设理念和要求的项目。

(3)新农科类项目:现代种业、智慧农业、智能农机装备、农业大数据、食品营养、休闲农业、森林康养、生态修复、农业碳汇等领域,符合新农科建设理念和要求的项目。

(4)新文科类项目:文化教育、数字经济、金融科技、财经、法务、融媒体、翻译、旅游休闲、动漫、文创设计与开发、电子商务、物流、体育、非物质文化遗产保护、社会工作、家政服务、养老服务等领域,符合新文科建设理念和要求的项目。

(5)"人工智能+"项目:聚焦于人工智能深度融合经济社会各领域发展、赋能千行百业智能化转型升级,符合"人工智能+"发展理念和要求的项目。

2. 青年红色筑梦之旅赛道

参加"青年红色筑梦之旅"赛道的项目应符合大赛参赛项目要求,同时在推进农业农村、城乡社区经济社会发展等方面有创新性、实效性和可持续性。

3. 职教赛道

(1)创新类:以技术、工艺或商业模式创新为核心优势。

(2)商业类:以商业运营潜力或实效为核心优势。

(3)工匠类:以体现敬业、精益、专注、创新为内涵的工匠精神为核心优势。

4. 萌芽赛道

项目应紧密融合学习、生活、社会实践,能创造性地解决问题或提供解决思路,具有可预见的应用性与成长性,可以是教育部公布的面向中小学生的全国性竞赛活动名单中学生赛事获奖项目或作品。

5. 产业命题赛道

(1)产教协同创新组:聚焦国家重大战略需求,深度推进产教融合、科教融汇,基于"四新"建设的内涵和要求,推动解决制约产业高质量发展的各类难题,加速产业转型升级与迭代创新。

(2)区域特色产业组:服务区域经济社会发展,聚焦举办地上海的三大先导产业——集成电路、生物医药、人工智能及相关各类产业,提出具有创新性的技术解决方案,助力构建具有竞争力的区域产业生态。

(五) 竞赛奖项设置

大赛设金奖、银奖、铜奖和各类单项奖;另设高校集体奖、省市组织奖和优秀导师奖。

二、申报与实施

(一) 如何选题

1. 接手学长学姐曾经负责的项目,或加入他人负责的项目

可以跳过自己选题这个难点,同时项目经过打磨已经具有一定的亮点及优势,但需要加倍学习才能深入了解这个全新的项目。

2. 自己组建一个团队

与志同道合的朋友组队后分享主意,构想出自己队伍的主题。自己做的项目创新性十足,有挑战性,但有时想法无法落实,需要找学姐学长和导师商榷。

3. 与老师讨论

如果实在没有合适的主题,联系导师,寻找自己感兴趣的研究方向。

(二) 项目计划书编写要求与规范

1. 项目计划书内容应条理清晰、重点突出、力求简洁,相关数据科学、真实、准确。总体内容包括目录、项目计划书正文、附录、证明材料等四大部分。

2. 格式要求:作品一律采用A4(210mm×297mm)幅面。标题用二号方正小标宋简体,正文一级标题用三号黑体,二级标题用三号楷体,正文用三号仿宋体,例证加斜体。图、表标题一律用五号黑体,内容用仿宋体。

3. 参赛作品涉及动植物新品种的发现或培育、国家保护动植物的研究、新药物的研究、医疗卫生研究、与人民生命财产安全有关用具的研究等内容时,必须由申报者提供有关部门的证明材料,否则不予评审。

4. 编写提纲。项目计划书正文包括项目概述等10项内容。参赛者可根据项目特点,对以下内容合理组合、自由发挥。

(1)项目概述:包括对所提供的产品、技术、概念产品或服务的介绍,市场状况,竞争分析,商业模式,盈利预测,对企业的展望等。

(2)项目背景:描述产业背景、市场状况、竞争环境等;准确定义所提供的产品、技术、概念产品或服务,针对解决的问题,如何满足市场需求,已经获得的阶段性成果等;指出本项目所具有的独创性、领先性,实现产业化的途径等;可提供的相关专利权、著作权、政府批文或其他鉴定材料。

(3)市场调查及竞争分析:在科学、严密、深入的市场调查基础上,分析面对的市场现状,提出目标市场、市场容量估算,预计市场份额和销售份额,客观、全面、合理地分析竞争对手、阐释产品具有的优势和劣势。提供的数据要真实有效,分析方法要科学合理。

(4)发展战略:对商业模式、发展战略等予以阐释。依据竞争优势分阶段来拟定公司的发展规划与目标;阐明项目研发的方向以及产品线扩张的策略;说明主要的合作伙伴与竞争对手情况。

(5)营销策略:根据本项目的特点,制定适宜的市场营销策略。包括对产品、技术、概念产品或服务,制定合适的价格策略,搭建合理的营销渠道,提出具备吸引力的推广策略等,以保障能够顺利进入市场,并提高和维持市场占有率。

(6)经营管理:介绍生产工艺或服务流程,原材料的供应状况,设备的购置与改建情况,人员的配置,生产周期,产品或服务质量的控制与管理等。

(7)管理团队:介绍管理团队各个成员与管理公司相关的教育和工作背景,明确成员之间的分工及互补性,公司的组织架构以及领导层成员,创业顾问以及主要的投资人和其持股状况。

(8)融资与资金运营计划:包含股本结构与规模,融资计划,资金运营计划,风险资金退出策略等。

(9)财务分析:主要针对参赛公司,提供关键的财务假设,会计报表涵盖资产负债表、收益表、现金流量表等。

(10)风险控制:客观阐述本项目所面临的技术、市场、财务等关键风险和问题,提出合理且可行的规避规划。

第三节 "挑战杯"全国大学生创业计划大赛

"挑战杯"拥有两个并列项目——即"挑战杯"全国大学生课外学术科技作品竞赛和"挑战杯"中国大学生创业计划竞赛,两个项目交叉轮流开展,各项目每两年举办一次。

"挑战杯"大学生课外学术科技作品竞赛(又称"大挑"),参赛作品可以是科研成果、科技发明创造、社会调查报告,考查学生的科技创新能力、对社会问题的关注度及其分析解决问题的能力。

"挑战杯"中国大学生创业计划竞赛(又称"小挑"),就是制作一个项目的商业计划,纸质档形式表现为一本商业计划书,电子版则通过PPT来进行展示,其考查学生对项目的商业嗅觉敏感度(包括项目的可行性、创新性)、对项目所属行业的了解以及作为一个创业者应当具备的素质(如举止谈吐、清晰的思路、坚持不懈地为项目努力付出等)。

一、"挑战杯"全国大学生课外学术科技作品竞赛

(一) 赛事概述

"挑战杯"全国大学生课外学术科技作品竞赛创办于1989年,至今已成功举办十七届,该赛由教育部、共青团中央、中国科学技术协会、中华全国学生联合会、省级人民政府主办,承办高校为国内著名大学。竞赛创办以来,始终坚持"崇尚科学、追求真知、勤奋学习、锐意创新、迎接挑战"的宗旨,在推动广大高校学生参与学术科技实践、发现和培养创新型人才、深化高校素质教育等方面发挥了积极作用,促进高校立德树人,体现了鲜明的导向性、示范性和群众性,在高校和社会上产生了广泛、良好的影响。

(二) 参赛项目类型

申报参赛的作品分本科生组、研究生组(含硕士、博士),作品分为自然科学类学术论文、哲学社会科学类社会调查报告和学术论文、科技发明制作三大类。每一大类具体类别划分如下:

1. 自然科学类学术论文,仅限本专科生参加。侧重考核基础学科学术探索的前沿性和学术性,每篇论文在8000字以内。

2. 哲学社会科学类社会调查报告和学术论文,限定在哲学、经济、社会、法律、教育、管理六个学科内,每篇论文在8000字以内,每份调查报告在15000字以内。

3.科技发明制作类,可划分为A、B两类:A类指科技含量较高、制作投入较大的作品。B类指投入较少,且为生产技术或社会生活带来便利的小发明、小制作等。

———————————————— 小贴士 ————————————————

第十七届"挑战杯"全国大学生课外学术科技作品竞赛专项竞赛

红色专项活动

2021年,欣逢伟大的中国共产党成立100周年,第十七届"挑战杯"全国大学生课外学术科技作品竞赛特增设"传承红色基因 践行初心使命"红色专项活动。活动内容支持重走红色足迹、追溯红色记忆、访谈红色人物、挖掘红色故事、体悟红色文化,感受党的红色精神伟力;支持返回家乡看变化、重走故地看新颜、深入乡村看振兴、走进一线看发展,感受我国经济快速发展和社会长期稳定的生动实践。支持参加活动学生"云组队",团队学生可以部分实地实践,部分远程参与、分享、承担实践任务。支持参加活动学生"云实践",例如依托网络电话等开展红色人物访谈、了解倾听红色故事,例如通过权威渠道,线上感受实践地图,通过真实素材了解实践地发展情况等。支持学生依托曾经参加过的符合活动内容的自身实践经历,经过沉淀提炼、深度思考,完成新的实践成果,参加到活动中来。

揭榜挂帅专项活动

为深入学习贯彻习近平新时代中国特色社会主义思想,贯彻落实党的十九届五中全会和中央经济工作会议精神,教育引导大学生面向国家重大需求,踊跃投身科研攻关第一线,加速大学生科技创新成果向现实生产力转化,汇聚磅礴青春力量,加快建设科技强国,在第十七届"挑战杯"全国大学生课外学术科技作品竞赛框架下特举办"揭榜挂帅"专项赛。赛事以"你来挑,我来战!"为主题,以"政企发榜、竞争揭榜、开榜签约"的方式,由政府、企业提需求出题,面向高校广发"英雄帖",学生团队打擂揭榜。

黑科技专项活动

"黑科技"是指围绕"卡脖子"问题,在高精尖技术、前沿领域,对现有科技成果具有一定颠覆性、超越性且具有前瞻性、创新性、应用性(或应用前景)的实物或技术。"黑科技"专项活动进一步巩固和扩大了"挑战杯"竞赛的权威性和影响力,开拓学生思维、激发学生科创热情,引导学生对前沿尖端领域进行深入攻坚。参赛作品包括但不限于人工智能、生命健康、脑科学、生物育种、新材料、新能源等前沿领域。

(三) 选题指南

1. 学术论文的选题

撰写学术论文的选题,本质上即为科研选题。对于理、工、农、医类学术论文的选题而言,应当着重于对研究进展的追踪,尤其要能够提出新理论、新方法,涉及面不一定要大,但一定要具备新颖性。

社会调查报告和社会科学学术论文的选题,则需要聚焦于社会热点问题,要能够获取研究数据,并提出新的观点或者新的应对策略。

在具体探寻科研课题时,可以从以下几个方面予以检核和思考:

(1)社会生产与现实生活中涌现的新问题。社会生产和现实生活不断出现的新问题,是形成科学研究课题最为重要的源泉。捕捉直接影响生产发展和生活质量的关键问题或者热点问题展开研究,具有更为重大的科学价值和现实意义。

(2)学科交叉领域的空白区域。科学在不断发展,一门学科内各分支学科的交叉以及各门学科的交叉与相互渗透,有可能产生交叉处的空白区域,将视线聚焦于此,往往能够形成具有价值的研究课题。

(3)已有理论、传统观点和结论中值得怀疑的地方。以怀疑的眼光看待已有理论、传统观点和结论,探寻其存在的缺陷与矛盾,这也是捕捉科研课题的一个途径。由于历史的局限性,许多前人的某些理论、观点和结论,看似无懈可击,但仔细推敲就会发现其缺陷和矛盾,揭示这种缺陷和矛盾便是科学发现,深入探究就有可能提出新的理论。

(4)研究工作中的反常现象。根据研究工作中的反常现象来选择课题并取得成功的实例众多。冯·卡门在其导师的引导下进行流体力学实验,以观察圆柱后面水的流动分离情况。但是,圆柱后面的水流始终处于不稳定状态。导师并未留意到这一现象,只是专注于他的"流动分离"课题。但冯·卡门却关注到了这一反常现象。他想,这里或许存在某种自然规律在起着支配作用,于是,冯·卡门将这种反常现象当作自己的科研课题。经过一番探索,最终发现了"卡门涡流"这一流体力学规律。大学生在进行科学实验时,如果观察到意外现象或者与传统情理不相符的反常现象,就可以思考其中是否存在科研新课题。

(5)学术争论中提出的问题。对于同一对象、现象以及过程,存在着不同观点、不同学派之间的学术争论,这在科学发现过程中是常有的情况。了解这种争论的前因后果以及争论焦点,乃是发现问题的重要途径。许多科学研究,常常由学术争论所引发。在了解当下学术争论的基础上,大学生也能够从中找到科研新课题。

(6)对于同一个课题能否从新的角度去研究。对于同一个研究课题,从新的角度去思考,即从新的侧面、采用新的材料、使用新的手段去研究也可以形成新的研究课题。

(7)论文中的限制词。许多研究论文在阐述某种观点或结论时,经常有这样一类限制词:"在一定条件下""在相当程度上""在某种范围内"等。那么,究竟在什么条件下?在多大程度上?在哪些范围内?对于这些限制词的具体规范的寻找,可以构成相应的研究课题。此外,对于给定明确限制规范的情况,也可以通过超出规范的外推思考捕捉到研究课题。

(8)他人失败的研究。科学研究中有许多失败或失误案例,对这些案例进行个案分析或综合分析,以探索其失败或失误的原因,抑或在失败的废墟上重新筑起研究的大厦,也可以形成相应的研究课题。

(四) 科技发明制作类作品的选题

关于发明创造的选题,需要着重关注市场需求以及新技术的运用,尤其是交叉学科知识与技术的运用。例如核技术,应用于军事领域已不新奇,在医学方面的运用也较为常见,而将其用于海关集装箱货物不开箱查验,却是近年来的一项重大创新。在选择发明创造课题时,应当考虑其先进性、实用性以及可行性。

1. 先进性

即作品要能反映当今科学技术的发展水平,能代表某一个学科领域的发展方向或是在某一学科领域中处于先进地位。这样,作品立意越高、越远,在竞赛中获胜的概率就越大。先进性还在作品中具有先进生产力发展方向的特征。在某一个领域,别人还未去研究,或是在研究过程中还没有成果出现,而你的作品恰好能反映先进技术在这一领域中的应用,这就说明你的作品具有先进性。

2. 实用性

作品要能为人们的生产或者生活提供服务,解决人们生产或生活当中的某一个问题或者给人们生活的某一方面带来益处。如果作品无法解决问题,或者在人们的生活中无足轻重,甚至其性能比同类产品还要糟糕,那就表明该作品不具备实用性。实用性还体现在,当下人们生活中急切需要解决某一个难题,然而却没有这样的产品。如果你的作品能够满足人们的急切需求,那么这就显著地突出了实用性。要去选择一个具有实用价值的作品,我们就需要细致地去观察生活,去感受生活、了解人们生活急切需要解决的问题,接着从实际情况出发,发挥自身的聪明才智,设计产品,从而解决问题。如此一来,作品必然会具有很强的实用性。

3. 可行性

即发明作品不光在理论上是先进的,而且在实际中也行得通。当我们设计一件作品时,只在理论上进行考虑,而忽略了在实际中各种情况的变化和各种因素的限制,就有可能在制造技术方面或现实需求方面遇到障碍。因此,人们在选择发明课题时,要综合考虑实际中各方面的因素,各种情况的变化以及各种制约因素的限制,既保证作品在理论上可靠,又使其在设计制作和使用方面上可行。

二、"挑战杯"中国大学生创业计划竞赛

(一) 赛事概述

"挑战杯"中国大学生创业计划竞赛是由共青团中央、中国科协、教育部、全国学联主办的大学生课外科技文化活动中一项具有导向性、示范性和群众性的创新创业竞赛活动,每两年举办一届。23年来,大赛规模从120余所学校近400件作品发展到全国2700余所学校近20万件作品,大赛始终致力于引导学生了解国情社情、提升学生社会化能力、服务学生就业创业。"挑战杯"中国大学生创业计划竞赛始终紧贴时代脉搏,服务时代需要。党的二十大提出要深入实施科教兴国战略、人才强国战略、创新驱动发展战略,进一步引导广大高校学生努力培养科学精神和科学态度,积极学习科学知识和科学方法,加快实现高水平科技自立自强,加快建设科技强国贡献青春力量。

为完整、准确、全面贯彻新发展理念,围绕"创新、协调、绿色、开放、共享",大赛设科技创新和未来产业、乡村振兴和农业农村现代化、社会治理和公共服务、生态环保和可持续发展、文化创意和区域合作五个赛道。

(二) 竞赛宗旨和目的

培养创新意识、启迪创意思维、提升创造能力、造就创业人才。深入学习贯彻习近平新时代中国特色社会主义思想,聚焦为党育人功能,从实践教育角度出发,引导和激励高校学生弘扬时代精神,把握时代脉搏,将所学知识与经济社会发展紧密结合,培养和提高创新、创造、创业的意识和能力,并在此基础上促进高校学生就业创业教育的蓬勃开展,发现和培养一批具有创新思维和创业潜力的优秀人才。

(三) 参赛时间及参赛对象

参赛时间：每年的3—8月。

3、4月为校级选拔，由各校组织，广泛发动学生参与，遴选参加省级复赛项目。校赛参赛项目需在赛事官方平台统一填报。

5、6月为省级选拔，由各省级团委举办，按照分配名额(全国1000个)遴选参加全国决赛的项目，在赛事官方平台完成项目审批申报。

7、8月进行国家级选拔，全国共有1500个项目进入全国决赛。其中，1000个名额由省级团委予以确定，300个名额面向在赛事组织、学生参与、宣传发动等方面表现突出的学校直接分配，200个名额通过"国赛直通车"评审分配。全国决赛及相关活动按照实际情况，以线上线下相结合的方式开展。省级、校级赛事由各地依据实际状况，采用适宜的方式举行。

参赛对象：

(1)普通高校学生：全日制非成人教育的各类普通高等学校在校专科生、本科生、硕士研究生(不含在职研究生)。

(2)职业院校学生：全日制职业教育本科、高职高专和中职中专在校学生。

(四) 参赛形式与竞赛方式

"挑战杯"中国大学生创业计划竞赛借用风险投资的运作模式，要求参赛者组成优势互补的竞赛小组，提出一项具有市场前景的技术、产品或者服务，并围绕这一技术、产品或服务，以获得风险投资为目的，完成一份完整、具体、深入的创业计划书。作为学生科技活动的新载体，创业计划竞赛在培养复合型、创新型人才，促进高校产学研结合，推动国内风险投资体系建立方面发挥出越来越积极的作用。

大赛分为校级初赛、省级复赛、全国决赛。校级初赛由各校组织，广泛发动学生参与，遴选参加省级复赛项目。省级复赛由各省(自治区、直辖市)组织，遴选参加全国决赛项目。全国决赛由全国组委会聘请专家根据项目社会价值、实践过程、创新意义、发展前景和团队协作等综合评定金奖、银奖、铜奖等项目。大赛期间组织参赛项目参与交流展示活动。

(五) 五大赛道

1. 科技创新和未来产业

围绕创新驱动发展战略，推动数字经济健康发展，在智能制造、信息技术、大数据、人工智能、生命科学、新材料、军民融合等领域，参赛学生结合实践观察设计项目。

2. 乡村振兴和农业农村现代化

围绕实施乡村振兴战略,在农林牧渔、电子商务、乡村旅游、城乡融合等领域,参赛学生结合实践观察设计项目。

3. 社会治理和公共服务

围绕国家治理体系和治理能力现代化建设,在政务服务、消费生活、公共卫生与医疗服务、金融与财经法务、教育培训、交通物流、人力资源等领域,参赛学生结合实践观察设计项目。

4. 生态环保和可持续发展

围绕可持续发展战略和碳达峰碳中和目标,在环境治理、可持续资源开发、生态环保、清洁能源应用等领域,参赛学生结合实践观察设计项目。

5. 文化创意和区域合作

突出共融、共享,紧密围绕"一带一路"和京津冀、长三角、粤港澳大湾区以及成渝地区双城经济圈、长江中游城市群等区域合作,在工业设计、动漫广告、体育竞技和国际文化传播、对外交流培训、对外经贸等领域,参赛学生结合实践观察设计项目。

(六) 如何撰写竞赛申报书

"挑战杯"中国大学生创业计划竞赛申报书主要包括以下几个部分:项目简介、社会价值、实践过程、创新意义、发展前景。

1. 项目简介

一般分为四段:

● 第一段:一句话表明我们是干什么的,我们能提供什么。

例如:某团队是目前国内某方案提供商,用户遍及各大公司和企业,拥有多项发明专利,主营业务包括……

● 第二段:一句话介绍行业政策,团队整合了什么资源,由何专业人才组成,依托怎样的实验室(或其他),在何方面有何优势,团队现有何成果。

例如:团队积极响应国务院_____号召,有机整合_____各环节,大力实施_____的战略,致力实践_____团队拥有_____等多名专业人员,涵盖_____多层次人才,依托_____实验室和_____在_____方面拥有雄厚的_____和丰富的_____,团队_____项发明专利,_____篇_____论文。

● 第三段:简要介绍团队现有成果。

例如：团队_____业务已扩展至_____，与国内_____达成合作意向。团队已承接_____项目，与企业达成_____万元的合作协议，为企业节约_____万元的成本，_____效果提高_____实现经济效益、社会效益和生态效益的协调统一。

● 第四段：介绍公司情况，一句话阐明未来规划。

例如：团队拟于_____年_____月注册公司，吸纳带动人才就业，形成技术壁垒，以_____为基石，拓宽至_____领域成为引领者。

2. 社会价值

一般分为四段：

● 第一段：第一句话直接告诉评委，我们团队的整体价值观（积极向上）。

例如：团队发展紧扣时代脉搏，始终坚持转型升级，勇于担当，聚焦实业，做精主业，影响推动_____行业发展，服务社会进步，积极融入国家建设。

● 第二段~第四段：先点明团队的几大重要价值，再介绍要点。

例如：

(1) 节能环保。团队践行环保理念，研发了_____、_____等多项成熟完善的核心技术，减少资源浪费、延长生产和资源寿命以及减少环境污染、实现资源可持续利用，对行业起到了示范效应，成为社会文明进步、保护环境的重要推动者。帮助企业节约_____万元的_____成本，协助企业_____每年可节约_____，进一步响应了国家_____的行动号召。

(2) 可持续发展。团队注重为企业提供在技术研发等方面的可持续性服务，研发的_____技术，将_____的可能性清零；通过将_____，避免_____，效能增大_____，避免_____的危险，实现_____的可持续利用。

(3) 带动就业。团队在_____方面推动一二三产业联动，大力带动就业，主导产业_____年产值突破_____万元；推进员工本土化，为当地提供超过_____个就业岗位，员工本地化率超过_____。未来将进一步转变观念，拓展服务模式，辐射至多个领域，间接带动就业。

3. 实践过程

一般分为四段：

● 第一段：第一句话直接告诉评委，我们团队的优点（实践方面）。

例如：_____团队不驰于空想，投身技术实践，推动深层_____技术落地，满足_____

需求。

● 第二段～第四段：说明团队的三个实践关键点，并分别阐述。

例如：

(1) 调查研究。团队通过_____年的不懈努力寻找着技术的突破口。_____年在_____进行调研记录数据，前往_____地进行过_____次实地调研。_____年_____月在_____试验地采集了_____个_____取样，得到了第一手的_____参数资料，为技术研发提供了有力的数据支持。

(2) 试验论证。_____年以来，团队先后设计_____个_____改造方案，依托技术积累，进行_____余次的_____实验，对每个方案进行不同的_____模拟实验，只为得到最优的_____效果。团队形成了核心技术_____，可有效地解决_____的_____难题，提高_____效益。

(3) 项目运营。团队_____合作现已扩展至_____等省份，与国内_____个市(县、区)达成了战略合作意向，建成_____个项目。已与_____集团达成_____万元的合作协议，参与了_____的_____项目。团队长期与_____进行技术交流，得到了_____等多家科研单位的认可，多家公司提出了合作邀请。

4. 创新意义

一般分为四段：

● 第一段：一句话表明我们团队围绕着何目标，致力于何领域发展，强化何技术研发，打算进军何市场。

例如：_____团队围绕"_____"发展目标，致力于推进_____化发展，强化_____核心技术研发，推动_____技术革新，进军全球巨大的_____市场。

● 第二段～第四段：说明团队的三个重大创新点，并说明意义。

例如：

(1) 技术创新。团队通过多年的_____实践，在技术研发中不断总结经验，推动创新发展，开发了_____等多项成熟完善的核心技术，研究出了诸多_____领域的新工艺，初步建立了一套_____的技术体系，指导_____开发实践，获得多项发明专利，团队核心技术已达到国内领先水平。

(2) 服务创新。团队通过_____预估，为_____企业提供一体化_____方案设计，开展_____实验进行数据分析，实现技术_____。

(3)管理创新。团队管理超越传统的管理思想与作业方式的限制,紧跟信息时代潮流,走科学发展和创新发展之路。团队成员由_____等学科人才组成,并与_____等建立了长期良好的合作,与国内外的_____研究机构、专家学者进行学术交流与探讨,定期举行内部研讨会等。

5. 发展前景

一般分为四段:

● 第一段:第一句话直接告诉评委,我们在发展过程中紧紧抓住行业痛点与社会需求,利用某技术,采取某战略,推动社会可持续发展。

例如:_____团队紧抓行业痛点和社会需求,利用首创的_____核心技术,采取_____大战略,奋进时代目标,推动社会可持续发展。

● 第二段~第四段:先点明团队的几大战略,再介绍各战略要点。

例如:

(1)市场渗透战略。公司注册资本_____万元,计划融资_____万元、释放_____的股份。预计在_____年内,完成市场的全覆盖,打造_____省_____服务第一品牌。团队基于前期与企业合作的经验,为_____企业提供定制化解决方案,一次服务收费_____元不等。未来五年的销售净利率将一直保持在_____以上的水平,净利润可达到_____元,突出团队竞争优势。

(2)技术提升战略。公司在发展_____期,计划与国内_____家大型_____企业达成协议,在提高品牌知名度和扩大市场占有率的同时,加大企业的技术研发支出,依托_____实验室和_____平台优质资源,提高公司核心竞争力,努力打造本公司在技术领域的优势。

(3)服务多元化战略。打造_____的品牌,占有国内_____市场份额,由_____技术推广到_____等多能源领域,冲击全球最大的_____市场,增强品牌效应。

实操任务

▶ **任务1　大学生创新创业训练计划知多少**

【实操任务】

围绕"大学生创新创业训练计划"收集资料，并回答相关问题。

【实操目的】

通过收集相关资料，制定大学生创新创业训练计划方案。

【实操步骤】

步骤1： 收集大学生创新创业训练计划的最新通知，了解"大创"的比赛时间、具体参赛要求等。

步骤2： 根据个人专业和兴趣爱好选择你感兴趣的一种项目，围绕以下几个问题对该项目做深入的分析。

(1)请罗列出该项目的时间、地点、参赛要求、注意事项等内容。

(2)请查阅该项目近两届优秀的项目计划书，并谈谈自己的想法。

(3)请拟定一个项目，并为项目的开展制定一个执行方案。

【实操评价】

1. 评价内容

(1)学生参与度

(2)方案的完成度

2. 评价方式

学生成绩由学生自评(20%)、互评(30%)、师评(50%)综合评定，评价表具体如下所示。

小组名称：_____　　　　　　　　　　　　　　第_____次实操

学号	姓名	自评(20分)	互评(30分)	师评(50分)	总成绩

▶ **任务2　制作"参赛攻略"**

【实操任务】

通过收集资料,制作比赛的"参赛攻略"。

【实操目的】

了解参赛的技巧;学会收集整理资料,制作各种不同类型比赛的"参赛攻略"。

【实操步骤】

步骤1:了解参赛信息。

班级同学5～10人为一组,每组选定一类赛事类型,每组联系5位曾经获得过该类赛事奖项的学长、学姐或其他学校的同学,向他们请教项目的选择、项目计划书的撰写、项目路演PPT的制作、比赛的流程、比赛的注意事项及参赛的经验等。

步骤2:制作"参赛攻略"。

每组将所获得的参赛信息进行筛选、整合,制作成一份系统的"参赛攻略",并形成PPT版。

步骤3:展示"参赛攻略"。

每组选派一个代表,在班会上将本组制作的"参赛攻略"分享给大家。

【实操评价】

1.评价内容

(1)学生参与度

(2)"参赛攻略"的完成度

2.评价方式

学生成绩由学生自评(20%)、互评(30%)、师评(50%)综合评定,评价表具体如下所示。

小组名称:＿＿＿＿＿＿＿　　　　　　　　　　　　　　　　第＿＿＿次实操

学号	姓名	自评(20分)	互评(30分)	师评(50分)	总成绩

▶ 任务3 模拟路演

【实操任务】

在老师的指导下完成一场模拟路演。

【实操目的】

通过模拟路演,身临其境地体会路演现场的感受与气氛。

【实操步骤】

步骤1: 路演前准备。选择自己感兴趣的主题,制作一份路演PPT与路演讲稿。

步骤2: 模拟路演。以小组为单位,在班级开展模拟路演。

步骤3: 由5位参赛过的学长学姐,两位老师作为评委,评选出路演一等奖1名、二等奖2名、三等奖3名。

步骤4: 由同学投票选出最具吸引力的创业项目、最佳演讲人、最佳路演PPT等。

【实操评价】

1. 评价内容

(1)学生参与度

(2)路演流程的规范性

(3)路演角色的代入感

2. 评价方式

学生成绩由学生自评(20%)、互评(30%)、师评(50%)综合评定,评价表具体如下所示。

小组名称:＿＿＿＿＿＿＿＿　　　　　　　　　　　第＿＿＿次实操

学号	姓名	自评(20分)	互评(30分)	师评(50分)	总成绩

思考与练习

一、单选题

1. 中央部委所属高校参与国家级大学生创新创业训练计划,由中央财政按照平均一个项目(   )的资助数额,予以经费支持。

   A. 4万元　　　　　　　　　　B. 3万元

   C. 2万元　　　　　　　　　　D. 1万元

2. 截至2023年,中国国际大学生创新大赛已成功举办(   )届。

   A. 7　　　　　　　　　　　　B. 8

   C. 9　　　　　　　　　　　　D. 10

3. 项目实施过程中可能会遇到的问题有(   )。

   A. 课题实施时间的保障　　　　B. 团队兴趣、积极性和主动性的变动

   C. 承受挫折的能力　　　　　　D. 以上都是

4. 中国国际大学生创新大赛首次举办于(   )。

   A. 2012年　　　　　　　　　　B. 2013年

   C. 2014年　　　　　　　　　　D. 2015年

5. 选择发明创造课题,不应考虑(   )。

   A. 专利性　　　　　　　　　　B. 先进性

   C. 实用性　　　　　　　　　　D. 可行性

二、多选题

1. 大学生创新创业训练计划包括(   )。

   A. 创新训练项目　　　　　　　B. 创业训练项目

   C. 创业实践项目　　　　　　　D. 动手实践项目

2. "挑战杯"全国大学生创业计划大赛分为(   )。

   A. "大挑"　　　　　　　　　　B. "小挑"

   C. "中挑"　　　　　　　　　　D. "高挑"

3. 申报书的撰写要掌握以下(   )原则。

   A. 创新性　　　　　　　　　　B. 前瞻性

   C. 针对性　　　　　　　　　　D. 科学性

   E. 可行性

4.项目来源可以是(　　　)。

　　A.学生自主确定的选题

　　B.教师科研项目,可有学生独立开展的部分

　　C.承担社会、企业委托的项目

　　D.结合本科毕业论文(设计)选题

5."挑战杯"大学生创业计划分为(　　　)三大类。

　　A.自然科学类学术论文　　　　　　　　B.社会科学类学术论文

　　C.哲学社会科学类社会调查报告　　　　D.科技发明制作

三、名词解释

1.创新训练项目

2."挑战杯"全国大学生创业计划大赛

四、简答题

1.中国国际大学生创新大赛可以从哪几方面进行选题?

2.创业计划书的主体包括哪几部分?

参考文献

[1] 康晓玲, 李朝阳, 刘京, 张霞. 高校创新创业教育政策扩散的影响因素研究——以中国"双一流"A类高校为例 [J]. 软科学.

[2] 李姣姣, 杨玫, 游赵晗, 郭凯. 高等院校创新创业教育发展现状与路径优化研究 [J]. 河南科技, 2021, 40(30):142-145.

[3] 石丽, 李吉桢. 高校创新创业教育: 内涵、困境与路径优化 [J]. 黑龙江高教研究, 2021, 39(2):100-104.

[4] 陈小波, 周国桥. 新时代大学生创新精神的生成及其培育 [J]. 学校党建与思想教育, 2022(4):69-71.

[5] 赵建军, 李宗群, 刘伟. 大学生创新创业计划的申报与实施 [J]. 长春师范大学学报, 2018, 37(2):98-100.

[6] 高美兰, 白树全. 创新创业教育 [M]. 北京: 机械工业出版社, 2018.

[7] 李东红, 徐金宝, 葛非, 施鹏丽. 中国创新创业发展报告 [M]. 北京: 中国财富出版社, 2018.

[8] 王中强, 陈工孟. 创新思维与创业教育 [M]. 北京: 清华大学出版社, 2017.

[9] 陈新达, 桂舟. 大学生创新创业 [M]. 北京: 清华大学出版社, 2018.

[10] 苗苗, 沈火明. 创新创业创青春 [M]. 北京: 机械工业出版社, 2021.

[11] 姬建锋, 万生新. 大学生创新创业教育 [M]. 西安: 陕西人民出版社, 2019.

[12] 吴亚梅, 龚丽萍. 大学生创新创业教程 [M]. 重庆: 重庆大学出版社, 2018.

[13] 王长青. 大学生就业创业指导 [M]. 南京: 南京大学出版社, 2017.

[14] 舒晓楠, 阮爱清. 创业基础 [M]. 重庆: 重庆大学出版社, 2017.

[15] 胡楠, 郭勇, 丁伟, 周凤瑾. 大学生创新创业指导 [M]. 北京: 人民邮电出版社, 2017.

[16] 王兆明, 顾坤华. 大学生就业创业实务 [M]. 苏州: 苏州大学出版社, 2017.

[17] 李时椿, 常建坤. 创新与创业管理 [M]. 南京: 南京大学出版社, 2017.

[18] 曾勤. 新编会计业务从入门到精通 [M]. 北京: 人民邮电出版社, 2017, 473.